Verhaltensmodifikation

Diagnostik · Beratung · Therapie

herausgegeben von

Hanko Bommert
Stefan Schmidtchen

Hanko Bommert
Thomas Henning
Dieter Wälte

Indikation zur Familientherapie

Verlag W. Kohlhammer
Stuttgart Berlin Köln

CIP-Titelaufnahme der Deutschen Bibliothek

Bommert, Hanko:
Indikation zur Familientherapie / Hanko Bommert ; Thomas Henning ; Dieter Wälte. – Stuttgart ; Berlin ; Köln : Kohlhammer, 1990
(Verhaltensmodifikation)
ISBN 3-17-011035-7
NE: Henning, Thomas:; Wälte, Dieter:

Stuttgart Berlin Köln
Verlagsort: Stuttgart
Umschlag: Studio 23
Gesamtherstellung:
W. Kohlhammer Druckerei GmbH + Co. Stuttgart
Printed in Germany

MA

Inhalt

Vorwort

Familientherapeutische Interventionsformen gehören mittlerweile zum Kanon »etablierter« Ansätze bei der Behandlung von psychischen Störungen. Noch vor etwa einem Jahrzehnt schien die zum damaligen Zeitpunkt auch in Europa stürmisch einsetzende Entwicklung der Familientherapie eine Spaltung der Therapeuten in zwei »Lager« nach sich zu ziehen, nämlich in das Lager der Familientherapeuten und das der Individualtherapeuten. Als Hauptursache dafür kann die Tatsache gelten, daß die Familientherapie nicht etwa als ein neuer Ansatz neben Einzeltherapie und Gruppentherapie gesehen wurde, sondern vielmehr mit dem Postulat einer Neuorientierung in der Sichtweise menschlicher Probleme einherging, die angeblich mit einer individuumzentrierten Arbeitsweise nicht in Einklang zu bringen war. Anfang der siebziger Jahre wurden in diesem Zusammenhang sogar vereinzelt Stimmen laut, die aus dieser spezifischen Sichtweise der Familientherapie die Überzeugung ableiteten, daß die Frage nach Indikation bzw. Kontraindikation der Familientherapie eine überflüssige Frage sei, die höchstens die Unerfahrenheit des Fragestellers entlarven könnte.

Offensichtlich liegt einer derartigen Argumentation jedoch die unzulässige Vermischung zweier Aspekte zugrunde: Zum einen die systemische Sichtweise psychischer Probleme, d.h. die Beachtung familiärer Aspekte im Kontext jeglicher Art von Psychotherapie (also etwa auch im Rahmen der Einzelpsychotherapie), und zum anderen Familientherapie als Behandlungsansatz, d.h. die gemeinsame therapeutische Arbeit mit mehreren Familienmitgliedern; eine systemische Diagnose psychischer Probleme muß jedoch nicht regelmäßig zu einer Indikation der Familientherapie führen, sondern kann durchaus auch andere Interventionsformen mit einschließen.

Dennoch sind die oben skizzierten Postulate nicht ohne Auswirkung auf das Feld der Familientherapie geblieben: Obwohl der Umfang der Literatur zur Familientherapie allgemein sprunghaft gestiegen ist, findet in der bisherigen Forschung eine direkte Auseinandersetzung mit der Indikationsproblematik nur in spärlichem Umfang statt.

Wir haben uns mit dem vorliegenden Band vorgenommen, einen Beitrag zum Schließen dieser Kenntnislücke zu leisten. Der Indikationsfrage in der Familientherapie wird dabei von unterschiedlichen Blickwinkeln her nachgegangen: Das erste Kapitel beschäftigt sich neben einer Analyse des Standes der Indikationsforschung im Gesamtbereich der Psychotherapie vornehmlich mit spezifischen Konzepten und Rahmenbedingungen, wie sie in der Familientherapie vorzufinden sind, und beleuchtet die sich daraus ergebenden Möglichkeiten und Probleme einer Indikationsklärung im Feld der Familientherapie. Der zweite Teil konzentriert sich auf die Frage, welche handlungsleitenden Aussagen aus den bisherigen Ergebnissen der Indikationsforschung abgeleitet werden können: Dabei wird zum einen eine kritische Inhaltsanalyse von Beiträgen, die sich explizit mit der Indikationsfrage auf dem Gebiet der Familientherapie auseinandergesetzt haben, vorgenommen, zum anderen wird der Beitrag der Experimentalforschung diskutiert, der bisher noch nicht in systematischer Weise unter dem Indikationsaspekt beleuchtet wurde. Das dritte Kapitel hat seinen Ausgangspunkt in einem Postulat, welches im Bereich der Psychotherapieforschung in letzter Zeit immer nachhaltiger formuliert wird (ohne allerdings systematischer realisiert zu werden): Die Einbeziehung des umfangreichen Wissens von therapeutisch arbeitenden Praktikern. Praktiker können – unter gewissen Voraussetzungen – als »Experten« für ihr Arbeitsfeld verstanden werden. Dieses Expertenwissen ist von uns in verschiedenen Erhebungen empirisch zusammengetragen und einer systematischen Analyse unterzogen worden. Im vierten Kapitel folgt eine zusammenfassende Diskussion des derzeitigen Kenntnisstandes unter besonderer Berücksichtigung der Bedeutsamkeit des Expertenwissens für die Klärung der Indikationsfrage sowie eine Skizzierung von Perspektiven zukünftiger Forschungsschwerpunkte.

Die Entstehung des vorliegenden Bandes hat durch die Mitwirkung einer Reihe von Personen wertvolle Unterstützung erfahren, für die wir uns bedanken möchten:

Zu besonderem Dank sind wir all jenen Personen verpflichtet, die sich im Rahmen der von uns durchgeführten Untersuchungen als Experten zur Verfügung gestellt haben und uns ihre Kenntnisse und Erfahrungen sowohl bei den schriftlichen als auch bei den mündlichen Befragungen sowie den Gruppendiskussionen ausführlich mitgeteilt haben.

Ein herzlicher Dank gilt weiterhin Frau Dipl.Psych. Christel Dirksmeier für eine Reihe wertvoller Hinweise und Anregungen. Bei Frau Ingeborg König und Herrn Reinhard Saalmann haben wir uns für die Unterstützung bei der Textverarbeitung des Manuskripts herzlich zu bedanken.

Münster, im Frühjahr 1990

Hanko Bommert
Thomas Henning
Dieter Wälte

1 Grundlagen, Methoden, Ausgangslage

Dieses Kapitel beschäftigt sich schwerpunktmäßig mit zwei Themenbereichen: Zum einen werden Grundlagen und Methoden diskutiert, die bei der Indikationsklärung im gesamten Feld der Psychotherapie von Bedeutung sind und den derzeitigen Erkenntnisstand maßgeblich beeinflussen. Zum anderen werden die spezifischen Konzepte und Rahmenbedingungen der Familientherapie im Hinblick auf deren Einfluß auf die Ausgangslage zur Indikationsklärung bei dieser Therapieform analysiert.

1.1 Indikation zur Psychotherapie: Grundlagen und Methoden

1.1.1 Definition und Stellenwert

Eine allgemeingültige Definition des Begriffs der Indikation ist nicht möglich und auch nicht sinnvoll, da mit der Indikationsfrage viele differierende Dimensionen und Problemstellungen thematisiert werden. In diesem Rahmen soll daher zunächst eine vorläufige weitgefaßte Definition für den Bereich der Psychotherapie herausgearbeitet werden, indem die in der Literatur zentralen Definitionen zur Indikation einer näheren Betrachtung unterzogen werden. PSCHYREMBEL (1977) definiert den medizinischen Begriff der Indikation folgendermaßen:

»*Indikation, Indikatio* (indicare-anzeigen): Heilanzeige; zwingender Grund zur Anwendung e. best. Heilverfahrens in e. best. Krankheitsfall, insbes. auch z. Ausführung e. operativen Eingriffs. I. *causalis:* Heilanzeige, die durch d. Ursache d. Leidens erforderl. wird, I. *morbi:* I. durch d. Krankheit selbst, I. *symptomatica:* I. durch einzelne Krankheitserscheinungen, I. *vitalis:* I. durch vorhand. Lebensgefahr.« (PSCHYREMBEL 1977, S. 553; Hervorhebungen im Original).

Diese Definition und Unterscheidung der Indikationstypen ist für den Bereich der Psychotherapie nicht sinnvoll anwendbar:

- Eine »indicatio causalis« ist wegen der Multikausalität psychischer Störungen nicht möglich; zudem wirken die Bedingungen psychischen Leidens eher probabilistisch als deterministisch.
- Eine »indicatio morbi« ist bei der Unschärfe psychischer Krankheitsbegriffe nicht möglich.

- Eine »indicatio symptomatica« trifft zwar im Prinzip für den Bereich der Psychotherapie zu, unzweifelhafte Zuordnungen bestimmter Therapieverfahren oder Therapieelemente zu bestimmten Störungsbildern sind jedoch zumindest bisher) nicht realisierbar.
- Eine »indicatio vitalis« kommt für die Psychotherapie – abgesehen von einer Krisenintervention bei Suizidgefährdung – kaum in Frage.

PETERMANN (1982) bezieht den Begriff der Indikation auf alle Maßnahmen

». . . die notwendig sind, eine Eingangsdiagnose vor dem Therapiebeginn abzusichern. Die Indikationsstellung basiert im wesentlichen auf einem *Rekonstruktionsprozeß, der retrospektive Daten regelgeleitet aufbereitet.* ... In begrenztem Umfang können zur Indikationsstellung auch situationsbezogene Testdaten und prospektive Informationen aus einer Verhaltensbeobachtung herangezogen werden.« (PETERMANN 1982, S. 25 f; Hervorhebungen im Original).

Eine Einschränkung der Indikationsstellung vor Beginn einer Therapie ist jedoch – wie zu zeigen sein wird – nicht adäquat. Damit können weder die Indikationsentscheidungen auf den verschiedenen Ebenen (vgl. unten) noch Indikationsentscheidungen, die sich auf den Verlauf der Therapie beziehen, abgedeckt werden.

CLAUß (1976) definiert Indikation als

»Geeignetsein einer Maßnahme für einen bestimmten, zu verändernden Sachverhalt. In der Psychotherapieforschung bezeichnet man als indikative Variablen die verschiedenen Typen psychischen und psychisch bedingten Gestört- und Krankseins, also diagnostische Einheiten, insbesondere patho-psychologische. Ein I.sschema ist die Einteilung von Krankheiten nach dem Gesichtspunkt der Behandelbarkeit durch spezifische Therapiemethoden.« (CLAUß 1976, S. 242).

In diese Definition geht die problematische Voraussetzung ein, daß eine Zuordnung von bestimmten Therapieverfahren zu bestimmten Störungsbildern möglich sei; dies trifft jedoch bei dem derzeitigen Entwicklungsstand sowohl der therapeutischen Interventionen als auch der Störungsklassifikationen nicht zu.
Eine sehr weit gefaßte Definition findet man bei MÖLLER (1981), bei der sowohl die Bestimmung der indikativen Zuordnungsvariablen offen bleibt, als auch die Ebene der Entscheidung:

»Die Indikation zur Psychotherapie, d. h. die Beantwortung der Frage, ob eine Psychotherapie angezeigt ist und welche Art von Psychotherapie angezeigt ist, . . .« (MÖLLER 1981, S. 172).

Diese Definition kommt dem hier formulierten Ziel nach einer ersten, vorläufigen, weitgefaßten Begriffsbestimmung nahe, wie auch die Definition von GRAWE (1982):

»Bei der Indikationsfrage im Bereich der Psychotherapie geht es also um die Frage, welche noch zu findende Problemlösung für den betroffenen Menschen in seiner konkreten Lebenssituation unter Berücksichtigung all seiner individuellen Besonderheiten gleichzeitig qualitativ angemessen und tatsächlich herbeiführbar sein könnte.« (GRAWE 1982, S. 171).

Hier wird also die Indikation als Problemlösung formuliert, während bei TACK (1981) die Indikation als eine Frage nach der Auswahl einer von mehreren Handlungsalternativen unter Berücksichtigung bestimmter Informationen beleuchtet wird.
Als vorläufige Rahmendefinition der Indikation zur Psychotherapie soll hier – aufbauend auf den genannten Überlegungen – folgende Formulierung vorgeschlagen werden:

Bei der Indikation im Bereich der Psychotherapie handelt es sich um eine Entscheidung (Entscheidungsfällung und Entscheidungsausführung) für eine psychotherapeutische Problemlösung unter Berücksichtigung bestimmter (diagnostischer) Informationen mit dem Resultat der Auswahl (und Modifikation) einer von mehreren Handlungsalternativen.

Die hier gewählte Definition der Indikation ist bewußt weitgefaßt, um nicht auf spezifische Indikationsbegriffe und Konzepte (etwa das der differentiellen Indikation) bereits an dieser Stelle zurückgreifen zu müssen.
Wenn man akzeptiert, daß es sich bei der Indikationsstellung zur Psychotherapie um eine Entscheidung mit der Konsequenz der Auswahl einer von mehreren möglichen Handlungsalternativen handelt, so impliziert die Entscheidung *für* eine bestimmte Handlungsalternative (positive Indikation) gleichzeitig die Entscheidung *gegen* andere Handlungsalternativen. In der praktischen Situation entscheidet der Therapeut sich (aufgrund welcher Überlegungen auch immer) für eine bestimmte therapeutische Intervention, während er andere mögliche Interventionen nicht zur Anwendung bringt. Dabei kann die Entscheidung des Therapeuten gegen eine Handlungsalternative zwei grundsätzlich unterschiedliche Bedeutungen haben: Einerseits kann die zurückgewiesene therapeutische Intervention nicht nötig sein (non indiziert), zum anderen kann die abgeleitete therapeutische Intervention nicht nützlich oder sogar schädlich sein (kontraindiziert = negative Indikation).
Der mit der oben formulierten Definition von Indikation zur Psychotherapie umrissene Bereich ist beim derzeitigen Entwicklungsstand der klinischen Psychologie insbesondere durch eine Reihe von Fragen gekennzeichnet, die dringend einer rational begründeten Antwort bedürfen. Diese Notwendigkeit läßt sich dabei aus einer Reihe recht unterschiedlicher Begründungszusammenhänge ableiten. Überlegungen und Vorschläge zur Indikationsfrage sind zwar prinzipiell nicht nur neueren Datums, in den letzten Jahren ist jedoch die Diskussion zu diesem Themenkreis erheblich differenzierter geworden. Dies ist insbesondere auch vor dem Hintergrund zu verstehen, daß keines der heute eingesetzten Psychotherapieverfahren psychische Störungen universal beseitigen kann und auch keine *grundsätzliche* Überlegenheit spezifischer Therapiekonzeptionen gegenüber anderen nachgewiesen ist, was sich eindeutig aus den einschlägigen Psychotherapiestudien ableiten läßt (vgl. z.B. LUBORSKY et al. 1975; SMITH und GLASS 1977; SMITH, GLASS und MILLER 1980; BOMMERT 1982; SHAPIRO 1985, STIERLIN, SHAPIRO und ELLIOTT 1986).

Obgleich die Indikationsfrage zur täglichen Routine von Psychotherapeuten gehört, ist sie lange in der Forschung vernachlässigt worden; daher ist bei dem

Problem der Indikation eine deutliche Diskrepanz zwischen Forschung und Praxis vorhanden. Die Psychotherapieforschung hat jedoch grundsätzlich dem Anspruch zu genügen, zur Entwicklung eines rationalen Wissensbestands beizutragen, welcher begründete Indikationsentscheidungen zuläßt. Daher ist die Indikationsfrage ein zentrales Thema der Psychotherapieforschung. Beim derzeitigen Kenntnisstand, der dadurch gekennzeichnet ist, daß es kaum zuverlässige Indikationskriterien oder Indikationsprädiktoren gibt, ist die Wahrscheinlichkeit groß, daß eine Reihe unbrauchbarer Therapiekonzepte vorhanden ist (vgl. WITTMANN 1981). Damit ist auch eine andere wesentliche Ebene angesprochen, nämlich die Durchführung von Psychotherapie als gesellschaftliches Problem, was insbesondere in einer Situation, die durch erhebliche materielle Defizite im Gesundheitswesen gekennzeichnet ist, das Interesse staatlicher Institutionen an zuverlässig wirksamen Behandlungsmethoden mit sich bringt, so daß auch von daher rationale Lösungen verlangt werden. Neben der gesellschaftlichen Ebene gilt es weiterhin zu berücksichtigen, daß Psychotherapien in der Regel einen wesentlichen Eingriff in das psychische und soziale Leben der einzelnen Personen mit sich bringen und oft mit erheblichen Konsequenzen verbunden sind. Auch aus diesem Grund ist es notwendig, daß dem psychotherapeutisch arbeitenden Praktiker Entscheidungsregeln zur Indikation an die Hand gegeben werden, um so einen effektiven Einsatz von psychotherapeutischen Interventionen realisieren zu können.

1.1.2 Entscheidungsdimensionen der Indikationspraxis

Die in der täglichen Indikationspraxis vorfindliche Frage danach, welche Psychotherapie bzw. Psychotherapieelemente bei einer spezifischen Problemlage angemessen sind, stellt nur einen Ausschnitt aus der Gesamtproblematik der Indikationsfrage dar; die Indikationspraxis findet de facto in situativen Kontextbedingungen statt, die bisher nur unzureichend in die empirische Forschung einbezogen worden sind. Der Schwerpunkt bisheriger Betrachtungen zur Indikationsfrage – die Suche nach geeigneten Behandlungseinheiten bei spezifischer Symptomatik – kann aber angesichts der Vielschichtigkeit der zu beantwortenden Fragen nur eine unter mehreren Ansatzmöglichkeiten zur Lösung der Indikationsfrage darstellen.

So hat bereits GRAWE (1982) darauf hingewiesen, daß die Frage, ob und mit Hilfe welcher Methoden ein Proband mit psychischen Problemen behandelt wird, nur zu einem geringen Teil durch professionelle Indikationssteller (Psychologen, Psychiater etc.) bestimmt wird. Bevor ein potentieller Psychotherapiepatient überhaupt zu einem professionellen Indikationssteller vordringt, sind bereits eine Reihe von Entscheidungen gefallen, die eben nicht als fachlich und rational begründete Indikationsentscheidungen zu betrachten sind. So wird eine Reihe von Entscheidungen bereits durch die Strukturen des Versorgungssystems weitgehend festgelegt. Für verschiedene Bevölkerungsgruppen sind Institutionen, die therapeutische Hilfe anbieten, in unterschiedlichem Maße zugänglich. Es ist davon auszugehen, daß Selektionen nach unterschiedlichen soziologischen Variablen (Wohngegend, Schichtzugehörigkeit etc.) nachweisbar sind. Die Strukturen des Versorgungssystems zur Psychotherapie selbst sind wieder abhängig vom politischen Rahmenkonzept der psychosozialen Versorgung und dessen Umsetzung in die Praxis.

Vergleichbare Überlegungen finden sich auch bei BAUMANN und V. WEDEL (1981), die den Entscheidungsablauf zur Indikationsstellung in folgenden vier Stufen zusammenfassen:

1. Indikation im *Laiensystem*, sei es durch Verwandte/Bekannte,
2. Indikation durch *halbprofessionelle* Beratungsgruppen (Pfarrer, Juristen, Gemeindeschwester usw.),
3. Indikation durch *Fachleute* des Gesundheitssystems, die aber nicht in Psychotherapie spezialisiert sind (Allgemeinärzte, Psychologen ohne Spezialausbildung in Psychotherapie, z. B. beim Arbeitsamt),
4. Indikation durch *Psychotherapeuten*
a) Zu Beginn einer Therapie
b) Im Verlauf einer Therapie
(BAUMANN und V. WEDEL 1981).

Die Indikationsforschung, deren Aufgabe u. a. in der Formulierung von allgemeinen und speziellen Handlungsregeln besteht, hat einem derartigen Stufenmodell der faktischen Indikation Rechnung zu tragen und Forschungsstrategien zu realisieren, die es ermöglichen, die Indikationsentscheidungen auf allen Ebenen zu analysieren. Dabei ist davon auszugehen, daß die unterschiedlichen Systeme jeweils andere Forschungsstrategien notwendig machen, die wiederum Indikationsaussagen unterschiedlichsten Auflösungsgrades hervorbringen (vgl. BAUMANN 1981).

Eine einfache und stringente Zuordnung zwischen einzelnen Psychotherapieformen oder -elementen einerseits und Klassen von psychischen Störungen wird noch durch einen anderen, in der Praxis wesentlichen Aspekt behindert: Selbst wenn es in absehbarer Zeit gelänge, sowohl die psychischen Störungen als auch die zur Verfügung stehenden psychotherapeutischen Interventionen zuverlässig und intersubjektiv akzeptabel zu klassifizieren (wovon beim derzeitigen Erkenntnisstand nicht die Rede sein kann), so würde mit einer eindeutigen Erfassung der psychischen Störung (Ist-Zustand) nicht automatisch der anzustrebende Soll-Zustand deutlich sein. Vielmehr lassen sich für ein und denselben Ist-Zustand bei verschiedenen Rahmenbedingungen und verschiedenen Klienten durchaus recht unterschiedliche Zielzustände definieren, deren Legitimation wenigstens nicht aus empirisch-wissenschaftlichen Begründungszusammenhängen ableitbar sind (vgl. BOMMERT 1981). Den Wert einer Psychotherapie oder eines psychotherapeutischen Interventionselements daran zu messen, ob und in welchem Maße Symptome reduziert werden, ist sicher zu kurz gegriffen. Insbesondere die Verhaltenstherapie wurde oft als eine psychotherapeutische Intervention verstanden, die nichts anderes als Symptome zu beseitigen sich anschickt. Jedoch beeinflußt jede psychotherapeutische Methode – also auch die Verhaltenstherapie – die Qualität und Quantität, in der ein Individuum sich, seine Umwelt und sein psychischen Belastungen wahrnimmt und damit umgeht.

So zeigte sich etwa in einer Untersuchung von GRAWE *(1976), daß Gesprächspsychotherapie und Verhaltenstherapie bei phobischen Patienten qualitativ unterschiedliche Wirkungen nach sich ziehen: Verhaltenstherapie wirkt besonders erfolgreich bei Patienten mit starken phobischen Ängsten und einem ausgeprägt phobischen Leidensdruck. Hier wurde eine erhebliche Symptomreduktion erzielt, die mit einer allgemeinen Besserung einherging. Das Eintreten dieser allgemeinen Besserung war abhängig davon, inwieweit eine Symptomreduktion gelang. Bei den gesprächstherapeutisch behandelten Patienten waren die Veränderungen der phobischen Symptomatik und andere Besserungen unabhängig von der Ausgangsstärke der phobischen Symptomatik.* PLOG *(1976) stellte bei diesen Patienten fest, daß gesprächspsychotherapeutisch behandelte Patienten im Gegensatz zu verhaltenstherapeutisch behandelten ihren Zustand eher in Abhängigkeit von ihren Lebensbedingungen sehen lernen als von ihrer phobischen Symptomatik. Noch zwei Jahre nach der Therapie zeigte sich die unterschiedliche Wirkung dieser beiden therapeutischen Verfahren.*

Mit unterschiedlichen therapeutischen Interventionen werden also offensichtlich nicht nur quantitative Symptomreduktionen »produziert«, sondern es ist davon auszugehen, daß auch qualitativ unterschiedliche Änderungsdimensionen vorrangig angezielt werden. Hier kann nun nicht mehr auf empirischer Basis entschieden werden, welche Änderungsdimension in einer spezifischen Situation vorrangig angezielt werden sollte, hierbei handelt es sich vielmehr um Entscheidungen, die in erheblichem Maße von Werten und Normen, Welt- und Menschenbildern des Therapeuten und des Klienten gesteuert werden. Nur wenn diese grundlegenden Wertüberzeugungen zwischen Klient und Therapeut zumindest ein Minimum an Übereinstimmung aufweisen, wird daraus eine gemeinsam akzeptierte Definition des Soll-Zustandes resultieren, die für eine erfolgreiche Durchführung der Therapie vorauszusetzen ist. Unter dem Gesichtspunkt der Indikation ist dabei besonders von Bedeutung, daß das Spektrum grundsätzlich möglicher, d.h. anwendbarer Interventionen erheblich dadurch eingeschränkt werden kann, daß einzelne dieser Interventionen mit Ziel- und Wertvorstellungen gekoppelt sind, die ein einzelner Therapeut nicht zu akzeptieren vermag; folglich wird er derartige Interventionen seinem Klienten auch kaum vorschlagen und somit eine empirisch nicht legitimierte Einschränkung des Gesamtspektrums an Hilfsmöglichkeiten vornehmen.

Bei der Betrachtung der verschiedenen Dimensionen, die Einfluß auf die Indikationsstellung nehmen, muß darüber hinaus die derzeitige Ausbildungssituation praktisch tätiger Therapeuten berücksichtigt werden: Ein großer Teil der heute tätigen Psychotherapeuten wurde nur recht »schmalspurig« ausgebildet, d.h. daß sie im Rahmen ihrer Ausbildung nur mit einem mehr oder weniger großen Ausschnitt aus dem Gesamtspektrum möglicher Interventionen bekanntgemacht worden sind und hier im Laufe ihrer Berufstätigkeit evtl. eine gewisse Erfahrung haben sammeln können. Hier rächt sich offensichtlich eine zu sehr an einzelne Therapieschulen gebundene Ausbildung, wie sie in den vergangenen Jahren oftmals unter dem Gesichtspunkt der Gewinnung von »Marktanteilen« in der psychosozialen Versorgung stattgefunden hat. Darüber hinaus läßt sich feststellen, daß es offensichtlich in der therapeutischen Praxis (etwa im Bereich der Familientherapie) eine Reihe von – nach eigenen Angaben – therapeutisch tätigen Personen gibt, die über keinerlei spezifische Ausbildung in diesem Bereich verfügen. Eine uneingeschränkte und flexible Handhabung aller grundsätzlich zur Verfügung stehenden Interventionselemente ausschließlich nach Maßgabe des jeweils einzelnen Klienten durch die Praktiker kann damit bereits aufgrund der derzeitigen Ausbildungssituation als Illusion betrachtet werden. Es stellt sich dabei die Frage, ob es auch bei einer verbesserten Ausbildungssituation ein realistisches Endziel sein kann und soll, jeden therapeutisch Tätigen zur Anwendung aller Interventionselemente zu befähigen und ihm Möglichkeiten zum Erwerb notwendiger Routine zu schaffen. Realistischer scheint es hier zu sein, Praxisfälle unter dem Gesichtspunkt der Indikation in Form von Teamarbeit anzugehen, wobei einzelne Teammitglieder spezifische Kenntnis- und Erfahrungsschwerpunkte für den spezifischen Fall je nach Situation und Erfordernis einbringen können.

1.1.3 Differentielle Indikation

Wenn man davon ausgeht, daß bisher keine ernstzunehmende Psychotherapiestudie ein bestimmten therapeutisches Konzept oder bestimmte therapeutische Interventionen gegenüber anderen Konzepten, Modellen oder Vorgehensweisen als grundsätzlich überlegen nachgewiesen hat (vgl. LUBORSKY et al. 1975; SMITH und GLASS 1977, SMITH, GLASS und MILLER 1980, SHAPIRO 1985; BERGIN und LAMBERT 1978; FRANK 1979) und es andererseits durchaus wahrscheinlich erscheint, daß bestimmte Interventionen bei spezifischen Patienten mit bestimmten Störungen eine positivere (oder auch negativere) Auswirkung als andere Interventionen haben, so stellt sich die Frage nach der differentiellen Indikation.

In der Literatur werden eine Reihe von Definitionen angeführt, die das in Frage stehende Konzept zu greifen versuchen:

»What treatment, by whom, is most effective for this individual with that specific problem, and under which set of circumstances?« (PAUL 1967, S. 111).

»What specific therapeutic interventions produce specific changes in specific patients under specific conditions?« (STRUPP und BERGIN 1969, S. 20).

». . . bei welchem Patienten mit welcher Problematik/psychischen Störung ist welche Behandlungsmaßnahme bzw. welche Sequenz von Behandlungselementen durch welchen Therapeuten zu welcher Zielsetzung wie angemessen, wie effektiv und wie effizient?« (SEIDENSTÜCKER und BAUMANN 1979, S. 379).

»What kinds of changes are affected by what kinds of techniques applied to what kinds of patients by what kinds of therapists under what kinds of conditions?« (PARLOFF 1979, S. 303).

»Fifteen years ago, clinical researchers first began to enunciate what has now become a guiding principel for therapy outcome research: *What* intervention conducted by *what* therapist with *what* client to resolve *what* psycho-social dysfunctions produces *what* effects. . .?« (KENDALL und NORTON-FORD 1982, S. 434; Hervorhebungen im Original).

Das gemeinsame Charakteristikum aller hier aufgeführten Definitionen zur differentiellen Indikation besteht darin, daß grundsätzlich von der Vorstellung Abstand genommen wird, daß Psychotherapie bei allen Klienten die gleiche Wirkung erzielen würde.

Die Definitionen unterscheiden sich jedoch dahingehend, welche Variablengruppen bei der differentiellen Indikationsstellung berücksichtigt werden. PAUL (1967) spricht fünf Gruppen unabhängiger Variablen an, die Auswirkungen auf den Therapieeffekt haben:

- Behandlungsvariablen (what treatment)
- Therapeutenvariablen (by whom)
- Patientenvariablen (this individual)
- Störungsvariablen (that specific problem)
- Randbedingungen (which sets of circumstances).

Diese Definition umfaßt bereits die wichtigsten Variablengruppen, die für die Formulierung von differentiellen Indikationsaussagen zu berücksichtigen sind. Bei SCHMIDTCHEN (1980) werden darüber hinaus für eine differentielle Indikation noch Zielvariablen, Störungserklärungsvariablen und Störungsbewertungsvariablen als relevant dargestellt.
Ausgehend von den genannten Überlegungen soll hier der Begriff der differentiellen Indikation wie folgt definiert werden:

Bei der differentiellen Indikation im Bereich der Psychotherapie handelt es sich um eine Entscheidung aufgrund der Problemfrage: Bei welchen Patienten mit welcher Problematik/psychischen Störung ist welche Behandlungsmaßnahme (Therapiemethode/Interventionselement) durch welchen Therapeuten zu welcher Zielsetzung unter der Berücksichtigung welcher Störungserklärungsvariablen, Störungsbewertungsvariablen unter welcher Settingvariablen wie angemessen, effektiv und effizient?

Diese Definition spricht die wichtigsten Variablengruppen an, die bei Indikationsentscheidungen in der Praxis und der Erforschung der Indikationsfrage zu berücksichtigen sind (wobei auch andere Klassifizierungen als die folgende denkbar sind – vgl. z. B. BÖTTGER et al. 1977 – und die einzelnen Variablengruppen auch einem unterschiedlichen Abstraktionsniveau zuzuordnen sind):

Klientenvariablen:
Als Klientenvariablen werden diejenigen Variablen definiert, die den Einfluß des Klienten auf Indikationsentscheidungen spezifisch und die Wirkung auf den Verlauf und Ausgang des psychotherapeutischen Veränderungsprozesses haben. Es lassen sich hier störungsspezifische Klientenvariablen und störungsunspezifische Klientenvariablen unterscheiden.

Therapeutenvariablen:
Mit den Therapeutenvariablen sind die Faktoren zusammengefaßt, die den Einfluß des Therapeuten bei Indikationsentscheidungen spezifizieren und die Wirkung des Therapeuten als Katalysator des psychotherapeutischen Veränderungsprozesses kennzeichnen. Für den gesamten Pool der hier infrage kommenden Variablen schlägt TSCHEULIN *(1982) eine Differenzierung nach personalen Therapeutenvariablen (demographische, biographische und Variablen des therapeutischen Selbsterlebens), stilistischen Therapeutenvariablen (Aktivitätsniveau, Direktivität, Ausdrucksverhalten) und instrumentalen Therapeutenvariablen (Handhabung von therapeutischen Techniken, Variablen der Beziehungsherstellung) vor.*

Treatmentvariablen:
Als Treatmentvariablen werden solche Variablen bezeichnet, mit denen die Art und Weise der Behandlung/Maßnahme/Intervention eines Patienten festgelegt wird. Dabei bietet sich eine Unterteilung dieser Treatmentvariablen nach verschiedenen Komplexitätsstufen (Therapiemethode/Interventionselement) und nach verschiedenen Verlaufscharakteristika (Zeitvariablen/Behandlungsverlaufsvariablen) an.

Settingvariablen:
Als Settingvariablen sind solche Variablen zu bezeichnen, die örtliche, materielle und strukturelle Bedingungskonstellationen beschreiben, in die eine therapeutische Behandlung eingebettet ist. Hierzu sind insbesondere die Gruppe der institutionellen Variablen zu zählen, bei denen sich eine Klassifizierung in externe und interne institutionelle Bedingungen anbietet.

Therapiezielvariablen:
Als Therapiezielvariablen sind solche Variablen zu bezeichnen, die die entsprechenden Endziele (langfristige Ziele) und Zwischenziele (kurzfristige Ziele) einer Therapie beschreiben. Hier lassen sich prinzipiell drei Arten von Therapiezielen unterscheiden: Therapieziele, die durch den Therapeuten festgelegt werden, Therapieziele, die der Klient wünscht und festlegt, sowie Therapieziele, auf die sich Klient und Therapeut einigen.

Störungsbewertungsvariablen:
Als Störungsbewertungsvariablen sollen solche Variablen bezeichnet werden, die einem Verhalten das Etikett »gestört« bzw. »gesund« zuordnen, Normen und Wertkonzepte sowie Menschenbildungskonzepte.

Störungserklärungsvariablen:
Störungserklärungsvariablen sollen solche Variablen zusammenfassen, die Annahmen über die Bedingungen/Ursachen einer Störung bezeichnen.

Wenn das Konzept der differentiellen Indikation gemäß der o.g. Definition auch sehr plausibel und rational erscheint, so sind hinsichtlich seiner Bedeutsamkeit für die Weiterentwicklung in Richtung auf eine Optimierung psychotherapeutischer Interventionen für einzelne Klienten mit spezifischer Problemlage doch einige wesentliche Einschränkungen zu verzeichnen, die einerseits auf der Ebene der praktischen Interventionsentscheidung durch konkrete Therapeuten, zum anderen auf einer grundlegenden Ebene der Psychotherapieforschung angesiedelt sind.

Betrachtet man die differentielle Indikationsfrage zunächst unter dem Gesichtspunkt der *Indikationspraxis,* dann ist es eher wahrscheinlich, daß die Indikation in der Praxis oftmals nichtdifferentiell erfolgt (so war bereits darauf hingewiesen worden, daß Indikationsentscheidungen auf recht unterschiedlichen Ebenen erfolgen, etwa auch von Laien [vgl. oben]). Dies spricht nun nicht prinzipiell gegen die grundlegende Forderung nach einer differentiellen Indikation in der Praxis, sondern beschreibt zunächst die Unzulänglichkeit der derzeitigen Praxis. Allerdings ist davon auszugehen, daß auch der professionelle Indikationssteller kaum dazu in der Lage sein wird, die Lösung der differentiellen Indikationsfrage in einem extensiven Sinne zu erfüllen: Aufgrund der Komplexität des Therapieraums wird der Praktiker mit einer für ihn unüberschaubaren Variablenvielfalt konfrontiert, die er nicht alle in gleichem Umfang bewerten und abwägen kann. Diese Überlegungen lassen sich bereits verdeutlichen, wenn man lediglich die Variablen Patient, Therapeut, Technik und Ziel in die Überlegungen einbezieht und in der Praxis wesentliche Randbedingungen wie die Finanzierung, Zeit, Selektionsquote einer Institution etc. dabei zunächst noch ausklammert.

BAUMANN (1982) hat dazu idealtypische Fragestellungen zur Indikation abgeleitet, die sich in vier Konstellationen skizzieren lassen:

1. Die erste Konstellation bezeichnet die klassische partientenbezogene Fragestellung: Welche therapeutische Technik ist bei diesem Patienten indiziert?
2. Bei der zweiten Konstellation werden für einen Klienten geeignete Ziele gesucht: Welche Zielsetzung ist für diesen Klienten indiziert (eine spezifische Symptomatik des Klienten legt nicht eindeutig ein spezifisches Therapieziel fest)?
3. Die dritte Konstellation beschreibt die sogenannte »therapeutenbezogene« Indikationsfrage: Mit welchen Patienten kann ein bestimmter Therapeut am besten arbeiten?
4. Die von der vierten Konstellation definierte Indikationsfrage findet man besonders in Spezialinstituten, aber auch bei Therapeuten, die nur einen Ausschnitt aus dem Therapiezentrum vertreten: Welche Patienten sind für diese angebotene Technik geeignet?

Die idealtypischen Fragestellungen zur Indikation sind allerdings mit Voraussetzungen verknüpft, die in der Praxis nicht immer als gegeben angenommen werden können. Für die vier Fragestellungen sind nachfolgend beispielhaft einige Voraussetzungen formuliert worden, die bei der praktischen Indikationsstellung erfüllt sein müssen, wenn diese Fragestellungen befriedigend beantwortet werden sollten:

1. Klientenbezogene Frage:
   a) Geeignete Therapeuten stehen für die Behandlung zur Verfügung.
   b) Geeignete Techniken für einen spezifischen Klienten müssen entwickelt und/oder realisierbar sein.
   c) Durch die Behandlung mit einer spezifischen Technik werden die gewünschten Therapieziele (möglichst ohne unkontrollierte Nebenwirkungen) erreicht.
   d) Die Behandlung ist unter den Aspekten der Kosten-Nutzen-Relation gerechtfertigt.
2. Zielbezogene Fragestellung:
   a) Es gibt geeignete Techniken, um spezifische Ziele zu erreichen.

b) Die Therapeuten sind uneingeschränkt bereit, gemäß diesen Zielen zu handeln (unabhängig von eigenen Wert- und Normvorstellungen).

3. Therapeutenbezogene Fragestellung:
   a) Wird ein Klient von einem Therapeuten zurückgewiesen, so muß gesichert sein, daß er bei einem anderen Therapeuten in Behandlung gehen kann (Sicherstellung des Versorgungsauftrags).
   b) Es müßte ein Kriterienkatalog existieren, nach dem zu entscheiden wäre, ob ein Therapeut X tatsächlich mit einem bestimmten Klienten besser zusammenarbeiten könnte (unabhängig von den persönlichen Präferenzen des Therapeuten).
4. Technikbezogene Fragestellung:
   a) Für bestimmte Problemkonstellationen gibt es spezifische Techniken, die (empirisch nachgewiesen) wirkungsvoll sind.
   b) Die Technik wird in bestimmten Institutionen oder Praxen angeboten, so daß sie einem bestimmten Pool von Klienten zugänglich ist.

Es läßt sich aufgrund dieser nur beispielhaft und unvollkommen zusammengestellten Voraussetzungen bei der faktischen Indikationsstellung unschwer erkennen, daß die therapeutische Praxis von der Idealsituation weit entfernt ist (es sei auch noch einmal daran erinnert, daß bei der o.a. Konzeption wesentliche Rahmenbedingungen bereits vorab ausgeklammert wurden).
Auf einer grundlegenden Ebene der *Psychotherapieforschung* ist die differentielle Indikationsfrage darüber hinaus seit etwa 1980 als Grundfrage der Indikationsforschung zunehmend kritischer betrachtet worden. Diese Kritik läßt sich dabei im wesentlichen folgenden Punkten zuordnen:

1. Die differentielle Indikationsfrage impliziere eine induktive Methodologie: Die von WESTMEYER (1981) vorgetragene Kritik gegen die differentielle Indikationsfrage als Leitfrage der Psychotherapieforschung resultiert in dem Postulat, daß die differentielle Indikationsfrage ein Scheinproblem sei, das keine Antwort erwarten ließe. Argumentationsgrundlage ist dabei eine wissenschaftstheoretische Analyse des Indikationsproblems.

   Die Forschung unter der differentiellen Indikationsfrage habe von einem äußerst komplexen Therapieraum auszugehen (vgl. oben). Da eine Studie allein diese Komplexität nicht abbilden könne, ließe sich die Frage nach der differentiellen Indikation nur sukzessiv beantworten und rekurriere somit auf einen akkumulativen Erkenntnisprozeß, von dem eine Beantwortung der differentiellen Indikationsfrage Schritt für Schritt erwartet wird (induktive Methodologie des früheren logischen Empirismus). Diese sukzessive Beantwortung der Problemstellung setze nun allerdings voraus, daß es einen geschlossenen Forschungsbereich der Psychotherapie gibt, d.h. eine Einheitstheorie mit gemeinsamen Sprachregelungen, die es erlaubt, therapeutische Handlungsregeln unter Bezugnahme auf einheitliche Taxonomien von Störungen, Diagnosen und Zielen in intersubjektiv vergleichbarer Form zu beschreiben. Diese Prämisse könne – so WESTMEYER *– in den empirischen Wissenschaften nicht akzeptiert werden, schon gar nicht im Rahmen der Psychotherapieforschung. Außerdem könnten die einschlägigen Psychotherapiestudien nicht mit den Innovationen der Praxis Schritt halten.*

2. In der Psychotherapieforschung sei kein Versuchsplan realisiert, der differentielle Indikationsaussagen erlauben würde: GRAWE (1981) weist darauf hin, daß es zwar mehr als 1000 empirische Therapievergleichsstudien gibt, aber nur verschwindend wenige dabei einen Versuchsplan realisiert haben, der solche differentiellen Indikationsaussagen erlauben würde. In den meisten experimentellen Studien wurde nur eine Therapiemethode mit einer anderen verglichen, ohne Therapeutenvariablen oder Klientenvariablen zu variieren. Dann wurde lediglich mit einfachen Varianzanalysen überprüft, ob sich die untersuchten Therapiemethoden im Mittel unterscheiden.
3. Das Konzept der differentiellen Indikation habe ideologische Funktionen: Nach dieser Sichtweise (vgl. etwa GRAWE 1980) hat die Formulierung und Etablierung der differentiellen Indikationsfrage vornehmlich wissenschaftsexterne Begründungen. Die Frage nach der differentiellen Indikation sei erst durch die Entstehung verschiedener Therapierichtungen aufgetaucht, die sich in den Versorgungsansprüchen stark überschneiden. Das Forschungsprogramm der differentiellen Indikation sei nun dazu angesetzt worden, um Spannungen zwischen den Therapierichtungen zu sublimieren. Diese Sublimationsfunktion werde dadurch aufrechterhalten, daß in absehbarer Zeit keine erschöpfende Antwort auf die Frage der differentiellen Indikation zu finden sei. Während sich also die Indikationsforschung mit einer zur Zeit unlösbaren Problematik beschäftige, überlasse sie die Entscheidungen wissenschaftsexternen Interessen.
4. Die Betonung der experimentellen Studien zum Kontext der differentiellen Indikation verstelle den Blick für weitere wichtige Forschungsansätze (vgl. WÄLTE 1989): Die bisherige Indikationsforschung habe sich wenig mit den tatsächlichen Indikationsstellungen in der Praxis beschäftigt. Im Mittelpunkt stand lediglich die empirische Analyse der Variablen, nach denen eine Indikation optimal erfolgen sollte. Daher ist bisher sehr wenig von dem gesamten Prozeß der Indikationsentscheidung in der Praxis bekannt, die nicht nur von Experten, sondern auch von Laien getroffen und stark von Rahmenbedingungen beeinflußt werden (vgl. oben). Besonders stark sei jedoch die Einbeziehung der Erfahrung von in der Praxis arbeitenden Experten vernachlässigt worden.

Welche Schlußfolgerungen sind nun aus diesen Einschätzungen zu ziehen? Fest steht jedenfalls, daß die differentielle Indikationsfrage nicht nur ein ungelöstes, sondern – unter spezifischer Sichtweise – auch ein unlösbares Problem darzustellen scheint. Allerdings kann mit einer solchen Feststellung die Problematik nicht als »nicht existent« definiert werden. Manche der in diesem Zusammenhang geäußerten Überlegungen zeichnen sich durch eine Stringenz in der wissenschaftstheoretischen Argumentation aus, analysieren Zusammenhänge zwischen dem Stand der differentiellen Indikationsfrage und methodischen Rahmenbedingungen bzw. Erfordernissen, weisen auf Gefahren hin, die mit einzelnen Herangehensweisen an die differentielle Indikationsfrage verbunden sind – und schließen damit ihre Überlegungen ab. Die Frage nach den Alternativen zu dem Vorgehen nach dem differentiellen Indikationskonzept wird weitgehend ausgeklammert. Für Praktiker und Forscher gleichermaßen werden aus diesen Analysen eher die Defizite, die Unzulänglichkeiten, ja sogar die Sinnlosigkeit eines solchen Vorgehens deutlich gemacht, ohne daß genauso gründlich und anspruchsvoll Überlegungen hinsichtlich der weiteren Prozeduren im Indikationskontext angestellt würden. Vermutlich hängt dies auch damit zusammen, daß auch den Kritikern der differentiellen Indikationsfrage klar ist, daß täglich einige hundert Indikationsentscheidungen in der Praxis zu treffen sind, die nicht ausgesetzt werden können, weil es sich unter spezifischer Betrachtungsweise bei diesem Problem um ein »Scheinproblem« handelt. Die Kritiker müßten vermutlich zugeben, daß sie unter diesem Gesichtspunkt auch weniger optimale, weniger stringente und weniger »wissenschaftliche« Lösungen vertreten müßten, wenn sie nicht die Augen vor der Praxis verschließen wollten.

Die differentielle Indikationsfrage aufgrund der dargestellten Argumentation prinzipiell und grundsätzlich für die Praxis aufzugeben, wäre sicherlich falsch: Die Grundkonzeption der differentiellen Indikation verfügt über einen rationalen Kern, der sich daraus ergibt, daß Psychotherapie nicht global, sondern immer unter spezifischen Bedingungen (bestimmte Therapeutenvariablen, Klientenvariablen, Behandlungsvariablen etc.) wirksam ist. So wird der Praktiker durch den »Mehrvariablenansatz« zur Aufgabe von Uniformitätsannahmen und Phantasien über die globale Effektivität und Effizienz einzelner therapeutischer Interventionen angeregt, was vermutlich zur Folge hat, daß die Therapie eher nach differentiellen Gesichtspunkten geplant und durchgeführt wird. Allerdings wird sich der Praktiker durch die Einführung der differentiellen Indikationsfrage immer auch einem Dilemma ausgesetzt sehen, wenn es darum geht, in einem konkreten Fall Indikationsentscheidungen zu treffen: Einerseits ist davon auszugehen, daß Psychotherapie nicht global, sondern unter spezifischen Bedingungen wirkt, so daß Indikationsentscheidungen nach der differentiellen Problemfrage zu fällen sind. Aufgrund der Komplexität des Therapieraumes und aus Mangel an Indikationsregeln ist die differentielle Indikationsfrage zumindest in vollem Umfang nicht lösbar. Dagegen gibt sich die unspezifische, globale Indikationsfrage als lösbar aus, impliziert aber Annahmen über die Uniformität von Patient, Therapeut und Behandlungsbedingungen, die vollkommen unrealistisch sind.

Wenn eine vollständige Lösung der differentiellen Indikationsfrage nicht zu erreichen ist, so stellt sich die Frage nach den Alternativen. Wie oben angedeutet, werden durch die täglichen Indikationsentscheidungen Fakten gesetzt, die nicht »hinwegzutheoretisieren« sind. Es müßte folglich ein wesentliches Ziel sein, die täglichen Indikationsentscheidungen zu verbessern, auch wenn eine optimale und auch theoretisch allseits akzeptierte Lösung aufgrund der Quantität der zu berücksichtigenden Daten oder aber aus grundsätzlicher wissenschaftstheoretischer Sicht nicht erreicht werden kann. Eine realistische Zielsetzung kann daher nur die *partielle Klärung der differentiellen Indikationsfrage* sein: Die partielle Klärung der differentiellen Indikationsfrage bedeutet das Zusammentragen von Einzelerkenntnissen zur Indikationsproblematik auf unterschiedlichen Wegen, unter der Annahme, daß auch eine suboptimale Strategie für die Praxis zweckmäßiger ist als wissenschaftstheoretisch stringente Argumente ohne Handlungsalternativen.

Für die Praxis der Indikationsstellung impliziert dies auch, daß Praktiker bei dem Bemühen um eine rationale Indikation auch eigene Entscheidungsstrate-

gien und Entscheidungsregeln entwickeln sollten, wobei notwendigerweise der Indikationssteller die Komplexität des Therapieraums auf ein für ihn überschaubares Maß strukturieren muß, auch wenn dies mit einer Abweichung von einem theoretisch denkbaren Optimalzustand einhergeht.
So hat beispielsweise SCHMIDTCHEN *(1980) für die Indikationsstellung in der Kinderpsychotherapie einen »störungsgeleiteten Therapieansatz« vorgelegt: Dabei wird aufgrund einer Störungsproblemanalyse festgestellt, welche Ursache für die Störung verantwortlich ist (subjektbedingt, umweltbedingt oder wechselwirkungsbedingt). Danach wird festgelegt, welche Ziel- und Lernebenen in der Therapie angesprochen werden sollen. Daraufhin werden aus dem Katalog von Therapieverfahren Interventionselemente ausgewählt, wobei die Entscheidung für Therapieverfahren eine optimale Nutzung aller möglichen Methoden und Kombinationen anstreben soll.*
Im realistischen Konzept der partiellen Klärung der differentiellen Indikationsfrage strukturiert also der Praktiker den Therapieraum nach theoretisch, praktisch und/oder empirisch relevanten Aspekten, auch wenn damit grundsätzlich Einschränkungen gegenüber einem – allerdings nur theoretisch formulierbaren – Optimalzustand einhergehen. Sinnvoll ist es in diesem Zusammenhang, wenn das Konzept der partiellen Klärung der differentiellen Indikationsfrage durch ein vielschichtiges Vorgehen ausgefüllt wird, das neben den bisher favorisierten Experimentalstudien mit gleichem Stellenwert auch deskriptive Analysen der Indikationspraxis und Analysen des Urteilsprozesses von Praktikern berücksichtigt.

1.1.4 Selektive und adaptive Indikation

Bei der Beschäftigung mit der Indikationsfrage und den Strategien bei der Entscheidungsfällung zur Indikation im Rahmen der Psychotherapieforschung und -praxis wird üblicherweise von zwei Konzepten ausgegangen, die als selektive bzw. adaptive Indikationsentscheidung bezeichnet werden (vgl. z.B. BAUMANN 1981). Es handelt sich hierbei um Modelle der Erhebung und Verarbeitung verschiedenster Informationen des psychotherapeutischen Prozesses und daraus abzuleitenden Konsequenzen in bezug auf mögliche Handlungsalternativen. Diese beiden Modelle werden in der Literatur implizit oder explizit als feststehende, alternative Bezugspunkte der Indikationsentscheidung behandelt, von denen aus eine weitere Beantwortung bisher ungelöster Fragen im Zusammenhang mit der Indikation psychotherapeutischer Maßnahmen angesteuert wird.
Bei genauer Betrachtung der Diskussion um diese beiden Modelle werden nun allerdings einige Schwachpunkte deutlich, die eine unvoreingenommene und weiterführende Behandlung der Indikationsfrage behindern. Diese Schwachpunkte sind darin begründet, daß zum einen die Begriffe der selektiven bzw. adaptiven Indikation von verschiedenen Forschern und Praktikern unterschiedlich definiert werden, und daß zum anderen die jeweiligen Definitionen in einzelnen Punkten zu kurz greifen und damit für die Praxis der Indikationsentscheidung wesentliche Gesichtspunkte außer acht lassen.
Das Konzept der *selektiven Indikation* geht dabei von der Grundannahme aus, daß für einen bestimmten Klienten mit spezifischen Störungen eine der vorhan-

denen therapeutischen Behandlungsalternativen, durchgeführt von einem bestimmten Psychotherapeuten, optimal wäre. Mit dem Begriff »selektive« Indikation soll auf die bei Indikationsentscheidung stattfindenden Selektionen hingewiesen werden, mit deren Hilfe eine möglichst eindeutige Zuordnung von Patient, Therapeut und Therapiemethode erreicht werden soll. Eine derartige Zuordnung erfolgt z.B. anhand von Kriterien (Prädiktoren), die aufgrund allgemeiner psychodiagnostischer Merkmale oder spezifischer Merkmale, z.B. nach einer »Probetherapie«, üblicherweise zu Beginn der Therapie gewonnen werden.

In diesem Zusammenhang werden in der Regel zwei Typen von Selektionsentscheidungen unterschieden: Die Selektion von Patienten/Klienten und die Selektion von Behandlungsmaßnahmen. Bereits auf dieser Ebene sind Probleme aufgrund von Uneinheitlichkeiten im Verständnis von selektiver Indikation vorhanden; dies läßt sich anhand zweier beispielhaft herausgegriffener Darstellungen aufzeigen: So formuliert etwa ZIELKE (1981):

»Geht man einmal von der Prämisse aus, daß es sich bei der Indikation um ein Zuordnungsproblem handelt, ließe sich die Frage von zwei Seiten angehen: (1) Im Falle einer festvorgegebenen Patientenpopulation sind als indikative Variablen die verschiedenen Behandlungsmethoden anzusehen; daraus ergäbe sich dann eine Einteilung von Therapieverfahren, wobei der Entscheidungsprozeß bei der Indikationsstellung in einer Selektion von Therapieverfahren bestünde. Ein solches Vorgehen setzt eine Variationsmöglichkeit auf der Seite der Behandlungsbedingungen voraus. (2) Im Falle einer fest vorgegebenen Behandlungsmethode ergeben sich als indikative Variablen Klassifikationen von Störungen auf der Patientenseite. Der Entscheidungsprozeß beschränkt sich unter diesem Gesichtspunkt auf die Selektion von Patienten entsprechend bestimmter behandelbarer Erkrankungen.« (ZIELKE 1981, S. 141–142).

BAUMANN und V. WEDEL (1981) nehmen dagegen wie folgt Bezug auf die zwei Typen von Selektionsentscheidungen:

»Die Selektion kann auf zweierlei Art erfolgen:
– Selektion von Maßnahmen. Für einen Patienten wird die Maßnahme ausgewählt, die nach unterschiedlichen Kriterien als die günstigste bezeichnet wird (Zuordnung Patient zu Behandlungsklassen). Im einfachsten Falle wird über Behandlung und Nicht-Behandlung entschieden.

– Selektion von Patienten. Selektionsvorschläge dieser Art haben wir im Rahmen der gesamten Gesundheitsversorgung, bei Institutionen und bei Therapeuten. Bietet das System der Gesundheitsversorgung für einzelne Problemgruppen (z.B. Drogenabhängige) keine oder nur ungenügende Maßnahmen an, so stellt dies eine Patientenselektion dar. Wählt eine Institution (Eheberatungsstelle) Patienten aus, die am ehesten in das Beratungsprogramm passen, so werden wiederum Selektionen getroffen. Letztlich selegiert auch der Einzeltherapeut, wenn er diejenigen Patienten auswählt, mit denen er besonders gut zu arbeiten hofft« (BAUMANN und V. WEDEL 1981, S. 4).

Die genannten Autoren zeigen im Hinblick auf die Auswahl von *Maßnahmen* ein vergleichbares Verständnis der selektiven Indikation, sie unterscheiden sich jedoch im Hinblick auf die Auswahl von *Patienten*. Während ZIELKE (1981) die Selektion von Patienten lediglich auf das Kriterium der »Störung auf der Patientenseite« bezieht, findet sich eine solche Einschränkung bei BAUMANN und V. WEDEL nicht; darüber hinaus drückt sich das weitergefaßte Verständnis von selektiver Indikation bei BAUMANN und v. WEDEL (1981) dadurch aus, daß hier zusätzlich noch die verschiedenen Ebenen der Selektionsentscheidung (Selektion von Institutionen, Selektion von Therapeuten) thematisiert werden.

Neben diesen Unterschieden im Verständnis der selektiven Indikation sind für beide Begriffsbestimmungen zwei Komponenten gemeinsam, die für die Auseinandersetzung mit der Indikationsfrage als hinderliche Einschränkungen anzusehen sind:

1. Der Begriff der selektiven Indikation wird so verstanden, daß der Patient immer Objekt einer Entscheidung ist. Der Patient wird entweder für eine Maßnahme (Institution) ausgesucht, oder ihm werden Maßnahmen zugeordnet. Es scheint jedoch für das Verständnis der Indikationsfrage angemessener und erschöpfender zu sein, den Patienten sowohl als Objekt als auch als Subjekt der Entscheidung zu betrachten. Erst durch diese Erweiterung wird die geanze Bandbreite denkbarer selektiver Indikationsentscheidungen in der Praxis angemessen beleuchtet. Im Rahmen einer deskriptiven Analyse der Indikationspraxis (Ist-Analyse) kann dann z.B. geklärt werden, nach welchen Kriterien sich Patienten für bestimmte Handlungsalternativen (z.B. Psychotherapie versus medizinische Behandlung) oder für einen bestimmten Therapeuten-»Typ« entscheiden.
2. Beide Begriffsbestimmungen implizieren eine unnötige Einschränkung, indem sie die grundsätzlich möglichen Typen selektiver Indikationsentscheidungen nicht ausschöpfen: Die selektive Indikation wird entweder auf die Auswahl von Patienten (indikative Konstante: Treatment, indikative Variable: Patient) oder aber auf die Auswahl von Maßnahmen (indikative Konstante: Patient, indikative Variable: Treatment) beschränkt. Forschungs- oder Praxisfragen, die den *Therapeuten* als indikative Konstante betrachten, oder Kombinationen von indikativen Konstanten (etwa Patient/Therapeut) oder indikative Variablen (z.B. Treatment/Therapeut) finden bei dieser Begriffsbestimmung keine Berücksichtigung.

Das nachfolgend dargestellte Typenraster selektiver Indikationsentscheidungen (vgl. auch BOMMERT et al. 1985) veranschaulicht die grundsätzlich möglichen Tpyen von Entscheidungen und formuliert für die Forschung und für die Praxis beispielhaft ausgewählte Fragen, deren Beantwortung die Indikationsproblematik erheblich zu klären helfen würde. In der bisherigen Behandlung der Indikationsfrage sind jedoch lediglich die Typen 1 und 3 des Typenrasters ausführlicher beleuchtet worden.

Eine weitere Einschränkung des Verständnisses der selektiven Indikation ist die Gleichsetzung von selektiver Indikation mit prognostischer Indikation (vgl. SEIDENSTÜCKER und BAUMANN 1979, S. 382). Diese Einschränkung erklärt sich durch die fälschliche Annahme, man könne eine selektive Indikationsentscheidung im Hinblick auf die Antizipation von Therapiezielen bei bestimmten Störungsklassen vornehmen. Hierbei wird allerdings übersehen, daß sich aus einer Störungsklasse nicht unmittelbar und eindeutig spezifische Therapieziele unabhängig von der jeweiligen Konstellation definieren lassen (vgl. auch BOMMERT 1981).

Tab. 1.1: Ein Typenraster selektiver Indikationsentscheidungen unter Berücksichtigung der Variablen »Therapeut«, »Patient und »Treatment« bei Konstanthaltung anderer Variablen der differentiellen Indikation: Fragen für die Forschung und für die Praxis

Typ	Indikative Konstante(n)	Indikative Variable(n)	Fragen für die Forschung (Beispiele)		Fragen für die Praxis (Beispiele)
			Experimentalforschung	Deskriptive Analyse der Praxis (Ist-Analyse)	
1	Patient	Treatment	Welche Behandlungsmaßnahme ist bei dieser Patientengruppe kontraindiziert?	Welche Therapien bevorzugt diese Subpopulation von Patienten	Welche Behandlungsmaßnahme könnte für mich aufgrund des Angebotes des Therapeuten nützlich sein?
2	Patient	Therapeut	Welche Therapeuten können mit dieser Subpopulation von Patienten effektiv zusammenarbeiten?	Welche Therapeuten bevorzugen diese Gruppe von Patienten?	Welcher Therapeut könnte mir in der jetzigen Situation besonders hilfreich sein?
3	Treatment	Patient	Welche Patienten sind für diese spezielle Maßnahme geeignet?	Welche Patienten nehmen dieses spezielle Behandlungsangebot wahr?	Für welche Patienten ist unser Beratungsangebot nicht ausreichend?
4	Treatment	Therapeut	Welche Therapeuten können diese spezielle Maßnahme erfolgreich einsetzen?	Welche Therapeuten bieten in ihrem Programm diese spezielle Behandlungsmaßnahme an?	Welcher Therapeut unserer Beratungsstelle ist für die Realisierung gerade dieser Behandlungsmaßnahme kompetent?
5	Therapeut	Patient	Mit welchen Patienten arbeitet dieser Therapeutentyp am besten?	Mit welchen Patienten arbeitet diese Gruppe von Therapeuten besonders häufig?	Mit welchen Patienten möchte ich als Therapeut zusammenarbeiten? (Therapeut als Subjekt der Entscheidung)

Tab. 1.1: Fortsetzung

Typ	Indikative Konstante(n)	Indikative Variable(n)	Fragen für die Forschung (Beispiele)		Fragen für die Praxis (Beispiele)
			Experimentalforschung	Deskriptive Analyse der Praxis (Ist-Analyse)	
6	Therapeut	Treatment	Mit welchen Behandlungsmaßnahmen ist dieser spezielle Therapeutentyp besonders erfolgreich?	Mit welchen Behandlungsmaßnahmen arbeitet dieser Therapeutentyp besonders häufig?	Mit welchen Behandlungsmaßnahmen möchte ich als Therapeut arbeiten? (Therapeut als Subjekt der Entscheidung)
7	Patient/ Therapeut	Treatment	Mit welchem Treatment arbeitet diese spezielle Patienten/Therapeutenkonstellation besonders effektiv?	Welche Behandlungsmaßnahme bevorzugt diese Therapeutengruppe in Zusammenarbeit mit diesem Patientenkreis?	Welche Behandlung könnte man bei diesem »Fall« (Zusammenarbeit von Therapeut und Patient) noch einsetzen?
8	Patient/ Treatment	Therapeut	Welche Therapeuten sind bei der Realisierung dieser Therapien bei diesen Klienten besonders erfolgreich?	An welche Therapeuten wenden sich diese Patienten, wenn sie sich für diese Behandlung entschieden haben?	Welchen Therapeuten könnte man bei diesem Patienten noch einsetzen, damit gesichert ist, daß diese spezifische Intervention erfolgreich beendet werden kann?
9	Treatment/ Therapeut	Patient	Welche Patienten profitieren von dieser Therapie, durchgeführt von diesem Therapeutentyp, am meisten?	Welche Patienten bevorzugen dieses Treatment, wenn es von dieser Berufsgruppe von Therapeuten angeboten wird?	Welche Patieten werden vermutlich unsere Institution aufsuchen, wenn wir dieses Angebot an Therapie machen, das von diesen Therapeuten durchgeführt wird?

Tab. 1.1: Fortsetzung

Typ	Indikative Konstante(n)	Indikative Variable(n)	Fragen für die Forschung (Beispiele)		Fragen für die Praxis (Beispiele)
			Experimentalforschung	Deskriptive Analyse der Praxis (Ist-Analyse)	
10	Patient	Treatment/ Therapeut	Welche Therapeuten, die welche Behandlungen anbieten, sind bei dieser definierten Subpopulation von Patienten erfolgreich?	Welche Interventionen, durchgeführt von welchen Therapeuten werden bei diesen Patienten eingesetzt?	Welche Intervention und welcher Therapeut könnten bei diesem »Fall« eingesetzt werden?
11	Treatment	Patient/ Therapeut	Welche Patient/Therapeut-Konstellation arbeitet mit einem vorgegebenen Treatment effektiv?	Welche Therapeuten arbeiten mit welchen Patienten unter Einsatz dieses Treatments?	Bei welchen Klienten könnte dieses Treatment durchgeführt, von welchen Therapeuten in unserer Institution eingesetzt werden?
12	Therapeut	Patient/ Treatment	Mit welchen Patienten, die welche Therapien erhalten, arbeitet dieser Therapeutentyp erfolgreich?	Welcher bestimmte Therapeutentyp arbeitet mit welchen Patienten und welchen Maßnahmen?	Mit welchen Patienten und Maßnahmen möchte ich als Therapeut arbeiten?

Es läßt sich also in bezug auf das herkömmliche Verständnis und die Verwendung des Modells der selektiven Indikation zunächst festhalten, daß zwischen verschiedenen Autoren zum einen Differenzen in der Definition bestehen, die mit einer unterschiedlichen Betrachtungsbreite des infrage stehenden Gegenstandsbereichs (Selektionen bei der Anwendung von Psychotherapie) einhergehen; zum anderen gibt es Gemeinsamkeiten zwischen verschiedenen Autoren, die jedoch durch Einschränkungen der Problemsicht gekennzeichnet sind und zur Vernachlässigung von Fragen führen, die für die Kenntnisvermehrung im Bereich der Indikation wichtig sein können.
Aus diesen Überlegungen läßt sich für die selektive Indikation der nachfolgende Definitionsvorschlag ableiten:

Bei der selektiven Indikation zur Psychotherapie handelt es sich um eine Entscheidung zur Auswahl einer von mehreren therapeutischen Handlungsalternativen – vor, zu Beginn oder im Verlauf der Behandlung – unter Berücksichtigung bestimmter (diagnostischer) Informationen mit dem Resultat der Zuordnung von Patient, Therapeut und Treatment. Sowohl der Patient als auch der Therapeut können sowohl Subjekt als auch Objekt der Entscheidung sein.

Das Konzept der *adaptiven Indikation* wird in der Literatur als alternatives Indikationsmodell zur selektiven Indikation aufgefaßt. Auch bei diesem Konzept werden bei der Begriffsbestimmung von verschiedenen Autoren unterschiedliche Aspekte angesprochen und/oder betont. Und auch hier läßt sich zeigen, daß der so angesprochene Geltungsbereich mit Einschränkungen in bezug auf die Klärung von Fragestellungen für Forschung und Praxis einhergeht.

Nach ZIELKE (1980) ist das wesentliche Merkmal der adaptiven Indikation

»... die Anpassung des therapeutischen Vorgehens an die Bedingungen des jeweiligen Klienten. Adaptives Vorgehen (adaptive Behandlung) bedeutet die Schaffung einer möglichst optimalen Lernumwelt für jeden Patienten, während bei der herkömmlichen Differenzierung (soweit sie überhaupt vorgenommen wurde) Patienten danach ausgesucht werden, wie sie am besten zu einem vorgegebenen Vorgehen (fixierte Behandlung) passen.« (ZIELKE 1980, S. 33f).

BASTINE (1981) setzt prozessuale Indikation mit adaptiver Indikation gleich:

»... die *prozessuale Indikation,* bezieht sich auf die Entscheidungen innerhalb der Psychotherapie, wann welche Behandlungsmethoden und -strategien bei bestimmten Personen mit psychischen Problemen eingesetzt werden. Bei dieser Fragestellung wird von einem individuellen Klienten ausgegangen, ..., und es wird über verschiedene Behandlungsmethoden oder psychotherapeutischen Vorgehensweisen, den Zeitpunkt ihres Einsatzes und ihre geeignete Kombination entschieden.« (BASTINE 1981, S. 161–162; Hervorhebungen im Original).

GRAWE (1982) betont bei der Begriffsbestimmung der adaptiven Indikation den Aspekt der Verlaufsorientiertheit:

»Die Indikationsstellung soll danach nicht nur einmal vor Beginn der Therapie im Sinne einer Zuweisung des Patienten zu einer bestimmten Therapieform vorgenommen werden, sondern Indikationsentscheidungen sollen fortlaufend im Therapieprozeß erfolgen im

Sinne von Entscheidungen darüber, wie von einem gegebenen Punkt aus weiter vorgegangen werden sollte.« (GRAWE 1982, S. 175).

Nach BAUMANN und V. WEDEL (1981) kann Adaption zweierlei bedeuten:

»(1) Anpassung standardisierter Verfahren an den Einzelfall. Bei jeder standardisierten Prozedur muß dennoch auf die aktuellen Randbedingungen eingegangen werden (z.B. Berücksichtigung der momentanen Befindlichkeit). (...)
(2) Psychotherapie kann aber auch anders verstanden werden, indem nicht mehr eine Maßnahme im Vordergrund steht, sondern das Interaktionsgeschehen. Dies erfordert andere Leitbilder, wie z.B. Problemlösungs- und Verhandlungskonzepte (...). Erst aus der exakten Analyse dieser Prozesse wären Regeln für einzelne Strategien zu finden.« (BAUMANN und V. WEDEL 1981, S. 5).

SEIDENSTÜCKER und BAUMANN (1979) heben das dynamische Geschehen hervor, wonach sich adaptive Indikation konkretisiert:

»...in Modellentwürfen über die dynamischen Beziehungsverhältnisse zwischen den wesentlichen Komponenten des therapeutischen Prozesses, durch die der Therapieverlauf auf bestimmte Zielgrößen hin optimiert werden soll.« (SEIDENSTÜCKER und BAUMANN 1979, S. 382).

Nach diesen Darstellungen kann adaptive Indikation also folgendes bedeuten:

- Anpassung des therapeutischen Vorgehens an die Bedingungen des jeweiligen Patienten;
- Auswahl therapeutischer Behandlungsmethoden unter Berücksichtigung bestimmter Variablen: Merkmale der Behandlung, des Therapeuten, des Klienten, der Situation;
- Entscheidungen, die fortlaufend im Therapieprozeß erfolgen;
- Interaktionen in der Therapie schlechthin.

Betrachtet man diese Begriffsbestimmungen im Zusammenhang, so stellen sich zumindest zwei Bereiche als recht problematisch dar: Zum einen, daß der Psychotherapeut nur als Subjekt der Entscheidung, der Klient nur als Objekt der Entscheidung thematisiert wird, und zum anderen die alternative Abgrenzung der adaptiven Indikation von der selektiven Indikation auf der Grundlage der bisherigen Definitionen.

Der erste Punkt ist deswegen problematisch, weil er (wie in ähnlicher Form bei der selektiven Indikation) einhergeht mit einer Beschränkung des Blickfeldes für wesentliche Fragen der Indikation: Nur wenn man davon ausgeht, daß beide Akteure der therapeutischen Beziehung in beiden »Rollen« (Subjekt und Objekt) Einfluß nehmen auf den Therapieverlauf, wird die Gesamtbreite möglicher Fragestellungen in diesem Feld angegangen werden können (vgl. dazu unten). In bezug auf den zweiten Problembereich erscheint eine alternative Gegenüberstellung von selektiver Indikation einerseits und adaptiver Indikation andererseits in der bisherigen Form dem praktischen Geschehen nicht angemessen: Die Anpassung z.B. einer Therapieform an den Patienten beinhaltet de facto auch die Auswahl einer oder mehrerer therapeutischer Interventionselemente aus dem Universum der zur Verfügung stehenden Elemente bei gleichzeitiger Nichtanwendung anderer – theoretisch und praktisch realisierbarer – Elemente. Auch hier findet also eine Selektion statt. Andererseits werden sog. selektive Indikationsentscheidungen im Rahmen der Psychotherapie (also in dem Fall, wenn bereits grundsätzlich die Anwendung einer Psychotherapie vorgesehen ist) in der Regel nicht willkürlich vorgenommen, sondern mit dem (impliziten oder expliziten) Ziel einer Optimierung des Psychotherapieerfolgs, womit auch eine – wenn auch vermutlich weniger differenzierte – Form der Adaption impliziert ist. Dies gilt zumindest in dem Fall, wenn verschiedene Handlungsalternativen möglich sind, d.h. z.B., wenn grundsätzlich einem Patienten mehr als eine Psychotherapieform angeboten werden kann (vgl. BOMMERT et al. 1985).

Auf der Basis dieser Überlegungen schlagen wir folgende Neuformulierung der adaptiven Indikationsentscheidung vor:

Bei der adaptiven Indikation im Rahmen der Psychotherapie handelt es sich um eine Entscheidung über Art und Umfang der Einflußnahme auf einzelne Wirkfaktoren des psychotherapeutischen Prozesses (Therapeut, Klient, Treatment/Setting) mit dem Ziel, die Abstimmung der Beziehungsverhältnisse dieser Wirkfaktoren im Hinblick auf bestimmte Zielzustände zu optimieren. Diese Entscheidung kann sowohl am Beginn als auch im Verlauf der Therapie getroffen werden: Patient und/oder Therapeut können sowohl Subjekt als auch Objekt einer solchen Entscheidung sein.

Es geht bei der adaptiven Indikation also um eine *Optimierung des Beziehungsverhältnisses zwischen allen wesentlichen Variablen des psychotherapeutischen Prozesses,* unabhängig davon, ob diese Optimierung durch die Einflußnahme (Konstanthaltung/Änderung) auf den Therapeuten, den Klienten oder das Treatment erreicht wird und unabhängig davon, ob dieser Abstimmungsprozeß der wesentlichen Merkmale untereinander am Beginn oder im Verlauf der Therapie erfolgt.

Mit dieser Begriffsbestimmung ist die Annahme verbunden, daß die Abstimmung des Beziehungsverhältnisses zwischen den wesentlichen Wirkfaktoren in mehr oder weniger expliziter und differenzierter Form erfolgen kann, so daß Indikationsentscheidungen im Rahmen der Psychotherapie auf einem Kontinuum darstellbar sind, welches zwischen den beiden Endpunkten »geringe Abstimmung des Beziehungsverhältnisses« und »hohe Abstimmung des Beziehungsverhältnisses« variieren kann. Eine nach dem bisherigen Verständnis als selektiv zu bezeichnende Indikationsentscheidung im Rahmen der Psychotherapie läßt sich unter den oben gemachten Annahmen in diesem Kontinuum in einer der beiden Extrempositionen (geringe Abstimmung des Beziehungsverhältnisses) abbilden. Mit dieser Sichtweise ist also – wie oben dargestellt – auch die Annahme verbunden, daß adaptive Entscheidungen auch vor oder am Beginn der Therapie stattfinden können (wenn vermutlich auch mit einem geringen Ausmaß der Abstimmung des Beziehungsverhältnisses der wesentlichen Variablen) und daß die Unterscheidung zwischen selektiver und adaptiver Indikation nicht darin zu sehen ist, daß selektive Entscheidungen vor oder am Beginn der Therapie, adaptive Entscheidungen dagegen im Prozeß der Therapie getroffen werden. Der Geltungsbereich von adaptiven Entscheidungen im Sinn der hier formulierten Überlegungen umfaßt also auch Entscheidungen, die bisher als selektive Entscheidungen verstanden und behandelt wurden. Anderer-

seits wurde bereits betont, daß auch adaptive Entscheidungen jeweils mit Selektionen verbunden sind.
Folgende Aspekte dieser veränderten Betrachtungsweise der adaptiven Indikation sollten dabei besonders hervorgehoben werden:

1. Ein derartiges Verständnis von adaptiver Indikation kann zu einer stärkeren Reflexion des Vorgehens beim Indikationssteller führen, da deutlich betont wird, daß Adaption nicht nur das »Maßschneidern« von Therapieelementen bedeutet, sondern daß auch bestimmte Elemente eben *nicht* zur Anwendung kommen. Es dürfte hilfreich sein, diesen »zurückgewiesenen« Elementen verstärkte Beachtung zu schenken und etwa den Begründungen nachzugehen, warum bestimmte Behandlungsalternativen nicht realisiert werden. Eine solche Analyse könnte zum einen sachfremde, »ideologische« Ursachen aufdecken. Zum anderen dürfte die Rationalität der getroffenen Entscheidung auch von der Qualität der Begründungen abhängen, mit denen grundsätzlich in Betracht kommende therapeutische Handlungsalternativen zurückgewiesen wurden (vgl. dazu auch BOMMERT 1980, 1981).
2. Ein weiterer wesentlicher Gesichtspunkt der o.g. Begriffsbestimmung ist die Heraushebung der Tatsache, daß sowohl Patient als auch Psychotherapeut sowohl Subjekt als auch Objekt einer Entscheidung sein können. Gemeint ist hiermit, daß die »Abstimmung des Beziehungsverhältnisses zwischen den wesentlichen Wirkfaktoren des psychotherapeutischen Prozesses« z.B. auch bedeuten kann, daß ein bestimmtes therapeutisches Element auf Wunsch des Patienten angewandt (oder auch nicht angewandt) wird (der Patient als Subjekt), oder etwa daß Veränderungen im Verhalten des Therapeuten bei Konstanthaltung der anderen Wirkfaktoren zur Optimierung des Beziehungsverhältnisses angezeigt erscheinen (der Therapeut als Objekt). Mit diesem Verständnis verbunden ist wiederum eine Ausweitung des Gesichtsfeldes in Richtung auf Forschungs- und Praxisfragen, die für den Kenntnisgewinn von erheblicher Bedeutung sein können. Wird dagegen der Therapeut nur als Subjekt und der Klient nur als Objekt eines solchen Abstimmungsverhältnisses beleuchtet, so werden wesentliche Fragestellungen nicht fokussiert. In einem Typenraster der Indikationsentscheidungen läßt sich präzisieren, welche Fragen für die Forschung und Praxis unter dem hier formulierten Verständnis der adaptiven Indikation zusätzlich in den Brennpunkt rücken (vgl. unten).
3. Alle genannten Wirkfaktoren des psychotherapeutischen Prozesses (einschließlich ihrer jeweiligen Kombination) können sowohl als indikative Konstante als auch als indikative Variable betrachtet werden. Diese Betrachtungsweise ermöglicht es ebenfalls, Fragestellungen für Forschung und Praxis zu fokussieren, die dann unberücksichtigt bleiben würden, wenn lediglich Patient und Treatment als indikative Konstante oder indikative Variable behandelt würden. Anhand des Typenrasters läßt sich auch dieser Aspekt verdeutlichen.

Die mit dem hier formulierten Definitionsvorschlag verbundene Betonung der Tatsache, daß adaptive Indikation im Rahmen der Psychotherapie nicht ohne Selektionen denkbar ist und daß Selektionen im Rahmen der Psychotherapie in der Regel auch eine adaptive Komponente enthalten, darf allerdings nicht darüber hinwegtäuschen, daß im Bereich der psychischen Versorgung auch

Tab. 1.2: Ein Typenraster adaptiver Indikationsentscheidungen unter Berücksichtigung der Variablen »Therapeut«, »Patient« und »Treatment« bei Konstanthaltung anderer Variablen der differentiellen Indikation: Fragen für die Forschung und für die Praxis

Typ	Adaptive Konstante(n)	Adaptive Variable(n)	Fragen für die Forschung (Beispiele)		Fragen für die Praxis (Beispiele)
			Experimentalforschung	Deskriptive Analyse der Praxis (Ist-Analyse)	
1	Patient	Treatment	Welche Bestandteile dieses Treatments dürfen nicht variiert werden, um bei diesem Patiententyp angemessen zu sein?	Wie häufig wird dieses Treatment bei dieser Patientengruppe modifiziert?	Was müßte an diesem Treatment noch geändert werden, um, für diesen Patienten geeignet zu sein?
2	Patient	Therapeut	Welche Veränderungsprozesse muß dieser Therapeutentyp durchmachen, um bei dieser Gruppe von Patienten erfolgreich zu sein?	Welche Einstellungsänderung hat dieser Therapeutentyp vorgenommen, um mit dieser Gruppe von Patienten arbeiten zu können?	Wie kann ich mich als Therapeut auf diesen Patienten einstellen?
3	Treatment	Patient	Welche Vorbereitungsschritte muß dieser Patiententyp erarbeitet haben, um mit diesem Behandlungsangebot Erfolge zu erzielen?	Welche Vorbereitungsschritte sind in der Praxis für diesen Klitentyp die Regel, so daß bei diesem Klitentyp mit diesem Treatment gearbeitet werden kann?	Was muß ich als Patient noch lernen, um diesen Behandlungsschritt erfolgreich absolvieren zu können?
4	Treatment	Therapeut	Welche Anpassungsleistungen muß dieser Therapeut vollziehen, damit er mit diesem Treatment arbeiten kann?	Welche Erfahrungen muß dieser Therapeutentyp erwerben, um dieses Treatment in der Praxis einsetzen zu können?	Welche Kompetenz muß ich als Therapeut noch erwerben, um diese Behandlung durchzuführen?

Tab. 1.2: Fortsetzung

Typ	Adaptive Konstante(n)	Adaptive Variable(n)	Fragen für die Forschung (Beispiele)		Fragen für die Praxis (Beispiele)
			Experimentalforschung	Deskriptive Analyse der Praxis (Ist-Analyse)	
5	Therapeut	Patient	Welche Anpassungsleistungen muß dieser Patiententyp noch vollbringen, damit er mit diesem Therapeutentyp optimal zusammenarbeiten kann?	Inwieweit und wie paßt sich dieser Patiententyp an, um mit diesem Therapeutentyp zusammenarbeiten zu können?	Welche Vorbereitungen muß ich als Klient treffen, um mich auf diesen Therapeuten einzustellen?
6	Therapeut	Treatment	Welche Modifikationen müssen an diesem Treatment vorgenommen werden, damit dieser Therapeutentyp damit erfolgreich arbeitet?	Welche Veränderungen nehmen diese Therapeuten an diesem Treatment vor, wenn sie es in der Praxis einsetzen?	Welche Veränderungen müssen an diesem Treatment vorgenommen werden, daß ich als Therapeut damit arbeiten kann?
7	–	Therapeut/ Patient	Welche Anpassungsprozesse muß diese Therapeut/Patient-Dyade vornehmen, um optimal interagieren zu können?	Welche Anpassungsprozesse macht diese Therapeut/Patient-Dyade durch, damit eine erfolgreiche Therapie in der Praxis gewährleistet ist?	Wie können wir (Therapeut und Patient) uns aufeinander einstellen, damit wir das Problem lösen?
8	–	Therapeut/ Treatment	Wie müssen diese Wirkfaktoren (Therapeutentyp, Treatment) aufeinander abgestimmt werden, damit eine effektive Behandlung realisiert wird?	Wie werden in der Praxis diese Wirkparameter (Therapeut-Treatment) so abgestimmt, daß sie in der Praxis positive Effekte erzielen?	Wie kann es mir als Therapeut gelingen, das Treatment modifiziert so einzusetzen, daß es ökonomisch ist, und welche Anpassungsaufgaben habe ich dabei?

Tab. 1.2: Fortsetzung

Typ	Adaptive Konstante(n)	Adaptive Variable(n)	Fragen für die Forschung (Beispiele)		Fragen für die Praxis (Beispiele)
			Experimentalforschung	Deskriptive Analyse der Praxis (Ist-Analyse)	
9	–	Patient/ Treatment	Wie muß diese Patient/ Treatment-Kombination abgestimmt werden, daß keine negativen Effekte auftreten können?	Welche Anpassungsleistungen muß dieser Patiententyp leisten und wie muß das Treatment verändert werden?	Inwieweit muß ich mich als Patient der Behandlung anpassen und was sollte an der Intervention umgestellt werden?
10	Patient/ Therapeut	Treatment	Wie muß dieses Treatment modifiziert werden, damit diese spezielle Patient/ Therapeuten-Konstellation besonders effektiv damit arbeiten kann?	Welche Veränderungen nimmt dieser Therapeutentyp bei diesem Treatment vor, wenn er mit diesem Patienten zusammenarbeitet?	Wie könnte diese Behandlungseinheit noch modifiziert werden, damit wir (Patient/Therapeut) besser arbeiten?
11	Patient/ Treatment	Therapeut	Welche Veränderungen muß dieser Therapeutentyp an sich vornehmen, um bei der Realisierung dieser Therapie bei diesem Kliententyp keinen Schaden zu bewirken?	Welche Veränderungen erwarten diese Patienten vom Therapeuten, wenn sie sich für diese Behandlung entschieden haben und keine Verbesserung erfolgt ist?	Wie muß ich mich als Therapeut anpassen, um bei diesem Patienten, der diese Behandlung mitmacht, noch eine Verbesserung zu erzielen?

Tab. 1.2: Fortsetzung

Typ	Adaptive Konstante(n)	Adaptive Variable(n)	Fragen für die Forschung (Beispiele)		Fragen für die Praxis (Beispiele)
			Experimentalforschung	Deskriptive Analyse der Praxis (Ist-Analyse)	
12	Treatment/ Therapeut	Patient	Mit welchen Vorbedingungen kann dieser Patient von diesem Treatment, durchgeführt von diesem Therapeutentyp am meisten profitieren?	Inwieweit passen diese Patienten sich an, wenn sie sich auf diese Therapie, durchgeführt von diesem Therapeuten, einlassen?	Wie können wir den Patienten vorbereiten, wenn er dieses Angebot unserer Institution, durchgeführt von diesem Therapeuten, wahrnehmen möchte?
13	Patient	Treatment/ Therapeut	Welcher Abstimmungsmodus dieser Treatment/ Therapeut-Konstellation ist für diesen Patiententyp am günstigsten?	Welche Variationen werden bei dieser Therapeut/Treatment-Konstellation in der Praxis durchgeführt, wenn dieser Patiententyp betreut wird?	In welcher Art und Weise müssen die Wirkfaktoren der Therapie (Treatment/ Therapeut) bei diesem Fall modifiziert werden?
14	Treatment	Patient/ Therapeut	Was muß sich an der Interaktion zwischen diesem Patiententyp und Therapeutentyp ändern, wenn sie mit diesem Treatment arbeiten wollen?	Wie stellen diese Patienten und diese Therapeuten sich unter Vorgabe dieses Treatments aufeinander ein?	Was müßte noch an diesem Interaktionsverhältnis zwischen Therapeut und Patient geändert werden, damit diese Behandlung nützlich ist?

Tab. 1.2: Fortsetzung

Typ	Adaptive Konstante(n)	Adaptive Variable(n)	Fragen für die Forschung (Beispiele)		Fragen für die Praxis (Beispiele)
			Experimentalforschung	Deskriptive Analyse der Praxis (Ist-Analyse)	
15	Therapeut	Patient/ Treatment	Welche Veränderungen muß dieser Patiententyp erarbeiten und welche Variationen müssen bei dieser Behandlung vorgenommen werden, damit dieser Therapeut optimal arbeiten kann?	Wie passen bestimmte Therapeuten den Patienten und die Behandlungspraktik zu ihrem Interesse an?	Welche Veränderungen muß ich bei dem Treatment und bei dem Patienten vornehmen, daß mein Arbeitseinsatz möglichst ökonomisch ist?
16	–	Patient/ Treatment/ Therapeut	Wie können dieses Treatment, dieser Therapeutentyp und dieser Patiententyp optimal aufeinander abgestimmt werden?	Welchen Anpassungsprozessen sind dieser Patiententyp, dieser Therapeutentyp und dieses Treatment in der Praxis unterworfen?	Was muß ich als Therapeut bei mir ändern, was bei dem Patienten und was bei dem Treatment, damit dieser Fall gesunden kann?

Selektionen vorkommen, die durchaus nicht unter der Zielsetzung der Abstimmung und Optimierung des Beziehungsverhältnisses der wesentlichen Variablen des psychotherapeutischen Prozesses steht, sondern von anderen Komponenten bestimmt werden: Hier ist etwa – wie bereits betont – an die Strukturen des Versorgungssystems zu denken, die bestimmte Institutionen und/oder Behandlungsmethoden für unterschiedliche Populationen in unterschiedlichem Ausmaß zugänglich machen (z.B. soziologische Variablen bei der medizinischen bzw. psychotherapeutischen Behandlung). Hier erfolgen sicherlich Selektionen, die mit einer Optimierung des Therapieprozesses nicht viel zu tun haben.

1.1.5 Rationale Fundierung von Indikationsaussagen

Struktur und Begründung von Entscheidungsregeln

Auch unter der Perspektive einer »nur« partiellen Klärung der differentiellen Indikationsfrage geht es im Bereich der Psychotherapie darum, Entscheidungen hinsichtlich der Auswahl und Modifikation von therapeutischen Handlungsalternativen zu treffen. Damit wird die Frage nach Regeln relevant, die eine rationale Entscheidung in einer konrekten Psychotherapiesituation ermöglichen. Zu klären ist hier, welche Strukturen derartige Handlungsregeln besitzen und wie sich diese Handlungsregeln objektiv rechtfertigen und begründen lassen. Ausgangspunkt der anschließenden Überlegungen ist dabei die Deutung von Psychotherapie allenfalls als Technologie und nicht als Anwendung gut bewährter psychologischer Theorien. Die Bestimmung der Klinischen Psychologie als angewandte Wissenschaft ist vor dem Hintergrund des Idealisierungsproblems – idealisierende Bedingungen lassen sich für die Gültigkeit psychologischer Gesetze nicht herstellen und sind auch weitgehend unbekannt – nicht haltbar (vgl. WESTMEYER 1978). Handlungsgrundlage einer so verstandenen Klinischen Psychologie sind technologische Regeln:

»Unter technologischen Regeln versteht man Handlungsmaximen, Aufforderungen, in bestimmten Situationen bestimmte Maßnahmen zu ergreifen, um bestimmte Ziele zu erreichen. Technologische Regeln sind deshalb auch nicht wahr oder falsch, wie die Aussagen wissenschaftlicher Theorien, die Gesetze, sondern mehr oder weniger wirksam bzw. effektiv – in dem Maße nämlich, wie in der Tat die betreffenden Zielzustände nach Realisierung der empfohlenen Maßnahmen eintreten. Diese Wirksamkeit oder Effektivität der Regeln kommt in den zugeordneten Effektivitätswerten zum Ausdruck, die als bedingte Wahrscheinlichkeitshypothesen formuliert werden können.« (WESTMEYER 1978, S. 123).

Der Bereich der Indikation in der Psychotherapie läßt sich also als ein Bereich skizzieren, bei dem es um die Planung einer von mehreren Handlungsalternativen unter Berücksichtigung von technologischen Regeln (mit Effektivitätswerten) und Anwendungsbedingungen geht. Allerdings ist es problematisch anzunehmen, daß Planung und Begründung von Indikationen nur durch solche Regeln zu rechtfertigen sind, die sich auf wohldefinierte Ziele beziehen und durch Effektivitätswerte gekennzeichnet sind. Der Therapeut in der Alltagspraxis kann in der Regel nicht von einem strukturierten Problemraum ausgehen, für den sich immer technologische Regeln anwenden lassen.

»Für die meisten Problemkonstellationen, mit denen ein Psychotherapeut konfrontiert wird, ist es charakteristisch, daß gerade kein Ziel von vornherein feststeht, für dessen Erreichung nur das richtige Mittel gefunden werden muß. Vielmehr geht es in der Regel darum, zunächst einmal eine Problemdefinition zu konstruieren, aus der dann mögliche Ziele und Lösungen abgeleitet werden können. Hier geht es also nicht um das Herbeiführen von feststehenden Zielen, sondern um das *Er*finden von akzeptablen Lösungen.« (GRAWE 1982, S. 130; Hervorhebungen im Original).

Indikationsentscheidungen im Bereich der Psychotherapie sind also nur in Ausnahmefällen durch technologische Handlungsregeln der Form »um bei einer Ausgangslage A und bestimmter Diagnose D ein wohl definiertes Therapieziel Z zu erreichen, sollte eine bestimmte therapeutische Handlungsalternative H realisiert werden« begründbar. Für die meisten Entscheidungen ist der Indikationssteller in der Praxis auf Heuristiken angewiesen, bei denen kein wohl definiertes Ziel vorgegeben ist, sondern die ihn anleiten, Lösungen in einem erst zu strukturierenden Problemraum zu erfinden.

Ausgehend von der Betrachtung der Indikationsregeln als (in einem engeren Sinne) technologischen Regeln und in einem weiteren Sinne als Heuristiken stellt sich die Frage nach der objektiven Begründung bzw. wissenschaftlichen Absicherung dieser in der Praxis einsetzbaren Regeln. BAUMANN (1981, S. 39) unterscheidet zwei Informationsquellen, aus denen sich Indikationsaussagen ableiten lassen und räumt diesen Quellen besonderen Status ein: Indikationsaussagen aus empirischen Therapiestudien und aus der Analyse handelnder Psychotherapeuten. Prinzipiell ist dieser Einschätzung zuzustimmen, jedoch sollte u.E. die Tatsache stärker berücksichtigt werden, daß experimentelle Studien und praktisches Handeln sowie dessen Überprüfung durch deskriptive Analysen nicht theorielos sind und mit Theorien prinzipiell ein möglicher Handlungsrahmen für die Praxis und ein Integrationskonzept für empirische Forschung bereitgestellt werden kann. Daher sollte den Theorien zur Psychotherapie (hier verstanden als »technologische Theorie«) ebenfalls eine Bedeutung als mögliche Informationsquelle, aus der Aussagen zur Indikation abgeleitet werden können, zugeschrieben werden. Gültigkeitsbegründungen und Kritik von Indikationsaussagen zur Psychotherapie sollten also versuchen, Erkenntnisse aus Theorie und Praxis einzubeziehen.

Gültigkeitsbegründungen von Handlungsregeln lassen sich unter diesem Blickwinkel also prinzipiell aus den folgenden drei Bereichen ableiten:

1. Gültigkeitsbegründungen durch theoretische Analysen:
   Gemeint sind hier Begründungen im Sinne von Aussagen, die durch Herleitung aus einem theoretischen Kontext gewonnen wurden. Im Idealfall kann eine bestimmte Theorie den Orientierungsrahmen für differentielle Handlungsentscheidungen bereitstellen, aus dem heraus Handlungsregeln entwickelt werden und der die Beziehung zwischen Äthiologie, Theorie und Therapietheorie expliziert. Da in der Psychotherapie bisher kaum Theorien mit Integrationskraft vorliegen, ist derzeit auch eine stringente Deduktion von Handlungsregeln nicht möglich. Daraus läßt sich ableiten, daß begründete Handlungsaussagen ohne (zusätzliche) empirische Studien nicht formuliert werden können.

2. Gültigkeitsbegründungen durch empirisch-experimentelle Studien:
Gemeint sind hier Begründungen im Sinne von Aussagen, die systematisch aus den Ergebnissen von Therapiestudien abgeleitet werden. Der Beitrag dieses Ansatzes zum gesamten Erkenntnisprozeß besteht insbesondere in der Möglichkeit, die Effektivität von Handlungsalternativen zu belegen, was wiederum Voraussetzung für die Festlegung von Effektivitätswerten der in den technologischen Regeln angesprochenen Interventionen ist. Allerdings lassen sich bisher aus den Therapiestudien nur wenig brauchbare Handlungsregeln ableiten, da diese entweder als solche nicht allgemein akzeptiert sind oder so global formuliert wurden, daß sie für den Einzelfall nicht sehr nutzbringend sind.
3. Gültigkeitsbegründungen durch empirische Analyse der Tätigkeit von Praktikern:
Gemeint sind hier Begründungen im Sinne von Aussagen, die durch die Beobachtung und Systematisierung von Berufs- und Alltagserfahrungen und -handlungen von Praktikern gewonnen werden. In diesem Sinne fungieren die Praktiker als sogenannte *Experten*. Eingeschlossen ist hier auch der Ansatz der kumulativen Erfahrungswertung, wie er in dem Konzept der »kontrollierten Praxis« (vgl. PETERMANN 1981, 1982) seinen Niederschlag findet. Während bei der empirischen Forschung der Alltagsbezug erst durch (theoriegeleitete) Operationalisierung hergestellt werden muß, kann eine systematische Ableitung von Handlungsregeln nach diesen Ansätzen einen größeren Alltagsbezug aufweisen. Dadurch ist eher gesichert, daß so gewonnene Empfehlungen den Hintergrund spezifischer Bedingungen (z. B. Kompetenz der Therapeuten, Arbeitsbelastung einer Institution) für die Planung und Umsetzung von Therapieregeln berücksichtigen. Allerdings ist zu diesem Ansatz anzumerken, daß eine Gefahr bestehen kann, Gültigkeitsbegründungen auf Verhaltens- und Interventionsstereotypen zu stützen und daß das induktive Generalisieren von einem Praxisfall auf andere unter wissenschaftstheoretischen Gesichtspunkten nicht immer problemlos ist (vgl. BOMMERT et al. 1985, HEIGL 1981, WESTMEYER 1979 b).

In bezug auf die Gültigkeitsbegründung von Indikationsaussagen läßt sich also festhalten, daß in Anbetracht des Mangels an Handlungsregeln für die partielle Klärung der differentiellen Indikationsfrage ein vielschichtiges Vorgehen notwendig ist, da keiner der drei Ansätze für sich genommen in der Lage sein wird, Handlungsregeln »abzusichern«; es ist vielmehr jenen Handlungsregeln ein besonderer Begründungsstatus zuzuschreiben, die durch eine Integration von Erkenntnissen aus allen drei genannten Bereichen gewonnen werden.

In Anbetracht der Vielschichtigkeit der Begründungsmöglichkeiten für Handlungsregeln stellt sich für die Praxis die Frage, ob derartige Entscheidungsregeln de facto zu einer rationalen Indikationsentscheidung herangezogen werden oder ob etwa irrationale Beweggründe bei Indikationsentscheidungen überwiegen. Die Einschätzung der Rationalität einer Indikationsaussage setzt voraus, daß Kriterien angegeben werden können, nach denen die Rationalität bemessen werden kann. Nach WESTMEYER (1979 a) ist es dabei nicht sinnvoll, die Beurteilung der Rationalität einer Entscheidung nach einer Dichotomisierung von »rational« versus »irrational« vorzunehmen; derartige Entscheidungen seien jeweils »mehr oder weniger rational und das jeweils im Hinblick auf verschiedene Aspekte« (WESTMEYER 1979 a, S. 153). Diese Sichtweise macht es besonders schwierig, eine präzise Definition von Rationalität zu geben. Hilfsweise lassen sich jedoch beispielhaft einige Kriterien nennen, nach denen beurteilt werden kann, ob eine Indikationsentscheidung mehr oder weniger rational ist:

- Der Indikationssteller verfolgt ein bestimmtes Ziel (welches allerdings bei Entscheidungen nach heuristischen Regeln oft nicht genau anzugeben ist).
- Der Indikationssteller wendet bewußt gewählte Mittel und Methoden an, um das Ziel zu erreichen.
- Er stützt sich auf empirisch, theoretisch oder praktisch begründete Annahmen, die diese Mittel und Ziele verknüpfen (eine Indikationsentscheidung kann dabei auch dann als rational bezeichnet werden, wenn der Indikationssteller nur subjektiv begründete Indikationsregeln einsetzt – subjektive Indikation; bei der objektiven Indikation stützt er sich auf empirisch oder theoretisch »abgesicherte« Indikationsregeln).
- Der Indikationssteller macht spezifische normative Annahmen, die seine Präferenzen für bestimmte Ziele begründen.
- Der Indikationssteller setzt seine Kenntnisse, die für die Indikationsentscheidung relevant sind, optimal ein.
- Der Indikationssteller bettet seine Indikationsentscheidung in eine größere Strategie ein, so daß die Verfolgung bestimmter ausgewählter Ziele andere Ziele nicht behindert. Der Indikationssteller bedient sich logischer Prozeduren, so daß seine Indikationsentscheidungen gültig aus seinen Vorannahmen geschlossen werden können.
- Der Indikationssteller wägt Bedarf, Kosten, Effektivität und Nutzen der in Frage stehenden Alternativen ab, wobei er sowohl moralische als auch ethische Standards der Behandlung von Menschen berücksichtigt.

Für die Indikationspraxis ist neben der Frage, ob es grundsätzlich möglich ist, rationale Indikationsentscheidungen zu treffen, vorrangig der Aspekt von Bedeutung, ob eine konkrete Indikationsentscheidung tatsächlich nach rationalen Gesichtspunkten getroffen wurde. Auch hier ergibt sich allerdings eine Schwierigkeit daraus, daß zur Rekonstruktion von rationalen Entscheidungen normative Entscheidungsmodelle für die klinische Praxis unbrauchbar sind (vgl. WESTMEYER 1979 a, S. 151 f.). Alternative Entscheidungsmodelle, die für diese Fragestellungen anwendbar wären, liegen bisher nur in Fragmenten vor.

WESTMEYER (1979 a) *schlägt als heuristischen Zugang zum Rekonstruktionsproblem ein Dialogverfahren vor, wobei die Rationalität der Entscheidung in der Praxis auf die Beurteilung der Rationalität von Argumentationsschemata im Begründungszusammenhang von Entscheidungen bezogen wird. Dabei wird vorgeschlagen, daß bei der Beurteilung der Rationalität von Entscheidungen verschiedene Instanzen in einem* »Verhandlungsmodell« zu berücksichtigen sind.

Ein noch zu entwickelndes Modell, das einen Zugang zur rationalen Rekonstruktion von Indikationsentscheidungen erlaubt, müßte dabei mindestens die nachfolgenden Aspekte einschließen:

1. Es müssen Kriterien erstellt werden, nach denen die Rationalität einer Indikationsentscheidung zu bemessen ist.
2. Es sind die unterschiedlichen Problemdimensionen des Indikationsbegriffs zu berücksichtigen (subjektive versus objektive Indikation; differentielle versus generelle Indikation; positive versus negative Indikation; qualitative versus komparative Indikation).
3. Es ist festzulegen, welche Personen die Rationalitätseinschätzung vorzunehmen haben.

Forschungskonzepte für Indikationsfragen

Forschungskonzepte zur Klinischen Psychologie im allgemeinen und zur Indikationsproblematik im besonderen sind in den vergangenen Jahrzehnten einem erheblichen Wandel ausgesetzt gewesen. Im Hinblick auf die Indikationsfrage können dabei insbesondere die Arbeiten von KIESLER (1966, 1969) als wesentlicher Markstein verstanden werden: Durch sein methodisches Paradigma der Psychotherapieforschung wurde eine Neudefinition von Forschungsinteresse, Forschungsgegenstand und Forschungsmethodologie begründet.

Das Forschungsinteresse entwickelte sich von der Frage nach der generellen Indikation einer spezifischen Therapieform zu Überlegungen bezüglich einer differentiellen Indikation unterschiedlicher Therapieformen. Gleichzeitig erfolgte eine Neubestimmung des Forschungsgegenstandes: Statt einer Dichotomie zwischen Therapieerfolgsforschung und Therapieprozeßforschung sollte es Aufgabe der Psychotherapieforschung sein, die Interdependenzen zwischen Patientenverhalten, Therapeutenverhalten, spezifischer Behandlungsart und dem Therapieergebnis zu reflektieren. Hinsichtlich der methodischen Anforderungen, die Untersuchungen mit diesen differentiellen Ansprüchen zu genügen hätten, favorisierte KIESLER Untersuchungspläne, die sowohl manipulierend-kontrollierende als auch korrelativ-interpretierende Elemente zu kombinieren sich bemühten. Er schlug multifaktorielle Versuchsdesigns vor, für die er ein fünfdimensionales Rahmenmodell (»Gittermodell«) entwarf.

Bezieht man die KIESLERschen Überlegungen auf den Bereich der Indikationsfrage, so leitet sich daraus das Postulat nach der Erstellung multifaktorieller vergleichender Therapiestudien ab. Der Realisierung derartiger Designs in der Praxis stehen nun allerdings einige erhebliche Schwierigkeiten gegenüber, auf die in der Folge näher einzugehen ist.

Differentielle Therapiestudien versuchen Unterschiede von Patienten in ihrem Erleben und Verhalten in bezug auf ihren Therapieprozeß und/oder den Therapieerfolg zu beschreiben und diese auf spezifische Bedingungen zurückzuführen. Ein wesentliches Ziel ist dabei, die wissenschaftlich begründete Herleitung von Handlungsregeln für den praktizierenden Therapeuten. Während Eingruppen-und Einzelfallstudien zusätzlich intern validiert werden müssen (vgl. GADENNE 1976), um beurteilen zu können, inwieweit die beobachtete Veränderung der Patienten durch eine spezifische in Frage stehende Intervention oder durch andere Parameter bewirkt worden ist, versprechen Mehrgruppenstudien die direkte Ableitung von Handlungsregeln. Im Rahmen der Durchführung differentieller Therapiestudien treten nun allerdings einige wesentliche methodische Probleme auf, die bei der Bewertung von Handlungsregeln, die aus derartigen Studien gewonnen wurden, berücksichtigt werden müssen. Hierzu zählen insbesondere die Festlegungen der Dimensionalität des Therapieraums, die Bewertung der Aussagekraft unterschiedlicher Versuchspläne sowie die Begründung von Kriterien zur Zusammenfassung unterschiedlicher Untersuchungsergebnisse.

Bestimmung des Therapieraums:

Bei der Erstellung differentieller Untersuchungspläne hat eine Festlegung der Merkmale zu erfolgen, die die Dimensionen des Therapieraums bilden sollen. Bereits das von KIESLER (1969; vgl. oben) beschriebene Konzept versucht eine Reihe von als unabhängig definierten Variablen wie Patient, Therapeut und Technik sowie den Therapieerfolg als eine komplexe abhängige Variable zu greifen, wobei auch die Zeitdimension (Zeitachse) Berücksichtigung finden soll. Es ist allerdings davon auszugehen, daß diese Dimensionen zur vollständigen Erfassung des Therapieraums weiter ergänzt werden müssen. So betonen z.B. HOWARD und ORLINSKY (1972) die Wichtigkeit der sozialen und kulturellen Dimension. Darüber hinaus sind auch institutionelle Faktoren als zusätzliche Dimensionen denkbar. Auch die Sichtweise der Beziehung der einzelnen Merkmale untereinander läßt weitere bisher ungeklärte Variationen denkbar erscheinen. BAUMANN (1981) verdeutlicht dies anhand der Relation Therapeut/Technik und grenzt diesbezüglich vier Positionen voneinander ab:

- Technik ist eine den Therapeuten charakterisierende Variable (neben anderen, z.B. soziografischen) (vgl. KIESLER 1977a; PAUL 1967).
- Der Therapeut wird als Realisator einer spezifischen Technik angesehen (vgl. GRAWE 1978).
- Wesentlich ist die Interaktion Therapeut/Klient (Verzicht auf die unabhängigen Variablen »Therapeut« und »Technik«; vgl. FRANK 1979).
- Die Variablen »Therapeut« und »Technik« sind wichtige, voneinander unabhängige Variablen des Therapieraums (vgl. GOLDSTEIN und STEIN 1976).

Die meisten bislang erstellten Reviews zur Therapieforschung, die der Indikationsfrage nachgehen, entsprechen der 2. Position, der Schwerpunkt liegt also auf dem Faktor »Technik«, während die Variable »Therapeut« unberücksichtigt bleibt.

Angesichts dieser Fakten dürfte es praktisch unmöglich sein, alle angesprochenen Dimensionen gleichzeitig in ein und demselben Untersuchungsplan aufzunehmen und zu variieren. BAUMANN (1981) weist mit Recht darauf hin, daß bereits bei wenigen Stufen pro Faktor bei dreifaktoriellen Versuchsplänen so viele Patienten notwendig wären, daß damit die Möglichkeiten einer einzelnen Institution – geschweige denn einzelner Therapeuten – überschritten werden. Die Hoffnung, aus einer Untersuchung verbindliche Handlungsregeln ableiten zu können, ist unrealistisch. Statt dessen sind unterschiedliche Typen von Versuchsplänen zu erwarten, die sich je nach der getroffenen Auswahl von Variablen aus dem den Therapieraum definierenden Gesamtspektrum von Variablen unterscheiden lassen. Die aus derartigen

Untersuchungen abgeleiteten Handlungsregeln haben aufgrund der notwendigen, aber willkürlichen Reduktion des Therapieraums wiederum nur eine suboptimale Aussagekraft.
Aus diesen durch die Forschungspraxis vorgegebenen Einschränkungen der Versuchsdesigns resultieren zwei weitere Fragestellungen, die einer Antwort zugeführt werden müssen, will man am Konzept der experimentellen Therapiestudien festhalten: Zum einen gilt es zu klären, welchen Beitrag die verschiedenen Arten von Versuchsplantypen für das Forschungsziel (Erstellung von Indikationsregeln) leisten können; zum anderen müßte für die Ableitung von derartigen Regeln eine Vielzahl von Untersuchungen zusammengefaßt werden (da ja die therapeutische Realität nicht mit einer einzelnen Untersuchung vollständig erfaßt werden kann; hier liegt das Problem in der rationalen Begründung von Kriterien, nach denen verschiedene Studien zusammengefaßt werden können).

Versuchsplantypen:

GRAWE (1978) beschreibt beispielhaft vier verschiedene Versuchsplantypen zur Lösung der Indikationsfrage und untersucht ihren möglichen Beitrag zur Indikationsforschung. Dabei werden sowohl »null-faktorielle« Versuchspläne (Eingruppenversuch) bis hin zu zweifaktoriellen Versuchsplänen, in denen sowohl Patienten als auch Behandlungsvariablen berücksichtigt werden, diskutiert. Darüber hinaus ist eine weitere Differenzierung denkbar, je nachdem, ob nicht behandelte Kontrollgruppen in das Design einbezogen werden oder nicht. Der Autor selbst ist sich dabei im klaren darüber, ein »Minimalprogramm« erstellt zu haben, in dem eine Reihe weiterer für die Indikationsstellung wichtige Bedingungen (z.B. institutionelle Bedingungen, Therapieziele, Persönlichkeitsvariablen des Therapeuten etc.) unberücksichtigt geblieben sind. Deutlich herausgearbeitet wird jedoch in diesem Zusammenhang, daß die einzelnen Designs mit unterschiedlichen Voraussetzungen und (als Resultat) mit unterschiedlicher Aussagekraft einhergehen. Versuchsplänen höherer Aussagekraft sind auch restriktivere Voraussetzungen zu eigen. Beim derzeitigen Wissensstand dürften allerdings erhebliche Schwierigkeiten bei der Erfüllung der geforderten Voraussetzungen zu erwarten sein (z.B. Erstellung homogener Patientengruppen, Vollständigkeit und Güte der Erfolgskriterien). Dennoch bleibt als ein wesentlicher Punkt dieses Ansatzes festzuhalten, daß nicht allein multifaktorielle Versuchspläne als forschungsrelevant zu bezeichnen sind, sondern daß auch Designs von geringerer methodischer Qualität, die nur bestimmte Aspekte des therapeutischen Raumes untersuchen, zur Untersuchung des Problembereichs herangezogen werden sollten.
Beim derzeitigen Forschungsstand im Bereich der Indikation zur Psychotherapie sollten allerdings auch Überlegungen nutzbar gemacht werden, wie sie insbesondere von KAZDIN (1978) im Hinblick auf Analogiestudien formuliert wurden. Bei derartigen Analogiestudien werden zumeist an »gesunden« Versuchspersonen einzelne Variablen aus komplexen Therapien isoliert, unter weitestgehend kontrollierten Bedingungen variiert und kontinuierlich registriert.

»Research that evaluates treatment under conditions that only resemble or approximate the clinical situation has been referred to as »analogue research«. An analogue study usually focuses on a carefully defined research question under wellcontrolled conditions. The purpose of this investigation is to illuminate a particular process or to study an intervention that may be of importance in actual treatment.« (KAZDIN 1978, S. 674).

Dieses Konzept wirft nun seinerseits wiederum einige Probleme auf (z.B. die Messung des Ausprägungsgrades einer bestimmten Dimension). Der Vorteil gegenüber den Konzepten, die qualitative Differenzen zwischen verschiedenen Versuchsdesigns annehmen, ist jedoch darin zu sehen, daß der Ausprägungsgrad der kontinuierlichen Dimension für *jeden* Versuchsplan neu bestimmt werden muß. Damit weist dieses Konzept über die beschränkte Dichotomie (multifaktorielle experiementelle Designs versus andere experimentelle Designs) hinaus und es bestünde die Möglichkeit der Erweiterung auch auf nicht-experimentelle Untersuchungen.

Agglutination von Therapiestudien:

Wenn es aufgrund der oben dargelegten Sachverhalte nicht möglich ist, der angenommenen Multidimensionalität der klinischen Situation im Rahmen einer einzelnen experimentellen Therapiestudie Rechnung zu tragen, so müssen verschiedene Untersuchungen, die jeweils unterschiedliche Dimensionen eines Therapieraums zum Gegenstand haben, auf eine näher zu bestimmende Weise zusammengefaßt werden. Das vorrangige Ziel einer solchen Metaanalyse wäre eine Klärung der Frage nach dem Informationsgehalt einzelner Forschungsberichte zur Psychotherapie. Für diese Bestimmung des Informationsgehalts sind wiederum begründbare Kriterien notwendig. Wenn auch von verschiedenen Seiten her Konzepte zur Begründung von Bewertungskriterien vorgeschlagen werden (vgl. BÖTTGER et al. 1977; BAUMANN et al. 1978) – wobei auf das »Validitätskonzept« von CAMPBELL und STANLEY (1970) Bezug genommen wird, – so bleiben dennoch einige Fragen offen, die einer problemfreien Kondensierung von Einzelstudien im Wege stehen: So fehlt als Voraussetzung noch immer ein akzeptables Rationale, wie Untersuchungen unterschiedlicher Qualität zusammengefaßt werden sollen. Unklar ist ferner, wie unterschiedliche Studien auf jenen Dimensionen verglichen werden sollen, die durch Festlegungen im Bereich der Werte und Normen bestimmt werden (z.B. Festlegung der Therapieziele; Definition des Störungsbegriffs). Hier scheint das wesentliche Hindernis bei der Beantwortung der Indikationsfrage zu liegen. Vergleichende Therapiestudien setzen mindestens einen gemeinsamen Störungsbegriff sowie intersubjektiv aktzeptierte diagnostische Kategorien und Therapieziele voraus. Diese liegen jedoch bisher nicht vor. Dies ist vermutlich auch ein Grund dafür, warum bisherige Forschungsergebnisse nur unwesentlich auf die klinische Praxis zurückwirken (vgl. BECKMANN et al. 1978, MORROW-BRADLEY und ELLIOTT 1986, COHEN et al. 1986). Es bleibt also festzuhalten, daß die Hoffnung auf einen kumulativen Erkenntnisfortschritt auf *diese* Art *allein* nicht gerechtfertigt erscheint.

Deskriptive Analyse des Ist-Zustandes

Das Forschungskonzept einer deskriptiven Analyse des Ist-Zustandes gewinnt um so mehr an Bedeutung, je deutlicher die methodischen und methodologischen Probleme der differentiellen Therapieforschung werden. Da bezweifelt werden muß, daß z.B. die Ableitung allgemeingültiger, verbindlicher Handlungsregeln über differentielle Therapiestudien zu erreichen ist, sollten vielmehr auch spezifische praxis- und forschungsrelevante Fragestellungen aus der globalen differentiellen Indikationsfrage abgeleitet und überprüft werden, die auch durch nichtexperimentelle Forschungsmethoden untersucht werden, insbesondere solche, die den »Ist-Zustand« der klinischen Indikationspraxis beschreiben und analysieren.

Das Forschungskonzept einer »deskriptiven Analyse des Ist-Zustandes« geht davon aus, daß die Frage nach einer Optimierung der Indikationsstellung in enger Verbindung mit der tatsächlichen Indikationsstellung in der klinischen Praxis zu erfolgen habe. Auch hier stellt sich allerdings das Problem, *welche* Aspekte der gegenwärtigen Indikationspraxis untersucht werden sollen. Hierbei erscheint es sinnvoll, sich noch einmal die verschiedenen Betrachtungsebenen der Indikationsproblematik (vgl. oben) zu vergegenwärtigen. Die Erforschung der gegenwärtigen Indikationspraxis ist unter diesem Blickwinkel als eine deskriptive Analyse des Ist-Zustandes auf verschiedenen Ebenen zu verstehen.

Zu einer derartigen Analyse gehören empirische soziologische Untersuchungen der Struktur des Versorgungssystems, der unterschiedlichen Interessen verschiedener Gruppen an der Indikationsproblematik sowie die Sammlung von Erfahrungswissen klinisch tätiger Therapeuten und deren Indikationspraxis. Gleichzeitig wäre die Interaktion zwischen verschiedenen Ebenen zu berücksichtigen.

Ziel einer derartigen Forschung kann es sein, Belege für die in bestimmten Aspekten unzureichende Praxis zu finden, um daraus notwendige Konsequenzen zu ziehen. Dieser Weg scheint dann gangbar, falls relativ abgesicherte Ergebnisse von wissenschaftlicher Seite her eingebracht werden könnten. Darüber hinaus könnten auf diesem Wege für die klinische Praxis sinnvolle Fragestellungen erforscht werden, um auch das wissenschaftliche Interesse in diese Richtung zu lenken. Dazu gehört die Generierung praxisrelevanter Hypothesen. Ferner besteht die Möglichkeit, das zweifellos vorhandene Erfahrungswissen klinisch tätiger Therapeuten als Erkenntnis in wissenschaftliche Aussagen einzubeziehen. Dies wäre z.B. in der Form von Handlungsregeln denkbar, deren Aussagekraft zunächst hypothetischen Charakter besitzt, die also so global formuliert werden, daß sie für den Einzelfall einen Spielraum offenlassen, aber so spezifisch sind, daß sie im Sinne einer »kontrollierten Praxis« (vgl. PETERMANN 1981) anwendbar sind.

Therapeutisches Erfahrungswissen:

Praktisch tätige Indikationssteller verfügen gegenwärtig weder über ein umfassendes empirisch abgestütztes Wissen, noch über eine Metatheorie der Indikationsstellung; dennoch wird dem therapeutischen Erfahrungswissen in verschiedenen Abhandlungen zur Indikationsproblematik in neuester Zeit immer mehr Bedeutung zugeschrieben (vgl. ZIELKE 1979; SEIDENSTÜCKER und BAUMANN 1979; GRAWE 1980; BAUMANN 1981; GRAWE 1981; MARGRAF und BAUMANN 1986; BASTINE et al. 1989). Unter Erfahrungswissen können Kenntnisse von empirisch überprüftem Wissen, Berufserfahrung und Alltagserfahrung subsumiert werden. Die Aufgabe, die sich der Forschung dabei stellt, ist die Entdeckung eines geeigneten Zugangs zur Untersuchung des therapeutischen Erfahrungswissens und dessen Zusammenhang mit therapeutischen Indikationsentscheidungen. Derartiges Erfahrungswissen läßt sich vornehmlich aus zwei (sich überschneidenden) Bereichen herleiten: Aus dem Bereich der Expertenauffassung einerseits und dem Bereich der heuristischen Entscheidungsregeln andererseits.

Expertenauffassungen sind dabei als Einstellungen zu verstehen, die beim Vorliegen bestimmter Informationen über einen Klienten ein bestimmtes Verhalten des Therapeuten aufgrund seiner vorhandenen Wissens- und Erfahrungsinhalte wahrscheinlich erscheinen lassen. Einerseits können die Expertenauffassungen praktizierte Indikationsentscheidungen eines Therapeuten begründen, andererseits werden sie als »Empfehlungen« für andere Therapeuten (z.B. in der Supervision) herangezogen. Die wenigen bisher vorliegenden Untersuchungen bzw. Vorschläge zur Analyse von Expertenauffassungen haben sich dabei vornehmlich auf die Betrachtung der Expertenauffassungen bezüglich Patienteneigenschaften und deren Zusammenhang mit möglichen Indikationsentscheidungen konzentriert (vgl. z.B. FROHBURG 1976; ZIELKE 1979). Die Analyse von Expertenauffassungen sollte jedoch auch andere Bereiche des Therapieraums (z.B. Merkmale des Therapeutenverhaltens, therapeutische Randbedingungen) mit einbeziehen, da auch zu diesem Bereich auswertbare Erfahrungen der Experten vorliegen dürften. Bei der Auswertung der Ergebnisse muß allerdings mit der Möglichkeit gerechnet werden, daß diese Expertenauffassungen – auch wenn sie mit hoher Übereinstimmung formuliert werden – falsch sein können; Ergebnisse, die aus derartigen Studien resultieren, können mithin *alleine* noch keine definitiven Handlungsregeln begründen.

Im Rahmen der Analyse von *heuristischen Entscheidungsregeln* konzentriert sich die Forschung auf die Herausarbeitung solcher Regeln, welche die Therapeuten im Verlauf der Therapieplanung benutzen, um die Behandlung bei einer gegebenen Problemstellung zu optimieren. Die wesentlichsten Methoden, mit denen solche Heuristiken von Therapeuten erfaßt werden können, bestehen zunächst in der direkten Befragung der Experten selbst. Die auf diesem Wege gewonnenen Heuristiken können dann in einem weiterführenden Schritt in nachfolgenden Untersuchungen überprüft werden. Die genannte Forschungsstrategie betritt – wenigstens bezogen auf die Psychotherapieforschung – noch weitgehend Neuland, so daß sich bisher noch keine spezifischen Versuchsdesigns durchsetzen konnten. Vorschläge zur Erfassung der Entscheidungsheuristiken beziehen sich jedoch vornehmlich auf die Methode des »lauten Denkens« (vgl. z.B. KLEINMUNTZ 1968) oder auf die kontrollierte Variation von Entscheidungsregeln, bei denen verschiedene Sätze von Entscheidungsregeln unterschiedlichen Therapeutengruppen vorgegeben werden, um ihre Wirkung auf den Therapieerfolg experimentell zu kontrollieren. Diese Vor-

schläge wurden jedoch bisher unseres Wissens nicht konsequent aufgegriffen und in empirische Studien umgesetzt.
Ansätze in dieser Richtung wurden von BLASER *(1977) vorgenommen: Hier wurde die Untersuchung von Expertenauffassungen (»welche Patientenmerkmale sind wichtig für eine Indikationsentscheidung?«) mit der von Entscheidungsheuristiken (Regeln nach Anamneseinformation: »Bei Vorhandensein bestimmter Patientenmerkmale entscheidet sich der Therapeut für eine spezifische Psychotherapie«) verknüpft. Damit können sowohl bestimmte Heuristiken der Indikationsstellung erfaßt werden als auch Informationen darüber gewonnen werden, mit welchen Intentionen spezifische Entscheidungen getroffen und welche rationalen Begründungen ihnen von den Experten zugewiesen werden: Die Indikationsstellung sowie der Therapieverlauf werden nachvollziehbar. Anschließend sind die so gewonnenen Entscheidungsregeln von zwei Seiten her überprüfbar: Zum einen von ihrem theoretischen Gehalt her, d.h. es kann geprüft werden, ob der Indikationssteller in der Lage ist, rationale Begründungen für seine Entscheidung zu geben und inwieweit diese Begründungen mit bestehendem theoretischen und/oder empirischen Wissen übereinstimmen bzw. sich aus ihnen ableiten lassen. Zum anderen von ihrer »Gültigkeit« her, d.h. es kann überprüft werden, ob sich die Regel für den betreffenden Einzelfall bewährt. Die Überprüfbarkeit beschränkt sich aber nicht allein auf den Einzelfall: So könnte etwa eine Vielzahl von Therapieverläufen bei entsprechenden Indikationen systematisch verglichen und gruppiert werden, um so eine Aussage über die Effizienz bestimmter Entscheidungen bei bestimmten Patientengruppen zu erstellen. Sodann könnten einzelne Heuristiken für experimentelle Studien ausgewählt und unter kontrollierten Bedingungen variiert werden.*

1.2 Familientherapie: Ausgangslage zur Klärung der Indikationsfrage

1.2.1 Konzeptuelle Probleme

Eine differenzierte Auseinandersetzung mit der Frage der Indikation im Rahmen der Familientherapie setzt zunächst voraus, daß das, was unter dem Begriff »Familientherapie« zu verstehen ist, möglichst eindeutig festgelegt ist. Ein Blick in die einschlägige Literatur läßt jedoch sehr schnell deutlich werden, daß das Feld der Familientherapie eher durch Widersprüchlichkeit und Uneindeutigkeit gekennzeichnet ist, als daß sich eindeutige, stringente Konzepte oder klar operationalisierte Interventionselemente identifizieren ließen.
Dabei kann zunächst noch davon ausgegangen werden, daß es mindestens im Bereich der Festlegung des Begriffs »Familie«, also der in der Therapie zu behandelnden Personengruppe, ein gemeinsames Verständnis zwischen den verschiedenen Ansätzen gibt: Danach bestehen die »Behandlungseinheiten«

aus Individuen, die mehreren Generationen angehören und die darüber hinaus einen wesentlichen Teil ihres Lebens im gemeinsamen Familienverband verbringen. GOLDENBERG und GOLDENBERG (1980) unterscheiden innerhalb dieses Rasters dabei folgende Arten von Familien, die von der überwiegenden Mehrheit der familientherapeutischen Ansätze als Zielgruppe zumindest nicht ausgeschlossen werden:

- Kernfamilie: Eltern und ihre leiblichen Kinder
- Großfamilie: Eltern, Kinder und Großeltern oder andere Verwandte
- Gemischte Familie: Elternpaar und Kinder aus bestehenden und/oder früheren Ehen
- Langfristig konzipierte Wohngemeinschaften
- Familien mit nur einem Elternteil

Bezogen auf den therapeutischen Ansatz zur Behandlung einer derartigen Familie besteht darüber hinaus weitgehene Einigkeit zwischen verschiedenen familientherapeutischen Ansätzen auch darüber, daß sich Familientherapie sowohl in der Zielsetzung als auch im konkreten Handeln von anderen gruppentherapeutischen Verfahren unterscheiden. Andere Therapiegruppen werden in der Regel erst am Beginn der Therapie auf der Basis bestimmter impliziter oder expliziter Kriterien zusammengestellt. Derartige Kriterien können z.B. das Geschlecht des Probanden (z.B. Frauengruppen), eine gemeinsame Problematik (z.B. Selbstsicherheitsgruppen) o.ä. sein. Dabei ist in der Regel nicht davon auszugehen, daß sich die Gruppenmitglieder nach Beendigung der Therapie weiterhin »privat« zu treffen beabsichtigen. Die Gruppe in der Familientherapie besteht dagegen bereits vor Beginn der Therapie und steuert im Regelfall an, auch nach Beendigung der Behandlung weiter zusammenzuleben.

Jenseits dieser grundsätzlichen Gemeinsamkeiten sind jedoch auf der konzeptuellen Ebene eher die Unterschiede zwischen den verschiedenen Ansätzen kennzeichnend. Während nämlich der allseits verwendete Begriff »Familientherapie« die Vermutung nahelegt, auf der konkreten Handlungsebene würden in etwa vergleichbare Vorgehensweisen praktiziert, unterscheiden sich die familientherapeutischen »Schulen« in der Praxis erheblich voneinander, was für die Klärung der Indikationsfrage ebenfalls erhebliche Diskrepanzen erwarten läßt. Darüber hinaus ist es aber auch schwer, Gemeinsamkeiten und Unterschiede genau abzugrenzen, da – wie auch im Bereich der Individualtherapien – eine gemeinsame Sprache fehlt: Insbesondere sind die in der Familientherapie verwendeten Begriffe zur Bezeichnung der therapeutischen Interventionen sowie die diagnostischen Kategorien und die therapeutischen Ziele oftmals nicht zu operationalisieren und/oder sind durch ein sehr eingeschränktes Verständnis gekennzeichnet.

So haben SIMON *und* STIERLIN *(1984) ca. 200 der wichtigsten Begriffe aus dem Bereich der Familientherapie zusammengestellt, dazu eine kurze zusammenfassende Begriffsbestimmung sowie ausführlichere Erläuterungen zu dem jeweiligen Stichwort und eine darauf bezogene Literaturzusammenstellung vorgelegt. In einer kritischen Stellungnahme zu diesem Band moniert* MATTEJAT *(1987) neben dem weitgehenden Fehlen von Stichwörtern, die sich auf empirische Untersuchungen im familiendiagnostischen und -therapeutischen Bereich beziehen, im Hinblick auf die verwendete Begrifflichkeit zu Recht:*

»Durch die Konzentration auf die spezifische ›familientherapeutische Bedeutung‹ der Ausdrücke vermittelt der Band ein plastisches Bild vom aktuellen Diskussionsstand, dessen Problematik eher zwischen den Zeilen, in den Lücken und Auslassungen erkennbar wird: Die unvermeidliche Spezifikation kann leicht in einen Rückzug auf das eigene Gebiet und in die eigene Bezugsgruppe (und deren Sprache) führen, durch den die wissenschaftliche Diskussion nicht gerade erleichtert wird. So wird z.B. bei der Erläuterung des Stichwortes ›Lernen/Stufen des Lernens‹ ausführlich auf die Bateson'schen Konzepte, aber kaum auf die moderne psychologische Lerntheorie Bezug genommen. Analoges gilt für die Stichwörter ›Rolle/Rollentypen des Kindes‹ und ›Zuschreibung‹, in denen die sozialpsychologische Forschung allenfalls am Rande gestreift wird. Der Mangel an Kontakt zwischen Familientherapie und der entsprechenden empirischen Grundlagenforschung manifestiert sich auch darin, daß auf die Psychotherapieforschung kaum Bezug genommen wird (vgl. etwa das Stichwort ›Therapeutentypen‹) oder daß ein Stichwort ›Sozialpsychologie‹ fehlt.« (MATTEJAT 1987, S. 449).

Bisher gibt es auch keinen generell akzeptierten Ansatz zur Strukturierung der Vielfalt der familientherapeutischen Konzepte. Die in den vergangenen Jahren vorgenommenen Versuche hierzu sind selbst wiederum teilweise widersprüchlich, verwenden verschiedene Kategorien und bewegen sich auf nicht vergleichbarem Abstraktionsniveau (vgl. BEELS und FERBER 1969; Group for the Advancement of Psychiatry 1970; FOLEY 1974; GUERIN 1976; MADANES und HALEY 1977; RITTERMAN 1977; GURMAN 1978, 1979; LEVANT 1980; OLSON et al. 1980; KASLOW 1981; GURMAN und KNISKERN 1981). Ein Ausweg wurde zunächst darin gesehen, daß sich praktizierende Therapeuten dem Namen eines der Begründer einer Therapieeinrichtung zuordneten; wie aber auch im Bereich der Individualtherapie kann dies eher zur Verwirrung als zur Klärung beitragen, da sich praktizierende Therapeuten an durchaus unterschiedlichen Aspekten eines Begründers einer »Richtung« orientieren können (vgl. dazu auch BOMMERT 1984, 1986, 1987). Als Beispiele für die vielfältigen Strukturierungsversuche mögen – ohne den Anspruch auf Vollständigkeit – nachfolgende Ansätze ausreichen:

RITTERMAN *(1977) unterscheidet zwei Richtungen innerhalb der Systemtheorie: Mechanistische Betrachtung von Systemen (Mental research Institute) versus organistische Betrachtung von Systemen (»Strukturale Familientherapie«).*

BUDDEBERG *(1979) geht davon aus, daß sich die familientherapeutischen Konzepte im wesentlichen zwei theoretischen und therapeutischen Modellen zuordnen lassen: dem strukturalistischen Modell bzw. dem Konfliktverarbeitungsmodell.*

OLSON *et al. (1980) bewerten die nachfolgenden vier Konzepte als die bedeutsamsten der 70er Jahre und verbinden damit die Namen prominenter Vertreter der jeweiligen Konzepte: Strukturale Familientherapie (*MINUCHIN*); Strategische Familientherapie (*HALEY*); Experiential Family therapy (*WITHACKER*); Familientherapie nach dem Konzept der sozialen Lerntheorie (*PATTERSON*).*

KASLOW *(1981) unterscheidet acht verschiedene Strömungen, die er nach zwei Kontinua (Perspektive der Zeit: Betonung der Vergangenheit versus Betonung der Gegenwart; theoretischer Bezugspunkt: Betonung des Intrapsychischen versus des Interpersonalen) analysiert:*

- *Psychodynamische/psychoanalytische Familientherapie*
- *Familientherapie nach Bowen*

- *Relationale oder kontextuale Familientherapie*
- *Experiential Familientherapie*
- *Strukturale Familientherapie*
- *Kommunikations-/interaktionale Familientherapie*
- *Strategisch-systemische Familientherapie*
- *Behaviorale Familientherapie*

GURMAN *und* KNISKERN *(1981): Psychoanalytische und Objekt-/Relations-Ansätze; Intergenerationale Ansätze; Systemtheoretische Ansätze wie z.B. der strategische, strukturale, funktionale, problemorientierte und integrative Ansatz; Behaviorale Ansätze.*

STIERLIN *(1982) grenzt zwei Gruppierungen voneinander ab: Die eine Gruppe wird als durch die Kommunikationstheorie und auch durch die Gesprächspsychotherapie und Verhaltenstherapie beeinflußt angesehen, die zweite Gruppe macht dagegen Anleihen bei der Psychoanalyse.*

AMMANN *(1983) unterscheidet die analytische Familientherapie, die problemlösende Familientherapie und die wachstumsorientierte Familientherapie, wobei etwa die verhaltensorientierte Familientherapie der problemlösenden untergeordnet wird.*

Darüber hinaus finden sich Klassifikationen einzelner »Schulen«, die sich auf den Entstehungsort bzw. das jeweilige örtliche Zentrum eines Ansatzes beziehen: z.B. »Mailänder Schule«, »Palo-Alto-Gruppe« etc.

Auch der diagnostische Ansatz von OLSON et al. (1979) zur Strukturierung und Reduktion der Komplexität familien- und paartherapeutischer Konzepte (Circumplex-Modell) kann unter dem Blickwinkel der Indikation keine nachhaltige Hilfe darstellen. Dieses auf der Basis von mehr als 50 familientherapeutischen Konzepten gewonnene Modell von zunächst zwei Dimensionen (»Kohäsion« und »Adaptabilität«), später drei Dimensionen (zusätzlich »Kommunikation« als »Facilitating dimension«) greift zwar einen großen Teil an Gemeinsamkeiten zwischen den verschiedenen Konzepten, entfernt sich gleichzeitig aber auch von den tatsächlichen praktischen Interventionselementen und Spezifika der einzelnen Ansätze. Es ist jedoch zur Klärung der differentiellen Indikationsfrage notwendig, die spezifischen Interventionen konkret beschreiben und erfassen zu können, da nur so präzise feststellbar ist, welche Störungen und welche Therapieziele mit Hilfe einer bestimmten Form der Familientherapie zu bewältigen und zu erreichen sind. Zudem sind auch die in dem Modell herausgearbeiteten Faktoren nicht eindeutig: So weisen z.B. SCHWEITZER und V. SCHLIPPE (1987) darauf hin, daß der Begriff der »Adaptabilität« zumindest zwei unterschiedliche Aspekte impliziere.

Die Vielfalt der familientherapeutischen Konzepte einerseits und die Diskrepanzen bei deren Klassifikation andererseits sind dabei durchaus erklärlich und lassen sich im wesentlichen auf zwei grundlegende Ursachen zurückführen: zum einen auf die unterschiedlichen historischen Wurzeln, die Entstehungsgeschichte der einzelnen Ansätze, zum anderen auf die unterschiedlichen Arbeitsfelder einzelner Begründer der therapeutischen Konzepte. Hinsichtlich der historischen Entwicklung der familientherapeutischen Ansätze lassen sich eine Reihe von Bezugspunkten festmachen, die sich in mehr oder weniger nachhaltiger

Form auf die Ausdifferenzierung in unterschiedliche Schulen ausgewirkt haben. BECK (1985) nennt vier wesentliche Punkte: die Entwicklung der Psychoanalyse, die Schizophrenieforschung, die Child-Guidance-Clinics sowie systemische und kybernetische Theorieansätze. Auch PARLOFF (1961) weist darauf hin, daß die Entwicklung der systemischen Familientherapie in historischen Phasen skizzierbar ist, die ihre Wurzeln in der psychoanalytischen Einzeltherapie haben.

Während die klassische Psychoanalyse davon ausging, daß die eigentlichen Krankheitsprozesse ausschließlich innerhalb des Individuums lokalisiert sind, wurde – beginnend mit Alfred ADLER *– die Aufmerksamkeit stärker auf die soziale Bedingtheit psychischer Störungen gerichtet. Hieraus entwickelte sich eine parallele Konzeption zur klassischen Psychoanalyse, die zwar stärker interaktionelle Faktoren fokussierte, diese jedoch vornehmlich auf einen gesamtgesellschaftlichen Kontext bezog (vgl. etwa E.* FROMM, *H. S.* SULLIVAN, *K.* HORNEY*). Erst in den 50er Jahren wurde dann der Aspekt der Beziehung zwischen einzelnen Personen (der Austausch von Botschaften) stärker thematisiert, wobei auf Anregungen des britischen Antroposophen Gregory* BATESON *zurückgegriffen wurde.* METSCH *(1985) weist darauf hin, daß im Rahmen der Psychoanalyse mit der Verschiebung des Akzentes auf die Analyse der gegenwärtigen Interaktionsmuster sich auch Aspekte einer systemischen Betrachtungsweise abzuzeichnen beginnen, indem linear-kausale Modelle durch zirkuläre Modelle (Regelkreise) ersetzt werden. Diese Entwicklung wurde durch das Entstehen einer Reihe von Konzepten nachhaltig beeinflußt und beschleunigt, deren Wurzeln in der Mathematik und der Physik anzusiedeln sind: die Informationstheorie (*SHANNON *und* WEAVER *1949), die Kybernetik (*WIENER *1948), die Theorie der strategischen Spiele (v.* NEUMANN *und* MORGENSTERN *1947) und die allgemeine Systemtheorie (v.* BERTALANFFY *1950, 1968).*

Im Gegensatz zur systemischen Familientherapie haben sich die humanistischen und die verhaltenstherapeutischen Konzepte zur Familienbehandlung aus den Grundlagen und Methoden der jeweiligen individualtherapeutischen Ansätze entwickelt, wenn auch bei diesen Ansätzen implizit oder explizit eine deutliche Betonung der interaktionellen Aspekte im konkreten therapeutischen Handeln zu verzeichnen ist.

Die Auswirkung der Arbeitsfelder einzelner Begründer familientherapeutischer Schulen auf die Konzeptualisierung ihrer therapeutischen Arbeit und damit auf die heute existierenden Therapiekonzepte läßt sich durch folgende Beispiele skizzieren: Ein in den verschiedensten Klassifikationsversuchen mehrfach genanntes Konzept ist das sog. »strukturalistische Modell«, dem u.a. HALEY (1977) und MINUCHIN (1977) zugeordnet werden. Dieses Modell, das auf Elemente der Systemtheorie, Kommunikations- und Lerntheorie zurückgeht, betrachtet dabei vor allem die homöostatischen Funktionen und fest eingeschliffenen Interaktionsmuster innerhalb eines familiären Systems. Sich wiederholende emotionale Reaktionen, starre Rollenzuweisungen, Verklammerungen zwischen einzelnen Familienmitgliedern und Auflösung von Generationsgrenzen spielen in diesem Modell eine wichtige Rolle. Um festgefahrene Interaktionsmuster und Familienstrukturen aufzulösen, bedarf es von seiten des Therapeuten eines aktiven Vorgehens. Der Therapeut nimmt z.B. direkten Einfluß auf die Sitzordnung, die Redezeit der einzelnen Gruppenmitglieder, verteilt Aufgaben und greift »in das Gefüge von Nähe und Distanz« der Familienmitglieder ein. Die Behandlungsverfahren, die diesem Konzept zuzurechnen sind, können als aktive Interventionen und Übungsprogramme umschrieben werden. HALEY (1977) und MINUCHIN (1977) arbeiteten fast ausschließlich mit schwer gestörten Unterschichtfamilien nordamerikanischer Großstädte. Dagegen entwickelte sich das »Konfliktverarbeitungsmodell«, das sich vor allem am Modell der Psychoanalyse orientiert, vornehmlich aus den Erfahrungen mit Mittelschichtpatienten. Dabei stehen bewußte und unbewußte Konflikte in der Familie im Mittelpunkt. Familienbeziehungen werden danach durch narzistische Projektionen der Familienmitglieder aufeinander, Scham-und Schuldverstrickungen sowie unsichtbare Loyalitäten beeinflußt. Vom Therapeuten werden hier vor allem Allparteilichkeit, Empathie und Fairneß verlangt. Aktive Interventionen im o.g. Sinne spielen dabei keine herausragende Rolle.

Die Herleitung der einzelnen Konzepte aus unterschiedlichen historischen Wurzeln und differierenden Arbeitsfeldern hat jedoch nicht zu einer stringenten Abgrenzung einzelner Konzepte voneinander geführt, so daß bisher keine klar definierten Alternativen erkennbar sind. Vielmehr sind die einzelnen Konzepte – im Gegensatz zu der von einzelnen familientherapeutischen Autoren oftmals veröffentlichten Meinung – derzeit so weit ineinander verschachtelt, daß klare Konturen erst dann wieder sichtbar gemacht werden könnten, wenn das konkrete Handeln eines einzelnen Therapeuten zum Gegenstand der Betrachtung gemacht wird.

So wird etwa bei manchen Klassifikationsversuchen zwischen dem »systembezogenen Ansatz« und verhaltenstherapeutischen Ansätzen eine Verbindung derart hergestellt, daß die »strukturalistische Richtung«, bei der Konzepte aus der Verhaltenstherapie eine wesentliche Rolle spielen, als ein Teilbereich des systembezogenen Ansatzes definiert wird.

Verbindungen zwischen dem psychoanalytischen Konzept und Ansätzen, die sich an der humanistischen Psychologie orientieren, lassen sich ebenfalls konstruieren: Der psychodynamische Ansatz richtet den Blick auf das familiäre Unbewußte, d.h. auf unbewußte Konflikte, deren Ursprung oft weit in die Familiengeschichte zurückreicht. Der Familientherapeut ist hier vornehmlich als Beobachter und Zuhörer gefordert, um durch das Kommentieren unbewußte Prozesse der Familienmitglieder ins Bewußtsein zu heben. Die Rolle des Therapeuten in den humanistisch orientierten Therapieformen ist die des Katalysators und Unterstützers, der Therapeut hilft den einzelnen Familienmitgliedern, ihr Potential zur Selbstverwirklichung auszuschöpfen und damit mittelbar oder unmittelbar dem ganzen Familiensystem zum Wachstum zu verhelfen (vgl. LUTHMANN *und* KIRSCHENBAUM *1976).*

Auch die Bezugnahme auf zentrale Begriffe wie »System« oder »Systemtheorie« bei der Beschreibung der einzelnen Ansätze trägt nicht zur Klärung bei. So wird es vermutlich keinen Familientherapeuten geben, der nicht implizit oder explizit davon ausgeht, daß der optimale Ansatz zur Beseitigung einer Störung innerhalb der Familie die gesamte Familie, das »System Familie« sei, auch wenn nur einzelne der heutigen Konzepte diesen Begriff ausdrücklich in die Benennung ihrer familientherapeutischen Richtung aufnehmen. Auch bei verhaltenstherapeutischen und humanistischen Ansätzen wird im Regelfall mit der gesamten

Familie gearbeitet und die Interaktionen zwischen den Einzelpersonen besonders beleuchtet. Darüber hinaus ist auch die theoretische Verankerung der systemischen Therapie in der allgemeinen Systemtheorie bisher nicht gelungen. METSCH (1985) kritisiert in diesem Zusammenhang, daß eine derartige Verankerung zwar postuliert und oft auch als neues »Paradigma« dargestellt werde, daß die dazu notwendige theoretische Fundierung jedoch unzureichend sei.
Des weiteren besagt ein grundlegendes Theorem systemischer Therapie, daß Interaktionen, Prozesse und Beziehungen und nicht stabile Eigenschaften (Dispositionen) der Gegenstand der Analyse und Therapie sei. Wie sich feststellen läßt (vgl. METSCH 1985), werden jedoch in der systemischen Therapie wieder Eigenschaftsbegriffe verwendet, zumal ein invariantes Beziehungsmuster eine Eigenschaft im Sinne einer Disposition ist. So ist z.B. das Konzept des »Enmeshment« eine Eigenschaft der Familie: Die »verstrickte« Familie hat die Eigenschaft, daß ihre Mitglieder in regelmäßiger, stabiler und vorhersagbarer Weise miteinander interagieren. Die systemische Familientherapie unterscheidet sich im Gegensatz zu mancherorts veröffentlichten Auffassungen also nicht dadurch von der Individualtherapie, daß sie prinzipiell neue Dimensionen der Beschreibung verwendet, sondern lediglich dadurch, daß als Analyse- und Therapieeinheit nicht das »System Individuum«, sondern das »System Familie« herangezogen wird (vgl. METSCH 1985, S. 114).

Die angesprochenen Probleme haben deutlich werden lassen, daß es bei der Beschäftigung mit der Indikationsfrage im Rahmen der Familientherapie beim derzeitigen Forschungsstand notwendig ist, das zugrundeliegende Verständnis von Familientherapie klar und möglichst eindeutig zu definieren, auch wenn damit vermutlich keine allgemeine Akzeptanz dieses Verständnisses einhergehen kann. Es muß jedoch gewährleistet sein, daß nachvollziehbar ist, von welchem Verständnis und welcher Art und Form von Therapie ausgehend nach Möglichkeiten der Indikation geforscht wird.
Im folgenden soll daher das Verständnis von Familientherapie, das hier zugrunde gelegt wird, unter Bezugnahme auf Veröffentlichungen zu diesem Themenbereich expliziert und darauf aufbauend eine Definition von Familientherapie entwickelt werden, auf der die weiteren Überlegungen und die eigenen empirischen Untersuchungen zu diesem Gegenstandsbereich aufgebaut sind. Da der Begriff Familientherapie aus den Bestandteilen »Familie« und »Therapie« zusammengesetzt ist, bietet es sich an, zunächst diese Bestandteile begrifflich näher zu fassen.
Als Familie soll hier eine Gemeinschaft von Personen verstanden werden, die entweder aus einem (alleinerziehenden) Elternteil oder einem (verheirateten oder unverheirateten) Elternpaar mit mindestens einem Kind besteht. Falls in der Familie mehrere Kinder vorhanden sind, soll deren verwandtschaftliche Beziehung keine definitorisch relevante Rolle spielen. Bei diesem Verständnis wird nicht von vornherein auf eine besondere Form der Familie Bezug genommen, sondern eingeschlossen in dieses Verständnis sind auch Adoptivfamilien, Einelternfamilien, Pflegefamilien, Stieffamilien, Familien mit unverheirateten Partnern. Für die im folgenden zu entwickelnde Definition von »Familientherapie« ist weiterhin von Bedeutung, daß ein (Ehe-)Paar ohne

Kinder nach diesem Verständnis hier nicht als Familie definiert wird. Zudem umfaßt dieses Verständnis von Familie auch den Gesichtspunkt, daß die Eltern unverheiratet sein können und zwischen den Eltern und den Kindern keine Blutsverwandtschaft bestehen muß.

Auch hinsichtlich des zweiten Elements, das es zu bestimmen gilt, dem Begriff der »Psychotherapie«, gibt es derzeit keine allseits akzeptierte Definition. Hier soll unter Psychotherapie eine systematische, geplante und zielorientierte Intervention verstanden werden, die bei verschiedenen Verhaltensstörungen, psychischen Beeinträchtigungen und psychischen Krankheiten zur Verbesserung des Zustandes führen soll. Dazu werden psychologische Maßnahmen realisiert, die durch theoretische und/oder empirische Kenntnisse fundiert sind und durch ausgebildete, professionelle Therapeuten umgesetzt werden. Hierbei ist es nicht sinnvoll, prinzipielle Unterschiede zwischen psychologischer Therapie und psychologischer Beratung vorzunehmen (vgl. BOMMERT 1980).

Ausgehend von diesen Begriffsbestimmungen der beiden Einzelelemente des Gesamtbegriffs »Familientherapie« soll nun – unter bewertender Bezugnahme auf verschiedene in der Literatur explizierte Sichtweisen – das hier zugrunde gelegte Verständnis von Familientherapie entwickelt werden. Wesentliche Eckpfeiler sind dabei die Enge/Weite der Begriffsbestimmung, die Zielsetzung der Intervention sowie die einzubeziehenden Personen.

Nach MERL (1983) ist als Familientherapie »alles das an Maßnahmen zu bezeichnen, das im Falle einer Störung der Funktion des sozialen Organismus ›Familie‹, welche sich in auffälligem Verhalten eines oder mehrerer (in bestimmter Weise dazu geeigneter) Individuen ausdrückt, geeignet ist, die Störung rückgäng zu machen und seine Funktion wieder herzustellen.« (MERL 1983, S. 202). Diese Begriffsbestimmung ist u. E. insofern zu weit, da hier Familientherapie nicht als Psychotherapie gekennzeichnet wird. Mit dieser Definition ist es z. B. nicht möglich, sozialpädagogische Familienhilfe von Familientherapie abzugrenzen. BRUNNER (1986) umreißt den Begriff der Familientherapie wie folgt:

»Wer zum ersten Mal den Begriff *Familientherapie* hört, könnte damit die Vorstellung verbinden, dieser Ansatz zeichne sich dadurch aus, daß es sich um eine spezifische psychotherapeutische Methode handle, die für die Institution der modernen Kleinfamilie vorgesehen sind. Allein, es geht weder primär um die ›Familie‹ noch um eine ›Behandlung‹ im Sinne eines an der Familie vollzogenen therapeutischen Eingriffs von außen. ... Nicht von der ›Familie‹ ist also die Rede, in der Familientherapie geht es ganz generell um das *Netz von Beziehungen,* in das jeder eingesponnen ist. Psychosoziale Probleme erscheinen von daher in einem neuen Licht. Es geht nicht mehr darum, daß ein Einzelner als ›krank‹ oder ›problematisch‹ angesehen wird, seine ›Krankheit‹ oder sein ›Versagen‹ hat vielmehr eine Funktion in derjenigen sozialen Einheit, in die dieses Individuum eingebettet ist.« (Hervorhebungen im Original). (BRUNNER 1986, S. 7).

Auch wenn BRUNNER zuzustimmen ist, daß die Krankheit eines Individuums eine Funktion in derjenigen sozialen Einheit hat, in die dieses Individuum eingebettet ist, so ist daraus nicht zu folgern, daß Familientherapie keine spezifische psychotherapeutische Methode ist. Eine Definition von Familientherapie als »Netz von Beziehungen, in das jeder eingesponnen ist«, bleibt äußerst vage und unspezifisch und hat zur Konsequenz, daß alle sozialen

Beziehungen als Familientherapie bezeichnet werden müssen. Insgesamt ist diese Definition dem hier zugrunde gelegten Verständnis von Familientherapie diametral entgegengesetzt, da BRUNNER weder die Familie als zentralen Bezugspunkt ansteuert, noch eine therapeutische Intervention intendiert.
Während die Definitionsversuche von MERL (1983) und BRUNNER (1986) nach dem hier zugrunde gelegten Verständnis von Familientherapie zu weit gefaßt sind, trifft auf die Begriffsbestimmung von BAUMGÄRTEL (1983) das Gegenteil zu:

»Familientherapie ist, wenn Ehepaare und Kinder oder Ehepaare oder Kernfamilien und/oder Familienangehörige als Gruppe während der größten Zeitspanne mit dem Ziel einer Beziehungsverbesserung behandelt werden.« (Hervorhebungen des Originals nicht berücksichtigt) (BAUMGÄRTEL 1983, S. 35).

Aus dem hier formulierten Verständnis von Familie ist deutlich geworden, daß es nicht zweckmäßig ist, den Familienbegriff auf Ehepaare mit Kindern oder Kernfamilien zu beschränken. Darüber hinaus wird sich zeigen (vgl. unten), daß Familientherapie, bei der die Familienmitglieder während der »größten Zeitspanne« als Gruppe behandelt werden, nur eine spezifische Form der Familientherapie ist.

Das hier zugrunde gelegte Verständnis von Familientherapie läßt sich ferner im Hinblick auf die damit angestrebte Zielsetzung und im Hinblick auf die in die Therapie einzubeziehenden Personen bestimmen. Hierzu sollen zunächst exemplarisch einige Definitionen, die sich mit der Zielsetzung, den Personen bzw. beiden Aspekten beschäftigen, dargestellt, darauf aufbauend gemeinsame Bestimmungsstücke herausgearbeitet werden und sodann schlußfolgernd die den eigenen Arbeiten zugrundegelegte Definition von Familientherapie expliziert werden.

»›Familientherapie‹ ist der Sammelbegriff für eine Anzahl verschiedener psychotherapeutischer Ansätze zur Modifikation pathogener Familiensysteme, zur Verbesserung interpersonaler Beziehungen und zur Veränderung des Erlebens und Verhaltens individueller Familienmitglieder. Es werden Individuation und Autonomie, die Lösung von Konflikten und Problemen, die Stärkung der ehelichen Beziehung und ein befriedigenderes Zusammenleben aller Familienmitglieder angestrebt. Die Familientherapie soll der Familie bei der Erfüllung ihrer Reproduktions-, Sozialisations-, Erziehungs-, Spannungsausgleichs- und psychischen Stabilisierungsfunktion helfen und wird dabei durch die spezialisierten Dienste wie Schwangerschafts-, Erziehungs-, Bildungs-, Ehe- und Sexualberatung unterstützt.« (TEXTOR 1988, S. 1–2).

»Family therapy is a psychotherapeutic technique for exploring and attempting to alleviate the current interlocking emotional problems within a family system by helping its members change the family's dysfunctional transactional patterns together.« (GOLDENBERG und GOLDENBERG 1980, S. 133).

»Family therapy might broadly be thought of as any type of psychosocial intervention utilizing a conceptual framework that gives primary emphasis to family system and, which in its therapeutic strategies, aims for an impact on the entire family structure. Thus any psychotherapeutic approach that attempts to understand or intervene in an organically viewed family system might fittingly be called ›family therapy‹. This is a very broad definition and allows many differing points of view, both in theory and in therapy, to be placed under one heading.« (GLICK und KESSLER 1980, S. 6–7).

In allen drei Definitionen wird als Zielsetzung die Veränderung des Familiensystems angesprochen. Die Definition von TEXTOR ist insofern umfassender, als neben der Zielsetzung ›Veränderung des Familiensystems als Ganzes‹ noch die Veränderung ›interpersonaler Beziehungen‹ und ›des Erlebens und Verhaltens individueller Familienmitglieder‹ angesprochen wird. Demgegenüber nehmen GOLDENBERG und GOLDENBERG und GLICK und KESSLER als definitorischen Bestandteil die diagnostische Funktion der Familientherapie (›exploring‹, ›understand‹) auf. Wenig sinnvoll ist jedoch, Familientherapie lediglich als Technik (vgl. GOLDENBERG und GOLDENBERG 1980) zu bezeichnen.
Bei der Definition von WALROND-SKINNER (1978) steht weniger die Zielsetzung der Therapie im Mittelpunkt, als mehr die Bestimmung der Personen, die in die Behandlung einbezogen werden sollen:

»Family therapy can be defined as the psychotherapeutic treatment of the family system using as its basic medium conjoint interpersonal interviews. It includes many subspecialities, the most important of which is conjoint marital therapy – which addresses itself to the marital system, in the same way that family therapy focuses on the family system.« (WALROND-SKINNER 1978, S. 57).

Mischdefinitionen, bei denen sowohl die Zielsetzung der Familientherapie als auch die in die Therapie einbezogenen Personen angegeben werden, finden sich z.B. bei WELLS, DILKES und TRIVELLI (1972), PINSOF (1981), und bei GURMAN, KNISKERN und PINSOF (1986):

»...it is suggested that therapist engages in family therapy when he sees such natural units as parents and children, spouses, or members of the extended family, together as a group over most of the duration of the treatment with the goal of improving their functioning as a unit.« (Hervorhebungen des Originals nicht berücksichtigt).
»Because of the wide divergences of theory and technique, this definition is arbitrary. It seems, however, to be consonant with most of the varying techniques and methods characterized as family therapy, although we are quite aware that some family therapists would not consider it acceptable.« (WELLS, DILKES und TRIVELLI 1972, S. 191).
»..., family therapy consists of any form of psychotherapy (or counseling) that is explicitly designed to modify family systems. This definition covers such variants of family therapy as marital therapy (...) and the treatment of a family through one family or system member (...)« (PINSOF 1981, S. 700).
»Family therapy may be defined as any psychotherapeutic endeavor that explicitly focuses on altering the interactions between or among family members and seeks to improve the functioning of the family as a unit, or its subsystems, and/or the functioning of individual members of the family. This is the goal regardless of whether or not an individual is identified as ›the patient‹. Family therapy typically involves face-to-face work with more than one family member (albeit possibly in varying combinations over time), although it may involve only a single family member for the entire course of treatment (...).« (GURMAN, KNISKERN und PINSOF 1986, S. 565–566).

Der wesentliche Unterschied zwischen den Definitionen von WELLS, DILKES und TRIVELLI (1972) einerseits und den Begriffsbestimmungen von PINSOF (1981) und GURMAN, KNISKERN und PINSOF (1986) andererseits besteht darin, daß WELLS et al. (1972) nur dann von Familientherapie sprechen, wenn die ganze Familie während der größten Zeiteinheit gemeinsam therapiert wird. Bei PINSOF (1981) und GURMAN et al. (1986) hingegen ist eine Therapie des Familiensystems auch über ein einzelnes Familienmitglied möglich.

Die hier vertretene Sichtweise von Familientherapie läßt sich in den nachfolgenden Kernpunkten als kompatibel mit dem Verständnis der zitierten Autoren darstellen:

- Familientherapie ist eine spezifische Form der Psychotherapie, nicht lediglich eine Technik;
- Familientherapie fokussiert auf die Interaktion zwischen den Familienmitgliedern;
- Familientherapie zielt nicht nur auf die Funktionsverbesserung der Familie als Ganzes, sondern auch auf die Probleme von Subsystemen oder einzelnen Familienmitgliedern.

Aus den o.g. Überlegungen und Herleitungen läßt sich das hier zugrunde gelegte Verständnis von Familientherapie wie folgt explizieren:
Familientherapie ist jede Form von Psychotherapie, die explizit an der Interaktion zwischen oder bei einzelnen Familienmitgliedern ansetzt, mit der Zielsetzung, die Funktionsfähigkeit der Gesamtfamilie, eines Subsystems oder einzelner Familienmitglieder zu verbessern.

Aus der Definition von Familie als einer Gemeinschaft von Personen, die entweder aus einem Elternteil oder einem verheirateten oder unverheirateten Elternpaar mit mindestens einem Kind besteht, und der Art des Zusammentreffens der Familienmitglieder in den Sitzungen, lassen sich verschiedene Formen der Familientherapie unterscheiden (vgl. RICHTER 1970, STRUNK 1987):

- gemeinsame Familientherapie: Therapie, die ausschließlich oder möglichst unter Einbeziehung aller Mitglieder der Familie über die meisten Zeiteinheiten in gemeinsamen therapeutischen Sitzungen stattfindet.
- serielle Familientherapie: Therapie, bei der abwechselnd Sitzungen mit der ganzen Familie und mit einzelnen Mitgliedern bzw. Subsystemen, z.B. mit dem Ehepaar, durchgeführt werden.
- parallele Familientherapie: Therapie, bei der Subsysteme, z.B. ein Elternpaar und einzelne Familienmitglieder, getrennt voneinander, aber von demselben Therapeuten behandelt werden.
- kollaborative Familientherapie: Therapie, bei der Subsysteme der Familie, bzw. einzelne Familienmitglieder von verschiedenen Therapeuten behandelt werden, die sich untereinander absprechen.
- multiple Familientherapie: Therapie, bei der gleichzeitig mehrere Familien von einem oder mehreren Familientherapeuten behandelt werden.
- erweiterte Familientherapie: Therapie, bei der neben der Familie auch Verwandte oder enge Freunde an den gemeinsamen Sitzungen teilnehmen.

Im Unterschied zu PINSOF (1981) und GURMAN, KNISKERN und PINSOF (1986) wird hier eine Individualtherapie oder Ehetherapie nur dann als Familientherapie bezeichnet, wenn sie in die oben genannten Formen eingebettet ist. Ehetherapie bei einem Ehepaar ohne Kinder soll hier nicht unter dem Begriff Familientherapie eingeordnet werden. Interventionen in ›soziale Netzwerke‹, bei denen bis zu 100 Freunde, Verwandte, Nachbarn oder andere ›signifikante Andere‹ eines identifizierten Patienten oder einer Familie einbezogen werden können (vgl. SPECK 1988), fallen hier nicht unter den Begriff ›Familientherapie‹. Die oben skizzierte Definition von Familientherapie im-

pliziert auch, daß *eine systemische Sichtweise allein noch keine Familientherapie ist.* Folgende zwei Ebenen werden bei der Diskussion über Familientherapie nicht immer hinreichend getrennt: eine systemorientierte Betrachtung der Entwicklung und Veränderung von psychischen Problemen einerseits und andererseits eine gemeinsame Therapie der Familienmitglieder (gemeinsame Familientherapie).
Betrachtet man die dargelegten Sachverhalte und Diskussionen unter dem Blickwinkel der Indikation zur Familientherapie, so ist die Hauptproblematik nicht nur in der Vielfalt der existierenden Konzepte zu sehen, sondern auch darin, daß sich klar operationalisierte (oder zumindest operationalisierbare) Interventionselemente, geschweige denn aus Interventionselementen zusammengefaßte Interventionsstrategien nicht herausarbeiten lassen. Eine befriedigende Beantwortung der Indikationsfrage kann aber nur dann erwartet werden, wenn mindestens ansatzweise und interpersonell nachvollziehbar deutlich ist, welches die Methoden sind, die unter dem Begriff »Familientherapie« tatsächlich angewandt werden. Insbesondere für eine empirische Fundierung von Indikationsaussagen ist es erforderlich, die Interventionselemente, die beim Vorliegen einer bestimmten Diagnose zur Erreichung spezifischer Ziele eingesetzt werden sollen, präzise zu definieren. Davon ist die Familientherapie insgesamt betrachtet derzeit jedoch noch weit entfernt.

1.2.2 Indikationspostulate

Eine direkte Auseinandersetzung mit der Indikationsproblematik im Rahmen der Familientherapie findet bisher nur recht spärlich statt, und es ist eine deutliche Diskrepanz zwischen der Anzahl familientherapeutischer Veröffentlichungen allgemein und der darauf bezogenen spezifischen Indikationsproblematik festzustellen.
Bereits im Jahre 1970 konnte OLSON *in seinem Rückblick zur Literatur der Ehe- und Familientherapie auf 530 Literaturangaben (davon 30 Bücher) zurückgreifen. Zwischen 1970 und 1979 ist allein in den USA dieser Bestand um weitere 1500 Artikel und etwa 200 Bücher gestiegen (vgl.* OLSON *et al. 1980). Seither ist die Anzahl an Veröffentlichungen weiter gestiegen.*
Gemessen daran ist die Anzahl der Quellen, die sich mit der Indikationsproblematik beschäftigen, mehr als dürftig. Hinsichtlich der aus den wenigen Studien möglichen Ableitung von Indikationsaussagen ist es zudem auch fraglich, ob die gewonnenen Erkenntnisse für die praktische Tätigkeit Bedeutung erlangen können, da sie nicht ohne weiteres auf den Einzelfall zu übertragen sind. Im Bereich der Indikation zur Familientherapie läßt sich offensichtlich das wiederfinden, was für die Forschungssituation im Gesamtbereich der Psychotherapie kennzeichnend ist. Aus den bisher durchgeführten Therapiestudien lassen sich durch Systematisierung wenig allgemein anerkannte Handlungsregeln für die Indikation ableiten bzw. die Handlungsregeln sind so global, daß sie für den Einzelfall auch wiederum einen großen Spielraum offenlassen und somit ihre handlungsleitende Funktion nicht ausreichend abdecken können.

Selbst wenn man diese grundlegenden Probleme – die nicht nur im Bereich einer einzelnen Therapieform zu verzeichnen sind – berücksichtigt, so ist im Bereich der Familientherapie darüber hinaus auffällig, daß es auch kaum ein ernsthaftes Bemühen zu geben scheint, der Beantwortung der Indikationsfrage (trotz aller damit verbundenen methodischen Probleme) näher zu kommen. HALEY (1971) ging sogar so weit zu behaupten, daß die Frage nach der Indikation der Familientherapie geradezu ein Kennzeichen von unerfahrenen Therapeuten sei, mit zunehmender Erfahrung der Therapeuten stelle sich diese Frage gar nicht mehr. Von verschiedenen Autoren werden recht unterschiedliche Vermutungen und Begründungen für diese Sachverhalte angeführt.

WALROND-SKINNER *(1978) nennt als mögliche Gründe für die spärliche Beschäftigung mit der Indikationsproblematik u. a.:*

- *Die Familientherapie selbst befindet sich noch in einem vortheoretischen Stadium.*
- *Forschern und Praktikern mangelt es an Erfahrung.*
- *Es gibt wenig gute kontrollierte Ergebnisstudien.*
- *Es existiert noch keine Familientypologie.*
- *Der Begriff »Familientherapie« impliziert eine Menge von Modalitäten, Methoden und Techniken.*

RICHTER *(1970) sieht es ebenfalls aufgrund der großen Mannigfaltigkeit familientherapeutischer Konzepte und Methoden als nicht einfach an, »ergiebige Aussagen über Familientherapie allgemein zu machen«* (RICHTER *1970, S. 125).*

BUDDEBERG *(1979) vermutet als wesentliche Ursache das familientherapeutische Krankheitsmodell, das sich grundsätzlich vom somatischen Krankheitsmodell unterscheidet. Während der somatische Krankheitsbegriff überwiegend auf einem kausalen Ursache-/Wirkung-Denken beruhe, basiere die Familientherapie dagegen auf einem interpersonalen Krankheitsmodell. Mit der Abkehr vom somatischen Krankheitsbegriff gehe das geringe Interesse der Familientherapeuten an der Indikationsfrage einher.*

Im krassen Gegensatz zu der Anzahl der bisherigen Veröffentlichungen zur Indikationsproblematik sowie zur Gültigkeit und Zuverlässigkeit der daraus ableitbaren Aussagen stehen allerdings Postulate und Behauptungen bezüglich der Indikation, wie sie oftmals in der familientherapeutischen Literatur wiederzufinden sind. Die dort getroffenen Postulate und Behauptungen zur Indikation ähneln oftmals dem Anspruch auf universelle Wirksamkeit, wie er auch für einzelne Formen der Individualtherapie phasenweise kennzeichnend war. Von kritischer Distanz, von einer Reflektion des eigenen Handelns, ist die Mehrzahl dieser Indikationspostulate weit entfernt. Teilweise werden sogar Indikationsaussagen formuliert, die in Richtung auf eine differentielle Indikation zielen, ohne daß eine Bezugnahme auf empirische Belege hergestellt würde.

»The main contraindication to family therapy is the absence of a family therapist.« (WHITACKER und KEITH 1981, S. 202).

»Der Indikationsbereich der Familientherapie ist sehr breit: Ähnlich wie bei den anderen großen Therapierichtungen reicht er von den leichteren Störungen, wie z. B. Leistungsproblemen in der Schule, bis zu schwereren und chronischen seelischen Störungen, z. B. der Zwangssymptomatik oder der jugendlichen Schizophrenie.« (PROPST 1982, S. 95).

»Die Indikationen für eine Familientherapie ... sind weit gestellt. ... In einer Reihe von Situationen erscheint die aktive Arbeit mit der ganzen Familie jedoch besonders dringlich. Das ist immer dann der Fall, wenn die zu behandelnden Probleme aus starken Bindungen und Abhängigkeitsverhältnissen erwachsen. Da die meisten Kinder und Jugendlichen zwangsläufig familiengebundener sind als Erwachsene, ist besonders die Kinder- und Jugendpsychiatrie eine Domäne der Familientherapie.« (STIERLIN 1982, S. 102).

Nach BUDDEBERG *(1979) ist eine Familientherapie um so mehr indiziert, je starrer und isolierter das Familiensystem ist. Hinsichtlich der Störungen und Krankheitsbilder, bei denen eine Familientherapie indiziert sei, wird festgehalten: Psychische Störungen bei Kindern und Adoleszenten, reaktive Depressionen, Verhaltensstörungen mit oder ohne Delinquenz, Ängste und Adoleszentenkrisen. Ferner Behandlungen von psychosomatisch erkrankten Kindern, Anorexiepatienten, jugendliche Schizophrenie sowie der Bereich der Geriatrie.*

STIERLIN *et al. (1980) halten eine Familientherapie auf jeden Fall dann für indiziert, wenn*

- *zwischen den einzelnen Familienmitgliedern enge Abhängigkeits- oder Ausbeutungsverhältnisse bestehen,*
- *aufgrund unbewußter Loyalitätsbildung eine Einzeltherapie automatisch als Loyalitätsverrat gegenüber der Familie erlebt wird,*
- *es um den Einsatz aller verfügbaren therapeutischen Ressourcen geht, insbesondere bei lebensbedrohlichen Störungen,*
- *der Vereinsamung und Ausstoßung kranker, alter und auch sterbender Menschen entgegengewirkt werden soll.*

Derartige Aussagen mögen dabei durchaus dem persönlichen Erleben, der Überzeugung und der individuellen Erfahrung der einzelnen Therapeuten entsprechen, abgesicherte Indikationsaussagen in dem Sinne, daß diese Hinweise als Verhaltensregeln – etwa bei der Ausbildung angehender Therapeuten – Verwendung finden können, sind es trotz der mancherorts wiederfindbaren Vehemenz der Formulierung dennoch nicht. Die persönliche Erfahrung eines langjährig praktisch tätigen Therapeuten ist unbestritten eine wesentliche und bisher in der Psychotherapieforschung zu wenig und zu unsystematisch ausgeschöpfte Informationsquelle; dennoch müssen Indikationsaussagen darüber hinaus zumindest zusätzlich durch intersubjektiv nachvollziehbare empirische Methoden gestützt werden.

Die o.g. Postulate und Behauptungen zur Indikation müssen zudem noch unter einem weiteren Aspekt kritisch betrachtet werden: Es erscheint zwar durchaus als legitim, wenn Vertreter einer spezifischen Therapierichtung Anwendungsbereiche benennen, in denen mit der von ihnen vertretenen Therapieform (erfolgreich?) gearbeitet wurde, die Nennung derartiger Anwendungsbereiche kann jedoch nicht als Indikationsaussage im engeren Sinne gelten, solange empirisch fundierte Hinweise über die differentielle Wirksamkeit der Familientherapie bei verschiedenen Persönlichkeitsmerkmalen, Störungsbildern, Therapiezielen etc. noch nicht vorliegen (vgl. dazu auch ZIELKE 1979; BOMMERT 1987).

Bei dieser Diskussion werden offensichtlich auch zwei Aspekte oftmals nicht genügend voneinander getrennt: zum einen eine Berücksichtigung familiärer

Aspekte im Rahmen jeglicher Art von Psychotherapie (d.h. also auch im Rahmen der Einzelpsychotherapie und anderer Gruppenpsychotherapien), zum anderen Familientherapien im engeren Sinne (verstanden als gemeinsame therapeutische Arbeit mit mehreren Familienmitgliedern). Das Postulat nach stärkerer Berücksichtigung familiärer Aspekte als Ergänzung zu einer lediglich intrapsychischen Sichtweise sollte jedoch nicht dazu führen, daß die Anwendung der Familientherapie als Ersatz für sämtliche anderen Formen therapeutischer Interventionen verstanden und angepriesen wird.

Eine genauere, über den bisherigen Kenntnisstand hinausgehende Klärung der Indikationsfrage kann auch schon deswegen nicht bei derartigen Beschreibungen stehenbleiben, da davon auszugehen ist, daß jeder familientherapeutische Ansatz – wie auch jeder der individualtherapeutischen Ansätze – mit spezifischen »blinden Flecken« einhergeht, die sich aus der jeweiligen Sichtweise zu Störungsentstehung, dem Stellenwert einer Familiendiagnose, der Rolle des Therapeuten etc. ableiten lassen, die eine auch nur partielle Klärung der differentiellen Indikationsfrage mehr als grundsätzlich notwendig behindert. Mögliche Unterschiede in den Sichtweisen zu derartigen zentralen Aspekten einer Familientherapie lassen sich z.B. aus einem zusammenfassenden Vergleich verschiedener Modelle bei GOLDENBERG und GOLDENBERG (1980) entnehmen. Derartige blinde Flecken können dabei nicht nur in der grundlegenden Konzeption eines therapeutischen Ansatzes niedergelegt sein, sondern auch in der konkreten Ausformung einer nur grobe Rahmenbedingungen formulierenden Konzeption durch den einzelnen Therapeuten wirksam werden. Derartige Probleme sind aus verschiedenen Bereichen individueller Therapie und Beratung hinlänglich bekannt. (Vgl. BOMMERT 1987, BOMMERT und PLESSEN 1978).

Es ist nun leicht nachvollziehbar, daß eine Ausblendung wesentlicher Dimensionen auf der konzeptuellen Ebene unmittelbare Auswirkungen auf die Klärung der Indikationsfrage hat: ein theoretisch-therapeutisches Konzept, das z.B. eine Störungsentstehung ausschließlich in der Familieninteraktion ansiedelt und dabei außer acht läßt, daß zum einen die Familie selbst wiederum in einen größeren sozialen Rahmen eingebettet ist, der Einfluß auf das Familiengeschehen nimmt, und daß zum anderen von individuellen Differenzen in den Persönlichkeitsstrukturen der einzelnen Familienmitglieder auszugehen ist, wird diesen Aspekten auch bei der Formulierung von Therapiezielen keine Bedeutung beigemessen. Somit resultieren also aus einem eingeschränkten therapeutischen Grundkonzept (hier beispielhaft bezogen auf das Verständnis der Entstehung einer Störung) auch Einschränkungen in den therapeutischen Aktionen, die auf die zuvor definierten Ziele ausgerichtet werden. Dieser Sachverhalt gilt auch für den Fall, daß das Störungsverständnis oder die Festlegung von Therapiezielen eher implizit erfolgt. Die Beantwortung der differentiellen Indikationsfrage wird somit auch nur mit diesen Einschränkungen möglich sein. Derartige Einschränkungen sind auf die Konzeption des therapeutischen Ansatzes zurückzuführen und nicht etwa Ergebnis grundsätzlicher methodischer und methodologischer Probleme, wie sie im Zusammenhang mit der Erörterung der »partiellen Klärung der differentiellen Indikationsfrage« diskutiert wurden.

Da jedes der existierenden familientherapeutischen Konzepte mit spezifischen »blinden Flecken« einhergeht bzw. einzelne Aspekte des Therapieraumes von einzelnen Ansätzen a priori betont oder vernachlässigt werden, ist zu erwarten, daß damit auch auf der Ebene der Therapieziele und im Bereich der darauf bezogenen Interventionselemente Diskrepanzen auftreten, die sich auf die Indikationsaussagen auswirken. Bisherige Indikationsaussagen zur Familientherapie werden sich schon allein deswegen kaum vergleichen und zuverlässig bewerten lassen, weil sich diese Aussagen auf unterschiedliche »Geltungsbereiche« beziehen, die durch die unterschiedlichen Therapieziele (und diese wiederum durch differierende Grundkonzepte der einzelnen Ansätze) definiert werden.

Eine weitere Klärung dieser Probleme würde zumindest erleichtert werden, wenn genauere empirische Hinweise darüber zur Verfügung stünden, wie einzelne Therapieziele von Vertretern der unterschiedlichen Konzepte »bewertet« werden, ob und für wie bedeutsam sie etwa auch Therapieziele halten, die ihnen durch das selbst vertretene Konzept zumindest nicht nahegelegt werden. Auch auf der Seite der Krankheitsbilder und Störungen wäre es hilfreich zu wissen, ob jener Omnipotenzanspruch, der aus manchen Stellungnahmen herauszulesen ist, den tatsächlichen Auffassungen der Familientherapeuten entspricht, oder ob nicht die praktizierenden Familientherapeuten differenziertere Auffassungen darüber haben, bei welcher Qualität und Quantität einer Störung Familientherapie einer spezifischen Provenienz indiziert oder kontraindiziert ist.

2 Bestandsaufnahme theoretischer und experimenteller Ergebnisse

Vor dem Hintergrund des im ersten Kapitel entwickelten Rahmenkonzeptes informiert dieses Kapitel über den Diskussionsstand der bisherigen Indikationsforschung in der Familientherapie. Damit der Leser sich einen möglichst umfassenden Eindruck verschaffen kann, werden in einem ersten Teil die Beiträge, die sich explizit mit der Indikationsfrage auf dem Gebiete der Familientherapie beschäftigt haben, in Form einer kritischen Inhaltsanalyse aufgearbeitet. Daran anschließend stellt der zweite Teil den Beitrag der Experimentalforschung vor, der bisher noch nicht in systematischer Weise unter dem Indikationsaspekt beleuchtet wurde. Beide Teile konzentrieren sich auf die Frage, welche handlungsanleitenden Aussagen aus den bisherigen Ergebnissen der Indikationsforschung abgeleitet werden können. Auf der Basis dieser Informationen kann das im 3. Kapitel analysierte Expertenwissen differenzierter beurteilt werden.

2.1 Einführung

Nach dem im ersten Kapitel entwickelten Modell für die Ableitung und Kritik von Indikationsaussagen zur Psychotherapie lassen sich im wesentlichen **drei Informationsquellen** unterscheiden, aus denen handlungsbegründendes Wissen ableitbar ist: **Theorien, Experimente und Erfahrungen von Praktikern.** Es ist herausgestellt worden, daß für eine umfassende Auseinandersetzung mit der Indikationsfrage in der Familientherapie keine dieser Informationsquellen ausgeblendet werden sollte. In der bisherigen Literatur sind die möglichen Erkenntnisquellen u.E. bisher jedoch noch nicht genügend ausgeschöpft worden. Auch wenn das in besonderem Maße für die Einbeziehung der Erfahrungen von Praktikern gilt, so trifft das nicht viel weniger für die anderen Wissensquellen zu. Deshalb konzentriert sich **dieses Kapitel** in einer Bestandsaufnahme zunächst auf die Ergebnisse, die aus **theoretischer und experimenteller Forschungsperspektive** gewonnen werden können – zwei Blickrichtungen, von denen wir unsere eigenen empirischen Untersuchungen über die Indikationsfrage angesteuert haben. Anschließend stellt das dritte Kapitel Erfahrungen von Therapeuten mit Familientherapie in der Praxis vor, die in diesen Untersuchungen von uns ermittelt wurden. Vor dem Hintergrund des derzeitigen Forschungsstandes zur Familientherapie kann das in diesem Buch hervorgehobene Expertenwissen differenzierter beurteilt werden.

Der **theoretische** Wissensstand über die Indikationsfrage wird in dem zweiten Abschnitt dieses Kapitels vorgestellt. Für diesen Zweck wurden Texte, die sich *explizit* mit der Indikationsfrage in der Familientherapie beschäftigen, einer kritischen Inhaltsanalyse unterzogen. Im Mittelpunkt stehen dabei Regeln und Empfehlungen, die in der Literatur besprochen werden.

In dem dritten Abschnitt wird die Indikationsfrage unter der **experimentellen** Forschungsperspektive beleuchtet. Vor dem Hintergrund der wichtigsten Sammelbesprechungen zur Effektivitätsforschung auf dem Gebiete der Familientherapie wird analysiert, welche Aussagen sich für die Indikationsstellung zur Familientherapie ableiten lassen.

Der letzte Abschnitt befaßt sich mit den Schlußfolgerungen für den Praktiker und den Forscher, die aus der Zusammenschau des theoretischen und experimentellen Forschungsstandes zur Indikationsfrage im Kontext der Familientherapie gezogen werden können.

2.2 Ergebnisse aus theoretischer Forschungsperspektive

Um einen Überblick über den theoretischen Stand der Indikationsforschung in der Familientherapie zu bekommen, wurde die Fachliteratur, die sich *explizit* mit der Indikationsproblematik beschäftigt, einer kritischen Inhaltsanalyse unterzogen. Im folgenden soll kurz dargelegt werden, welche Artikel in die Inhaltsanalyse einbezogen worden sind. Danach wird in Form eines Blitzlichtes ein erstes Resümee über den Stand der Indikationsforschung zur Familientherapie gegeben. Anschließend werden die Beiträge unter dem Aspekt untersucht, welche Indikationsempfehlungen sich aus der Literatur ableiten lassen. Dabei orientiert sich diese Untersuchung, die in diesem Abschnitt den breitesten Raum einnimmt, an einem inhaltsanalytischen Auswertungsraster.

Auswahl der Artikel

Es wurden nur solche Artikel und Beiträge berücksichtigt, in denen Autoren explizit Regeln, Richtlinien bzw. Kriterien zur Indikation diskutieren oder sich sonstwie mit der Indikation zur Familientherapie beschäftigen.

Beiträge mit dieser Zielrichtung findet man auch zu anderen Therapiemodalitäten, wie z.B. der Gruppentherapie (vgl. z.B. BERKOWITZ und SUGAR 1975, BOND und LIEBERMAN 1978, HAWKINS und WHITE 1978, TOSELAND und SIPORIN 1986).

Nicht einbezogen wurden solche Artikel, die sich mit einer spezifischen Methode oder Technik in der Familientherapie beschäftigen (vgl. z.B. FISHER, ANDERSON und JONES 1981), denn es geht hier um die Betrachtung der Familientherapie als Behandlungsmodalität. Ausgeklammert wurde auch der ethische Aspekt der Indikationsproblematik, hier wird auf den Aufsatz von SIDER und CLEMENTS (1983) verwiesen.

Intensive Literatursuche (Durchsicht der Standardwerke zur Familientherapie; Nachforschungen in den einschlägigen Bibliographien: Psychological Abstracts 1965–(März) 1988, Pädagogischer Jahresbericht = Annual Report of Educational Research 1970–1980, Bibliographie der deutschsprachigen psychologischen Literatur – Hrsg. DAMBAUER, J. 1971–1986; Literatursuche durch einen Auftrag bei der Zentralstelle für psychologische Literatur) führte zur Ermittlung von 59 Quellen: (Vgl. Anhang 2.1)

Bei der Literatursuche anhand der einschlägigen Bibliographienachweise konnten nur solche Texte ermittelt werden, aus deren Titelangabe bereits auf die Auseinandersetzung mit der Indikationsproblematik geschlossen werden konnte. Andere Artikel, die durch ihre Überschrift nicht auf die Thematik hinwiesen, ergaben sich aus der Nachprüfung der Angaben bereits ermittelter Literatur und aus der Durchsicht der wichtigsten Standardwerke zur Familientherapie. Durch diese Methode der Literatursuche bedingt kann es unter Umständen sein, daß einige – vielleicht wichtige – Quellen unberücksichtigt bleiben, so daß die genaue Anzahl der Artikel und Beiträge zu dieser Thematik vermutlich etwas größer ist. Andererseits kann aber davon ausgegangen werden, daß diese Literaturauswahl in der Tat ein recht repräsentatives Bild der Diskussion um die Indikationsfrage zur Familientherapie widerspiegelt, was auch dadurch gewährleistet ist, daß für den Zweck der Auswahl der Beiträge zunächst von einer sehr weit gefaßten Definition von ›Familientherapie‹ ausgegangen wurde.

»..., family therapy consists of any form of psychotherapy (or counseling) that is explicitly designed to modify family systems. This defintion covers such variants of family therapy as marital therapy (...) and the treatment of a family through one family or system member (...).« (PINSOF 1981, 700)

Nach dieser Definition wird keine Unterscheidung zwischen Beratung und Therapie getroffen und das Schwergewicht der Begriffsexplikation liegt auf ›Systemveränderung‹. Auch wenn einige Autoren wie PINSOF (1981) ein sehr weites Verständnis von Familientherapie haben, kann an dieser Stelle aber bereits darauf hingewiesen werden, daß die hier einbezogenen Beiträge in der Mehrzahl von einer enger gefaßten Definition ausgehen. Familientherapie wird dann definiert als diejenige psychotherapeutische Behandlungsmodalität, bei der die ganze Familie (oder Schlüsselpersonen) über die meisten der Behandlungssitzungen gemeinsam von einem oder mehreren Therapeuten betreut wird (werden). Diese Definition von (gemeinsamer) Familientherapie ist für den weiteren Rückblick maßgeblich.

Darüber hinaus behandelt dieser Rückblick die Indikationsfrage nicht schulenspezifisch, obgleich verschiedene Richtungen und Strömungen in der Familientherapie miteinander konkurrieren (vgl. Kapitel 1). Der Stand der Diskussion über die Indikationsfrage im Rahmen der Familientherapie rechtfertigt diese Differenzierung nicht. Das soll aber nicht darüber hinwegtäuschen, daß einzelne Schulen unterschiedliche Arbeitsschwerpunkte setzen, die sich auch in der Auffassung über die Indikationsfrage manifestieren.

Ein erstes Blitzlicht über den Stand der Indikationsforschung in der Familientherapie

Eine erste grobe Durchsicht der in diesem Rückblick aufgearbeiteten Literatur läßt erkennen, daß eine Indikationsforschung, wie sie in Kapitel 1 skizziert wird, im Rahmen der Familientherapie lediglich in Ansätzen vorhanden ist.

- Empirisch-deskriptive Studien zur Indikation der Familientherapie stehen nicht zur Diskussion. Ausnahmen wie der GAP-Report (1970) und die Studie von GERHARDT (1981) bestätigen diese Regel nur.
- Präskriptive Modelle für den Entscheidungsprozeß bei der Indikationsstellung zur Familientherapie, also Modelle, die Hinweise über den Ablauf der Entscheidung geben, werden selten vorgeschlagen. In der Literatur ließ sich nur ein Modell von CLARKIN, FRANCES und MOODIE (1979) und ein Flußdiagramm von BLECHMAN (1981) auffinden, das sich auf verhaltenstherapeutische Interventionen bei Kindern beschränkt. Der Beitrag von CLARKIN et al. (1979) beeindruckt durch die Systematik der Indikationsempfehlungen. Die Autoren haben einen vorläufigen Entscheidungsbaum zur Indikation der Familientherapie entwickelt (für eine ausführliche Besprechung vgl. HENNING und WÄLTE 1983).
- Systematische Analysen theoretischer Konzepte und Modelle der Familientherapie im Hinblick auf die Indikationsfrage liegen nicht vor.
- Therapiestudien über die Effektivität der Familientherapie sind zwar durchgeführt worden, die Ergebnisse werden jedoch in den aufgeführten Arbeiten nur selten auf die Indikationsfrage bezogen.
- ›Indikationsforschung‹ im Rahmen der Familientherapie wird reduziert auf die Diskussion von mehr oder weniger gut begründeten Kriterien/Empfehlungen zur Indikationsstellung.

Da die meisten Beiträge sich mit der Diskussion von Regeln und Empfehlungen beschäftigen, beschränkt sich der weitere Rückblick im wesentlichen auf die Auswertung der Literatur bezüglich dieser Regeln und Empfehlungen.

Für diesen Zweck wurde zunächst eine umfassende Dokumentation der Aussagen und Empfehlungen der Autoren erstellt (vgl. HENNING und WÄLTE 1983), die dann mit dem in der nächsten Tabelle aufgeführten Auswertungsraster weiter analysiert wurden. Dieses Raster lehnt sich teilweise an die im ersten Kapitel entwickelten Indikationsbegriffe an und unterscheidet fünf Auswertungsdimensionen, denen jeweils eine Auswertungsfrage zugeordnet ist. Während die Dimensionen 1–3 stärker auf den Inhalt der Empfehlungen bezogen sind, liegen die beiden letzten Dimensionen auf einer formal abstrakteren Stufe. Es wird zum einen nach dem Informationsgehalt der Empfehlungen bzw. Aussagen gefragt (Dimension 4) und zum anderen danach, wie die Autoren diese (wissenschaftlich) begründen (Dimension 5). Da die wichtigsten Regeln und Empfehlungen der Autoren zunächst konkret vorgestellt werden sollen, beginnt die folgende Darstellung deshalb mit der Inhaltsanalyse bezüglich der Dimensionen 1–3.

Die inhaltsanalytische Aufbereitung der Texte setzt sich weder einen detaillierten Leitfaden noch ein Modell zur rationalen Rekonstruktion von Indikationsentscheidungen zum Ziel. Es geht in Anbetracht der Forschungslage vielmehr um die Zusammenstellung einiger vorläufiger Faustregeln, nach denen eine

Tab. 2.1: Auswertungsdimensionen und -fragen für die Analyse der Indikationsempfehlungen

Auswertungsdimension	Auswertungsfragen
1. Differentielle versus generelle (unspezifische) Indikation Bezug: Grad der Differenziertheit der Kriterien/Regeln	Halten die Autoren eine Familienbehandlung immer für angezeigt oder nur unter bestimmten Bedingungen und Voraussetzungen? (Frage 1) • unspezifische Indikation: die Kriterien/Regeln sind global, Variablen der differentiellen Indikation werden nicht berücksichtigt • differentielle Indikation: die Kriterien/Regeln sind spezifisch, Variablen der differentiellen Indikation werden berücksichtigt.
2. Positive versus negative Indikation Bezug: Kriterien/Regeln gegen oder für den Einsatz der Familienbehandlung	Welche Kriterien/Regeln sprechen für eine Indikation und welche Kriterien/Regeln sprechen gegen eine Indikation zur Familientherapie nach der Ansicht der Autoren? (Frage 2) • positive Indikation: die Kriterien/Regeln sprechen für eine Indikation zur Familientherapie • negative Indikation: die Kriterien/Regeln sprechen gegen eine Indikation zur Familientherapie, um negative Effekte zu vermeiden.
3. Selektive versus adaptive Indikation Bezug: Verwendungsmodus der Kriterien/Regeln	Für welchen Modus der Indikationsentscheidungen sind die Regeln/Kriterien einsetzbar? (Frage 3) • selektive Indikation: die Kriterien/Regeln sind nur für Auswahlentscheidungen einsetzbar • adaptive Indikation: die Kriterien/Regeln geben Hinweise auf die Modifikation von Behandlungsmaßnahmen.
4. Qualitative versus komparative Indikation Bezug: Informationsgehalt der Kriterien/Regeln	Welchen Informationsgehalt setzen die Autoren bezüglich ihrer Empfehlungen zur Indikation und Kontraindikation im Rahmen der Familientherapie voraus? (Frage 4) • qualitative Indikation: es wird lediglich angenommen, daß Familientherapie indiziert ist, nicht jedoch behauptet, daß Familientherapie besser oder schlechter ist als eine andere Behandlung. • komparative Indikation: es wird zusätzlich behauptet, daß eine Familienbehandlung eher indiziert ist als eine andere Behandlung.
5. Subjektive versus objektive Indikation Bezug: Art und Qualität der Gültigkeitsbegründung der Kriterien/Regeln	Wie begründen die Autoren die Kriterien/Regeln, die eine Indikation/Kontraindikation zur Familientherapie nahelegen? (Frage 5) • subjektiv: die Begründung erfolgt durch einen nicht weiter hinterfragten »Erfahrungsschatz« bzw. durch einen unsystematischen Einsatz von theoretischem oder empirischem Wissen. • objektiv: die Begründung erfolgt durch logisch-systematische Ableitung aus empirischen oder theoretischen Kenntnissen.

Indikationsentscheidung rationaler gefällt werden kann. Die Überprüfung und Absicherung der so zusammengestellten Empfehlungen bleibt weiteren (empirischen) Studien vorbehalten. In Kapitel 3 werden darauf aufbauend die Ergebnisse einer Untersuchung vorgestellt, in der Praktiker nach dem Stellenwert dieser Empfehlungen für Indikationsentscheidungen in der Praxis befragt wurden.

2.2.1 Indikationsempfehlungen unter differentiellen Aspekten

Autoren, die eine Familienbehandlung grundsätzlich für indiziert halten (generelle Indikation), stellen die Frage nach diskriminierenden Variablen, nach denen eine differentielle Entscheidung für oder gegen Familientherapie vorgenommen werden kann, nicht. Zu diesem Urteil kommt auch WALROND-SKINNER (1978) nach einer Durchsicht der Literatur von 1960 bis 1976:

»For some, the question of indications or contra-indications simply does not arise. All symptomatology becomes, for these practitioners, amenable to change through the intervention in and manipulation of the individual's most salient psycho-social system – usually his family. Family therapy (or systems therapy as it is more usually described in this generic context) is thus regarded as a new orientation to problems of mental illness and, since systems must be adapted to individuals, not individuals to systems, family therapy or systems therapy is considered to be almost universally appropriate in its application.« (WALROND-SKINNER 1978, 58)

Die meisten Diskussionsteilnehmer beurteilen die Frage nach der (differentiellen) Indikation jedoch als relevant und setzen sich deshalb intensiv mit den Faktoren, die eine Familienbehandlung anzeigen oder gegenanzeigen, auseinander. (**Antwort auf Auswertungsfrage 1**) Dabei legen sie allerdings das Schwergewicht auf verschiedene Variablengruppen.
GUTTMAN (1973) macht für das Mißlingen der Familientherapie zwei Faktoren verantwortlich, den Patienten-/Familientyp – diesem Faktor mißt er Priorität zu – und die Form der Behandlung. SKYNNER (1969) betont, daß für oder gegen den Einsatz einer Familienbehandlung besonders die Vor- bzw. Nachteile sprechen, die der Methode inhärent sind, und teilweise die spezifische Natur der Probleme selber. STAPS (1978) hält drei Faktoren für wichtig, die bei verantwortungsvollen Indikationsentscheidungen abzuwägen sind: die Art der Probleme, die Zusammensetzung der Familie und Merkmale der Therapeuten. STRUNK (1987) nennt ebenfalls drei Kriterien, nach denen die Indikationsfrage geklärt werden kann: Qualifikation des Therapeuten, Veränderbarkeitspotential der Familie und Grad der Internalisierung der Konflikte beim Patienten.
Im Mittelpunkt der Betrachtung relevanter Variablen zur Prädiktion einer Entscheidung zur Familienbehandlung stehen bei diesen Autoren also im wesentlichen: Treatmentvariablen (Vor- und Nachteile, die der Familientherapie als Behandlungsmodalität inhärent sind); Patienten-/Familienvariablen (störungsspezifische sowie störungsunspezifische) und Therapeutenvariablen (fachliche und persönliche Merkmale des Therapeuten).

Da die anderen Autoren ihre Regeln und Kriterien zur Indikation einer Familientherapie vor allem auf die letzten beiden Variablengruppen konzentrieren, soll in dem weiteren Rückblick hier auch der Schwerpunkt liegen. Dabei wird innerhalb dieser Variablengruppen zwischen den Aussagen zur Indikation und Kontraindikation unterschieden (**Auswertungsdimension 2: positive vs. negative Indikation**). Eine Auszählung zeigt, daß von den 59 Autoren 52 (88%) positive Indikationsregeln nennen, 42 (71%) negative Indikationsregeln diskutieren, 43 (73%) positive Indikationen bei spezifischen Problemen angeben und 29 (49%) auf Kontraindikationen bzw. Einschränkungen bei spezifischen Problemen hinweisen.
Die Aussagen der Autoren zu den anderen Merkmalsgruppen der differentiellen Indikation (z.B. Settingvariablen, Treatmentvariablen und Zeitvariablen) werden hier nicht näher behandelt, weil zu wenig Material vorhanden ist. Festzuhalten bleibt jedoch, daß die Autoren den Einsatz der Familientherapie in verschiedenen Settings mit den verschiedensten Funktionen für gerechtfertigt halten.

Als **Settings** werden u.a. genannt: Psychiatrie (vgl. z.B. KAUFMANN 1975), Geriatrie (vgl. z.B. BUDDEBERG, B. 1980). Heimgruppen (vgl. z.B. SCHUBERT und SCHEULEN-SCHUBERT 1981), Wohngemeinschaften (vgl. z.B. SCHUBERT und SCHEULEN-SCHUBERT 1981). Erziehungsberatungsstellen (vgl. z.B. SCHUBERT und SCHEULEN-SCHUBERT 1981); Tagespflegestätten (vgl. z.B. GREENBERG et al. 1964) und Sozialzentren (vgl. z.B. GERHARDT 1981).

Und als zentrale **Funktionen und Aufgabenbereiche** nennen die Autoren:

1. Die Familienbehandlung hat im wesentlichen eine Therapiefunktion. Sie wird eingesetzt, um mit Problemen des Familienlebens fertig zu werden (vgl. GREENBERG, GLICK, MATCH, RIBACK und OAKS 1964) und bildet nach der Ansicht einiger Autoren sogar den notwendigen Hintergrund für alle Therapien (vgl. ACKERMAN und BEHRENS 1968), wobei hier offensichtlich mehr eine systemische Sicht von Familienproblemen gemeint ist. Häufig kommt eine Familienbehandlung dann zum Einsatz, wenn durch eine Einzeltherapie oder eine Gruppentherapie keine Veränderung eingetreten oder sogar gescheitert ist (vgl. z.B. GREENBERG et al. 1964, CLARKIN et al. 1979, BACH 1980).
2. Darüber hinaus wird der Familienbehandlung eine Unterstützungsfunktion bei anderen therapeutischen Interventionen zugesprochen. FLECK (1965) sieht gemeinsame Familiengespräche als eine wesentliche Ergänzung zur medizinischen Behandlung in der Psychiatrie. GREENBERG et al. (1964) berichten über Therapeuten, die Familientherapie als Unterstützung bei der Kindertherapie einsetzen. ACKERMANN und BEHRENS (1968), KRAMER (1970) und CLARKIN et al. (1979) halten eine Familientherapie manchmal als Vorbereitung für eine Individualtherapie indiziert. Auch dann, wenn die Hospitalisierung eines Familienmitgliedes notwendig wird, können Familiensitzungen hilfreich sein. Zu Beginn der Hospitalisierung ist es dabei ratsam, Patienten und Familien frühzeitig zu gemeinsamen Behandlungsplänen zu mobilisieren (vgl. z.B. GLICK und KESSLER 1980), um etwa schädliche Gegenmanöver durch die Familie abzuwehren (vgl. FLECK 1965). Nach einer Hospitalisierungsperiode können Gespräche mit der Familie zudem einen Beitrag für die Reintegration des betreffenden Familienmitgliedes leisten, indem Entlassungspläne gemeinsam abgeklärt werden (vgl. CLARKIN et al. 1979).
3. Familiensitzungen erfüllen auch diagnostische Funktionen (vgl. z.B. SKYNNER 1969, WILLE 1984). So kann häufig erst in gemeinsamen Familiengesprächen die Tragweite einer Störung ermittelt werden.

4. Einige Autoren sehen in der Familienbehandlung schließlich die Chance zur Krisenintervention bei umschriebenen Konfliktfällen (vgl. z. B. CLARKIN et al. 1979, MALONE 1979), einen Beitrag zur Resozialisierung von Strafgefangenen (vgl. GLICK und KESSLER 1980) und einen Ansatz für verschiedene Funktionen in der Sozialarbeit und Sozialpädagogik, wie der Jugendhilfe im Rahmen der Familienfürsorge, der Betreuung von Pflege- und Adoptivfamilien, der Drogenberatung, der Altenarbeit und anderen Aufgabenbereichen (vgl. z.B. SCHEULEN und SCHUBERT-SCHEULEN 1981, STIERLIN und SIMON 1986).

Therapeutenvariablen

Zu den Voraussetzungen und Qualifikationen des Familientherapeuten nehmen WYNNE (1965), RICHTER (1970), HALLOWITZ (1972) und BUDDEBERG (1980) in ihren Beiträgen im Vergleich zu den anderen Autoren besonders ausführlich Stellung (vgl. auch KOSCHORKE 1985 und STRUNK 1987). Die anderen Autoren schenken hauptsächlich den Patienten-/Familienmerkmalen stärkere Beachtung.

WYNNE (1965) spricht in seiner Arbeit über explorative Familientherapie neben der Erfahrung in Psychotherapie vier weitere Merkmale und Qualitäten an, die bei einem Familientherapeuten wünschenswert sind und deren Fehler bisweilen kontraindikatorisch sein kann:

1. Der Therapeut muß mit Gegenübertragungsproblemen umgehen können, die besonders bei Überidentifikationen mit einem Familienmitglied und bei Rivalitätsproblemen auftauchen.
2. Beim Familientherapeuten muß ein anhaltendes Interesse für das gesamte Familiengeschehen vorausgesetzt werden, Familientherapie bedarf eines hohen Energieaufwandes beim Therapeuten. Es gibt deshalb »eine ziemlich hohe Verschleißrate unter den Therapeuten«. (WYNNE 1965, 84)
3. »Bei Familientherapie ist die Notwendigkeit von Aktivität auf seiten des Therapeuten regelmäßig ein Problem.« (WYNNE 1965, S. 85) Er muß sich mit den aktiven, aggressiven und Grenzen setzenden Aspekten seiner Rolle befreunden.
4. Der Therapeut muß die Fähigkeit besitzen, sich auch zurückzuhalten. Denn wahllose Aktivität, die Verwendung unreifer Interpretationen oder Klarstellungen, wenig durchdachte Ratschläge etc. sind dem therapeutischen Prozeß wenig dienlich.

Noch stärker als WYNNE betont RICHTER (1970) die emotionalen Qualifikationen des Therapeuten. Dieser habe bei der Indikationsentscheidung auf seine Gefühle zu achten und muß emotional fest sein.

HALLOWITZ (1972), der sich auf Indikationsaussagen zur Familientherapie mit Kindern bezieht, hebt vor allem die Rolle des Therapeuten hervor, Aktivitäten der Familienmitglieder zu stimulieren:

- Der Therapeut hilft den Familienmitgliedern dabei, die Probleme und die damit verbundenen Gefühle auszudrücken.
- Er ermutigt die Familienmitglieder zur Offenheit und Unbefangenheit beim Ausdruck von Gefühlen und Gedanken.
- Er stimuliert Interaktion und Kommunikation unter den Familienmitgliedern.

- Er motiviert solche Familienmitglieder, die Schwierigkeiten mit der Teilnahme am Geschehen haben.
- Er bewegt die Familienmitglieder dazu, die Ursachen der Schwierigkeiten zu explorieren.
- Er gestaltet die Situationen so, daß sie für die Familienmitglieder zu einer intensiven und dynamischen Erfahrung werden.
- Er muß sensibel für nicht-verbale Prozesse sein.
- Er spielt eine aktive Rolle in der Therapie.
- Er muß sich über Übertragungs- und Gegenübertragungsprozesse bewußt sein und damit umgehen können.

Auch BUDDEBERG, B. (1980) nennt einige Merkmale, die bereits von WYNNE oder HALLOWITZ als wichtig erachtet worden sind:
- Der Therapeut ist aktiv.
- Er ist emphatisch gegenüber allen Familienmitgliedern.
- Er kann mit Übertragungs-/Gegenübertragungsprozessen umgehen.
- Er ist bei der Auswahl des Gesprächssettings (hier: Auswahl, welche Familienmitglieder sich am Gespräch beteiligen) flexibel.

Zusammenfassend kann festgehalten werden, daß die Voraussetzungen und Qualifikationen, die die Autoren für einen Familientherapeuten als wichtig betrachten, relativ global und sehr anspruchsvoll umschrieben sind. Ein ›guter‹ Familientherapeut ist vor allem aktiv, fachkompetent, empathisch, flexibel, sensibel und kann mit seinen Gefühlen umgehen. Diesen Merkmalen stimmen auch die anderen Diskussionsteilnehmer im wesentlichen zu. Familientherapie ist kontraindiziert, wenn keine professionellen Therapeuten mit diesen Merkmalen erreichbar sind. So sieht z. B. WILLIAMS (1967) eine adäquate Familientherapie dadurch gefährdet, daß die Therapeuten ungenügend trainiert sind und keine Supervision erhalten haben. Ähnlich argumentieren auch WYNNE (1965), KREISCHE (1983), MERL (1983) und WIRSCHING (1986), indem sie behaupten, daß Familientherapie dann kontraindiziert ist, wenn erfahrene Therapeuten nicht verfügbar sind. Vor diesem Hintergrund ist es interessant zu erfahren, welchen Stellenwert Ausbildung und Supervision in der Praxis einnehmen (vgl. Kapitel 3).

Klienten-/Familienvariablen

Bei der Besprechung der Klienten-/Familienvariablen unterscheiden die Autoren in der Regel zwischen störungsspezifischen (Störungen des identifizierten Patienten, Störungsmuster in der Familie) und störungsunspezifischen Klienten-/Familienvariablen (z. B. Voraussetzungen, die die Familie oder der Patient für eine Familienberatung mitbringen sollten).

Störungsspezifische Klienten-/Familienvariablen:

Selbst in der Medizin ist eine Indikationsstellung, die lediglich die Krankheit bzw. Störung der Patienten einbezieht, oft nicht sinnvoll. Untersuchungen zur Compliance haben vielmehr deutlich werden lassen, daß bei der Therapie die

Gesamtsituation des Patienten und hier besonders seine Motivation zur Mitarbeit in die Indikationsstellung einzubeziehen sind.
In der Literatur, die sich explizit mit der Indikationsfrage zur Familientherapie auseinandersetzt, wird unter den störungsunspezifischen Merkmalen die Erreichbarkeit möglichst aller Familienmitglieder als eine wünschenswerte, wenn auch nicht als eine notwendige Bedingung (ACKERMAN und BEHRENS 1968 sehen das anders) interpretiert. Familientherapie kann effektiv sein, obgleich ein Elternteil bzw. ein Kind durch Tod, Trennung, Scheidung oder wegen anderer Gründe abwesend ist. Darüber hinaus wird insbesondere die Motivation der Familienmitglieder, die sich durch ein lebhaftes Interesse der ganzen Familie zur Mitarbeit äußern soll, als wünschenswert erachtet. Kontraindiziert oder relativ gegenindiziert ist eine Familienbehandlung in der Regel dann, wenn diese beiden Bedingungen (Erreichbarkeit, Motivation) nicht erfüllt werden können. Dabei bewerten die Autoren besonders solche Hinweise aus der Familie als **Kontraindikationskriterien,** die eine **geringe Motivation** für eine Familienbehandlung **direkt** erkennen lassen oder ein **geringes Interesse** nahelegen.

(In Klammern: 1. Zahl = Anzahl der Autoren, die dieses Kriterium als Indikationskriterium nennen; 2. Zahl = Anzahl der Autoren, die dieses Kriterium als Kontraindikationskriterium nennen oder Einschränkungen formulieren.)

Direkte Hinweise für eine geringe Motivation liegen vor, wenn

- der identifizierte Klient oder die Familie keine Familienbehandlung wünscht (0/7),
- ein Familienmitglied oder mehrere Familienmitglieder sich weigern, an gemeinsamen Beratungsgesprächen teilzunehmen (0/3),
- in der Familie ein starres kulturelles, religiöses oder ökonomisches Vorurteil gegen diese Form der Familienbehandlung vorhanden ist (0/11).

Ein *geringes Interesse* liegt nahe, wenn

- die Therapie von den Betroffenen nicht selbst angeregt wurde, sondern von anderer Seite (z. B. Schule, Jugendamt, Arzt) initiiert wurde (0/2),
- ein gewisses gültiges Familiengeheimnis, welches die Familie nicht offenbaren will, besteht (1/6),
- die Familienprobleme zur Zeit keine Konsequenzen für die einzelnen Familienmitglieder haben (0/2),
- die Familie eine Geschichte gemeinsamer Behandlungssabotagen hat (0/3),
- die ganze Familie die Familienschwierigkeit leugnet (1/1),
- die Familie oder ein Familienmitglied die Therapie mißbraucht (0/4),
- ein Familienmitglied sich bereits in einer intensiven Einzeltherapie befindet (0/1).

Bemerkenswert ist in diesem Zusammenhang, daß die Autoren keine einschränkenden Bedingungen in bezug auf die soziale Schicht der Klientel machen. Denn auch Familien aus unteren sozialen Schichten lassen sich für eine Familientherapie motivieren (vgl. z. B. SKYNNER 1969, RICHTER 1970, WALROND-SKINNER 1978).

Resümierend kann für die von den Autoren genannten störungsunspezifischen Merkmale der Familie festgehalten werden, daß diese vor allem in bezug auf Kontraindikationsentscheidungen diskutiert werden. Allerdings muß betont werden, daß die genannten Voraussetzungen nicht nur spezifisch für eine Familientherapie gelten, sondern auch für andere Therapiemodalitäten. So muß z.B. für eine Individualtherapie oder Gruppentherapie ebenfalls vorausgesetzt werden, daß die Klienten kein Vorurteil gegen diese Behandlungsmodalität haben.

Störungsspezifische Klienten-/Familienvariablen:

Während sich die in diesem Rückblick einbezogenen Autoren zu den störungsunspezifischen Klientenvariablen nur vereinzelt zu Wort gemeldet haben, liefert im Gegensatz dazu fast jeder Verfasser einen Beitrag zu der Art der Probleme und den Problemkonstellationen, für die eine Familienbehandlung angezeigt oder kontraindiziert ist. Daraus kann geschlossen werden, daß diese Variablengruppe von den Diskussionsteilnehmern als die wichtigste bei der differentiellen Indikation angesehen wird. Dieses Ergebnis überrascht insofern nicht, als hier am ehesten die Kapazität der Familientherapie herausgestellt werden kann. Im folgenden soll vertiefend untersucht werden, bei welchen Störungen/Problemkonstellationen/Schwierigkeiten der Familie bzw. des identifizierten Klienten die Fachvertreter eine Familienbehandlung für angezeigt oder gegenangezeigt halten.

Eine erste Durchsicht der relevanten Aufsätze unter diesem Aspekt macht unmittelbar deutlich, daß eine Gesamteinordnung der Empfehlungen der Autoren nicht möglich ist. Das hat mehrere Gründe:

- Fast jeder Autor referiert über spezifische Gruppen von mehr oder weniger eng gefaßten Problemkonstellationen, zu denen die anderen Autoren nicht Stellung nehmen. Das liegt daran, daß die Diskussionsteilnehmer über einen persönlichen Erfahrungshintergrund (unterschiedliches Setting, in dem sie arbeiten; unterschiedliche Altersbereiche der iden tifizierten Klienten, mit denen die Autoren arbeiten) verfügen und ausgewertetes Material nach diesen subjektiven Überlegungen oft unsystematisch auflisten.
- Es kann davon ausgegangen werden, daß die Autoren nicht mit einem einheitlichen Klassifikationssystem psychischer oder psychiatrischer Störungsbilder diagnostizieren.
- Die Autoren formulieren ihre Empfehlungen auf verschiedenen Abstraktionsebenen: Einige entwickeln relativ abstrakte Regeln, während andere konkrete Fälle beschreiben, um Aussagen über Indikation und Kontraindikation zu erhalten. Wiederum andere bieten eine Aufzählung von Störungs-und Problemgruppen.
- Einige Autoren konzentrieren sich auf eine Familiendiagnose, andere auf die diagnostische Einordnung des identifizierten Klienten, um dann die Frage der Indikation und Kontraindikation zu beantworten.
- Während die meisten Autoren sich ausschließlich mit der Indikation bzw. Kontraindikation einer Familienbehandlung beschäftigen, geben einige Autoren Hinweise zu anderen Therapiemodalitäten, besonders zur Einzeltherapie.

Um dennoch zu einer Einschätzung der Frage zu gelangen, bei welchen ›Störungen‹ eine Familienbehandlung nach der Ansicht der Fachvertreter indiziert bzw. kontraindiziert ist, werden in dem weiteren Rückblick die ›**Stö-**

rungen‹ in drei große Bereiche eingeteilt: allgemeine intrafamiliäre Probleme und Störungen, spezifisch familientypologisch klassifizierbare Probleme sowie Störungen einzelner Familienmitglieder.
Den diesen drei Störungsbereichen zugeordneten Indikationsregeln/-kriterien ist folgende von KAUFMANN (1975) präzisierte *Metaregel* zur Indikationsstellung vorgeschaltet:

»Praktisch wird man familientherapeutischen Bemühungen den Vorzug geben, wenn die psychische Störung *vorwiegend* im interpersonellen Bereich ausgetragen wird, demnach mehrere Angehörige trifft und von Systemfaktoren, die dem individuellen, intrapsychischen Bereich vorgeschaltet oder hierarchisch übergeordnet sind, gefördert, unterhalten oder neu in Gang gesetzt wird (...).« (KAUFMANN 1975, 684; Hervorhebung im Original)

Demgegenüber ist nach CLARKIN et al. (1979) Familientherapie dann kontraindiziert, wenn das präsentierte Problem des Individuums keine bedeutsame Ätiologie in dem Familiensystem hat oder nicht als Effekt auf das Familiensystem zustandekommt. Dabei basiert das Symptom des Patienten oder der Charakter des Patienten auf einem fest strukturierten intrapsychischen Konflikt, der sich wiederholende Lebensgewohnheiten verursacht, die mehr oder weniger die spezifischen Probleme der Familieninteraktion transzendieren (vgl. BUDDEBERG, B. 1980).
Diesen beiden recht allgemein formulierten »Metaregeln« zur Indikation bzw. Kontraindikation der Familientherapie stimmen die meisten der Autoren zu (Ausnahme: vgl. z.B. HESS 1982).

Intrafamiliäre Störungen:

Die Empfehlung zur Indikation der Familientherapie bezüglich intrafamiliärer Störungen weisen besonders deutlich auf die von KAUFMANN (1975) sogenannten ›Systemfaktoren‹ hin. Im folgenden werden die Empfehlungen in **zwei Teilgruppen** weiter aufgesplittet. In die erste Gruppe fallen Regeln zu intrafamiliären Störungen, die eine positive Indikation zur Familientherapie nahelegen. Regeln zu intrafamiliären Störungen, die die Autoren in Richtung Kontraindikation einstufen, werden unter der zweiten Gruppe aufgelistet.

Eine *positive Indikation* zur Familientherapie ist gegeben:

(In Klammern: 1. Zahl = Anzahl der Autoren, die dieses Kriterium als Indikationskriterium nennen; 2. Zahl = Anzahl der Autoren, die dieses Kriterium als Kontraindikationskriterium nennen oder Einschränkungen formulieren.)

- Wenn die Familie an dem Symptom des identifizierten Klienten beteiligt ist (5/0).
- Wenn in der Familie Interaktionsstörungen (10/0) bzw. Kommunikationsstörungen bestehen (12/0).
- Bei Störungen in der Beziehung zwischen Kindern und ihren Eltern, insbesondere bei Kommunikationsstörungen. Erziehungsschwierigkeiten deuten auf Kontaktprobleme zwischen Eltern und Kindern hin oder sind Ausdruck derselben (13/0).

- Wenn in der Familie ein aktueller Streß und eine emotionale Störung existiert, die durch eine familiäre Krise verursacht ist (Krankheit, Verletzung, Arbeitslosigkeit, Tod) oder durch einen familiären Umbruch (Examen eines Mitgliedes, Heirat, Geburt) zustande kommt (9/0).
- Wenn die Verbesserung bei einem individuellen Patienten mit einer Symptomformation bei einem anderen Familienmitglied oder mit Verschlechterungen in der Beziehung des Patienten zu einem anderen Familienmitglied korreliert (6/0).
- Wenn der Patient stark von Familienproblemen beansprucht ist und Schwierigkeiten hat, mit Familienangelegenheiten umzugehen. Das ist z.B. dann der Fall, wenn der identifizierte Klient den größten Teil der Individualtherapie dazu benutzt, um über Familienmitglieder zu sprechen (9/0).
- Wenn der Patient Symptome präsentiert, die sich zwar nicht direkt auf Familienaspekte beziehen, jedoch erkennen lassen, daß der primäre oder sekundäre Gewinn der Symptome ein Ausdruck einer familiären Systempathologie ist (z.B. eine Verschlimmerung der Agoraphobie einer Frau, wenn deren Ehemann Überstunden macht) (5/0).
- Wenn aufgrund unbewußter Loyalitätsbindungen eine Einzeltherapie automatisch als Loyalitätsverrat gegenüber der Familie erlebt wird und durch eine Einzeltherapie eine Stigmatisierung des identifizierten Patienten zu befürchten ist (3/0).
- Bei Problemen der Trennung in der Adoleszenz (Identitätskrisen einschließlich akuter schizophrener Schübe; rebellierende, gelegentlich kriminelle Aktivitäten des Heranwachsenden; Versagen, sich aus der symbiotischen Abhängigkeitsbeziehung zu einem Elternteil zu lösen). Kontraindiziert ist eine Familienbehandlung aus der Sicht vieler Autoren aber dann, wenn die Jugendlichen sich in einem Stadium befinden, indem sie Unabhängigkeit von der Familie wünschen oder sogar ausdrücklich eine Individualtherapie verlangen (11/11).
- Bei Individuen, die in einer tiefen Abhängigkeit von einem oder mehreren Familienmitgliedern stehen. Solche Abhängigkeitsbeziehungen finden sich sowohl bei Kindern als auch bei Erwachsenen (13/1).
- Wenn das Kind als identifizierter Klient vorgestellt wird und angenommen werden kann, daß die Symptome des Kindes Manifestationen einer gestörten Familie als Ganzes sind (7/0).
- Bei Familien, in denen eines der Mitglieder unter einer Störung leidet – sei diese nun psychischer, psychosomatischer oder organischer Art –, die sich auf die Interaktion in der Familie auswirkt. Manchmal kann allerdings die Störung so stark sein, daß eine Familientherapie unmöglich wird. Das ist häufig der Fall bei psychischen Störungen organischen Ursprungs, die erheblich die intellektuelle Kapazität eines Familienmitgliedes beeinflußt. (7/0).
- Falls ein Familienmitglied zum Sündenbock abgestempelt wird (7/1).
- Bei Problemen der Geschwister untereinander (Geschwisterrivalitäten) (3/1).
- Bei Familien, die tatsächlich ein gemeinsames Problem haben oder ihre Schwierigkeiten ausdrücklich als familiär definieren (6/0).
- Bei Konflikten der Familie oder eines Familienmitgliedes mit der Gesellschaft (4/0).

Aus der Sicht einiger Autoren ist eine positive Indikation auch dann gegeben, wenn nicht bereits eine intrafamiliäre Störung nachgewiesen wurde, diese jedoch naheliegt:

- Es sind bei dem speziellen Klienten keine Veränderungen durch eine Einzeltherapie oder Gruppentherapie eingetreten (13/0).
- Mehrere Familienmitglieder weisen Störungen/Probleme auf (1/0).
- Mehrere Familienmitglieder befinden sich in psychologischer Behandlung (1/0).
- Wenn die Symptome des identifizierten Patienten in irgendeiner Form auf Familienprobleme hindeuten (8/0).
- Beim identifizierten Klienten konnten keine wesentlichen Auffälligkeiten festgestellt werden, so daß der Schluß auf intrafamiliäre Störungen naheliegt (3/0).

Manchmal halten die Autoren eine Familienbehandlung für **kontraindiziert,** obwohl eine intrafamiliäre Störung vorhanden ist:

- Bei einem irreversiblen Trend zu einem Auseinanderbrechen der Familie, der dahingehend eingeschätzt wird, daß es zu spät ist, den Prozeß zurückzuschrauben (1/18).
- Wenn das Schwergewicht der Störungen beim Ehepaar liegt (23/14).
- Bei starker Feindseligkeit unter den Familienmitgliedern (0/3).
- Wenn in der Familie die Gefahr eines Ausbruchs körperlicher Gewalt während der Therapie besteht, die weder effektiv kontrolliert noch kompensiert werden kann (0/3).

Zusammenfassend kann zu den allgemeinen intrafamiliären Störungen aus der Sicht der Autoren festgehalten werden, daß Familientherapie hier die Methode der Wahl darstellt. Allerdings sind Einschränkungen, zu denen die Autoren nur vereinzelt Stellung nehmen und mehr oder weniger eng auslegen, zu beachten. Die quantitative Auswertung verdeutlicht, daß besonders bei Kommunikationsstörungen (zwischen Eltern und Kindern), Interaktionsstörungen und Abhängigkeiten unter den Familienmitgliedern alle sich dazu äußernden Diskussionsteilnehmer Familientherapie für indiziert halten. Hingegen betrachten fast alle Autoren, die auf die Problematik des Auseinanderbrechens der Familie eingehen, Familientherapie für kontraindiziert. Und die meisten Diskussionsteilnehmer, die sich mit Problemen der Trennung in der Adoleszenz beschäftigen, empfehlen Familientherapie nur dann, wenn die Therapie den Ablösungsprozeß vom Elternhaus nicht blockiert. Ebenfalls erscheint zunächst die Frage nach der Indikation zur Familientherapie bei Ehestörungen kontrovers zu sein. Einige lehnen Familientherapie hier ab und plädieren für Ehetherapie, andere halten auch hier eine Familienbehandlung für angezeigt. Das sind diejenigen Autoren, die Ehetherapie mit zur Familientherapie zählen, so daß es sich hier nicht um eine Kontroverse zur Indikationsstellung, sondern um eine terminologische Differenz handelt.

Kritische Einschätzung: U.E. können die Empfehlungen zu den intrafamiliären Störungen zwar einerseits als eine erste Orientierungshilfe verstanden werden, andererseits geben sie nur eine unvollständige Antwort auf die Frage, bei welchen intrafamiliären Störungen es angezeigt erscheint, eine Familientherapie anzubieten. Die Autoren thematisieren hauptsächlich solche Probleme der

Familie, die in der Sprache der Familiendiagnostik formuliert wurden. Empfehlungen etwa wie ›der primäre oder sekundäre Gewinn der Symptome ist ein Ausdruck einer familiären Systempathologie‹ sprechen Familienprobleme an, die bereits eine positive Entscheidung zur Familientherapie nahelegen. Der Indikationssteller, der sich bei Entscheidungen zur Familientherapie nicht nur von einer systemischen Sichtweise leiten lassen möchte, könnte hier eine Voreingenommenheit für Familientherapie vermuten. WÄLTE (1989) hat deshalb die Indikationsfrage zusätzlich für solche Familienprobleme untersucht, die sich auch ohne Rückgriff auf familiendiagnostische Etikette beschreiben lassen.

Familientypologisch klassifizierte Probleme:

Nur wenige Autoren beziehen ihre Indikationsempfehlungen auf familientypologisch klassifizierbare Probleme. Im folgenden sollen nur zu den von WYNNE (1965) und von RICHTER (1970) entwickelten Familientypen nähere Erläuterungen gegeben werden, da sie in der Diskussion von mehreren Autoren angesprochen werden. Die Typologien von FLECK (1965) und von JACKSON (1959) sollen nur der Vollständigkeit wegen aufgelistet werden.

Eine *positive Indikation* ist gegeben:

- Bei homöostatischen Familien (vgl. FLECK 1965).
- Bei verleugnenden Familien (Familien, die alle Probleme von sich weisen, vgl. FLECK 1965).
- Bei sogenannten Sündenbock-Familien (Familien, die einzelne Familienmitglieder zu Sündenböcken abstempeln, vgl. FLECK 1965).
- Bei unstabil zufriedenen Familien (vgl. JACKSON 1959).
- Bei unstabil unzufriedenen Familien (vgl. JACKSON 1959).
- Bei Verstrickungen in Dissoziationen: Damit bezeichnete WYNNE (1965) jene Gruppe von Beziehungsstörungen in der Familie, bei der jedes Familienmitglied behauptet, unter einem bestimmten Problem zu leiden, dessen Ursache in einem anderen Familienmitglied zu suchen ist. Das so beschuldigte Familienmitglied verneint das und hält nun seinerseit daran fest, ein Problem zu haben, dessen Ursache bei dem anderen liegt. Dadurch entsteht unter den Familienmitgliedern ein Netz projektiver Identifikationen und Externalisierungen. Die Projektion bestimmter Eigenschaften auf andere hat dabei die Funktion, daß man selber die Eigenschaften nicht annehmen muß (vgl. WYNNE 1965, CLARKIN et al. 1979).
- Bei ›kollektivem Erkenntnischaos‹ und ›sprunghaftem Distanzieren‹: ›kollektives Erkenntnischaos‹ zeichnet sich nach WYNNE (1965) dadurch aus, daß die einzelnen persönlichen Äußerungen in der Familie – für sich betrachtet – sinnvoll erscheinen. In ihrem interaktionellen Kontext sind sie jedoch bizarr, unzusammenhängend. Diese kognitiven und kommunikativen Schwierigkeiten gehen zumeist Hand in Hand mit Problemen des ›emotionalen Distanzierens‹. D.h., die Wahl der Nähe bzw. Distanz wird unberechenbar und sprunghaft. »Alle Familienmitglieder scheinen in dieser chaotischen Kommunikation verfangen zu sein, ...« (WYNNE 1965, S. 65). WYNNE zeigt

an anderer Stelle, daß dieser Störung eine bestimmte Familienstruktur zugrunde liegt. Er nennt sie ›Pseudo-Gemeinschaft‹ (vgl. CLARKIN et al. 1979).

- Bei fixiertem Distanzieren mit Drohausbrüchen und Schüben. Nach WYNNE (1965) beschreibt diese Kategorie solche Familien, bei denen sich die einzelnen Familienmitglieder beharrlich in gefühlsmäßiger Distanz befinden, d. h. sie »leiden in der Regel unter einem gemeinsamen Gefühl der Unfähigkeit, einander auf irgendeiner menschlichen Gefühlsebene erreichen zu können.« (WYNNE 1965, S. 67)
- Bei amorpher Kommunikation. Familien dieses Typs haben »eine durchgehend amorphe, verschwommene ungezielte Form der Kommunikation« (WYNNE 1965, S. 69). »Feststellungen werden ... niemals klar genug getroffen, um erkennen zu lassen, ob und wann ein Widerruf stattgefunden hat.« (WYNNE 1965, S. 69) Ihren Charakter beschreibt WYNNE (1965) als entweder schizophren oder neurotisch.
- Bei Familien mit einer Symptomneurose: »Das Hauptmerkmal einer *familiären Symptomneurose* besteht darin, daß die Familie beziehungsweise ein Teil der Familie ein Mitglied (manchmal auch mehrere) krank macht und als ›Fall‹ organisiert.« (RICHTER 1970, S. 59; Hervorhebung im Original) Die Familie übt auf ein Mitglied so viel Druck aus, daß dieses schließlich dekompensiert. Dadurch schafft sich die Familie Entlastung. Weiter ist diese Familie dadurch gekennzeichnet, daß sie sich von dem kranken Mitglied abgrenzt, es unter Umständen auch ausstößt (Prozeß der Abspaltung).
- Bei Familien mit einer Charakterneurose: »Gegenüber der familiären Symptomneurose ist die *familiäre Charakterneurose* dadurch charakterisiert, daß sich unter dem Druck eines unbewältigten Konfliktes das ›Kollektiv-Ich‹ der Familie verändert. Die Familie baut sich eine neurotische Welt auf, oft unter Zuhilfenahme einer Ideologie, die geeignet ist, die innerfamiliäre neurotische Konfliktspannung irgendwie zu kompensieren.« (RICHTER 1970, S. 61; Hervorhebungen im Original) Im Gegensatz zur familiären Symptomneurose findet bei Familien mit einer Charakterneurose kein Ausstoßungsprozeß statt. Die Familie bietet ein ›Ensemble der Einigkeit‹ (vgl. RICHTER 1970).

Bei den folgenden Familientypen halten die jeweiligen Autoren eine Familientherapie in der Regel für *kontraindiziert:*

- Bei stabil zufriedenen Familien (vgl. JACKSON 1959).
- Bei stabil unzufriedenen Familien (vgl. JACKSON 1959).
- bei paranoiden Familien, wobei allerdings der Grad der Hörigkeit, mit dem sich die Familie der Ideologie unterworfen hat, entscheidend ist für eine Indikationstellung (vgl. z. B. SKYNNER 1969, RICHTER 1970, KAUFMANN 1975, CLARKIN et al. 1979, GOLDENBERG und GOLDENBERG 1980).

Insgesamt ist festzuhalten, daß nur wenige Autoren die Indikationsfrage zur Familientherapie unter Berücksichtigung von familientypologisch klassifizierbaren Problemen diskutieren. Dabei fällt auf, daß die jeweiligen Familientypologien, die nicht das Niveau der derzeit diskutierten Diagnosemodelle (vgl. die Übersicht von CIERPKA 1987) erreichen, keine gängigen diagnostischen Klassifikationen sind, sondern empirisch ungeprüfte Neuschöpfungen der einzelnen Autoren, die diese Typologien verwenden.

Psychische Störungen einzelner Familienmitglieder:

Nach dem klassischen psychiatrischen Diagnose-Indikations-Therapie-Schema orientiert sich die Indikation hauptsächlich an der Art der diagnostizierten Störung des vorgestellten Patienten, ohne dabei der Problemstruktur der Gesamtfamilie das Gewicht beizumessen, das ihr aus familiendiagnostischer Perspektive zukommt. Aus dieser Perspektive sind psychische Störungen einzelner Familienmitglieder mindestens teilweise das Ergebnis von pathologischen Kommunikations- und Interaktionsmustern in der Familie (vgl. KAUFMANN 1985). Und Symptome können ihrerseits die Funktion von Regulationsmechanismen für die familiäre Homöostase annehmen. Dabei geht die Auffassung einiger familientherapeutischer Ansätze, nach denen nicht das einzelne Individuum gestört und von daher behandlungsbedürftig ist, sondern grundsätzlich das System Familie, noch einen Schritt weiter, allerdings mit der Gefahr der Stigmatisierung der Familie.

»The fallacy of the view that defining problems as interactional obviates blaming should be clear – the family now becomes an object of blame. Ironically, although Haley claimed to emphasize nonblaming, in fact, he merely shifted blame from one set of family members to another set.
In addition to the problem of blame, another serious consequence of inappropriate focus on intrafamilial dynamics is that families often lose much time, money, and energy in futile family therapy, before receiving effective treatment.« (JOHNSON 1986, 302)

Obgleich individuelle Symptome u.E. nicht vollständig aus den Interaktions- und Kommunikationsmustern der Familie ableitbar sind, liegt es dennoch nahe, an eine Störung des Gesamtsystems zu denken oder zumindest mögliche Auswirkungen der Störungen eines Familienmitgliedes auf das Familiensystem in Betracht zu ziehen. Untersuchungsergebnisse von Forschern, denen es gelungen ist zu zeigen, daß bestimmte Symptome in spezifischen Familien gehäuft vorkommen (vgl. z.B. MATTEJAT 1984; HAMPSON, BEAVERS und HULGUS 1988), unterstreichen diese Überlegungen. Jedoch scheint es wenig sinnvoll zu sein, Familien nach dem Vorbild der medizinischen Diagnostik aufgrund der Symptomatik des Indexpatienten zu klassifizieren. Denn eine Klassifikation von Familien nach der Symptomatik von Indexpatienten macht noch keine Aussagen über die Funktion der Symptome innerhalb familiärer Interaktion.
Die starke Verknüpfung von individueller Pathologie und Familienstruktur hat Praktiker dazu motiviert, Familientherapie bei einer Vielzahl von unterschiedlichen psychischen Störungen einzusetzen. Schaut man sich in diesem Zusammenhang die drastisch wachsende Zahl von Veröffentlichungen über Familientherapie an, so wird man kaum eine Störung finden, bei der nicht Familientherapie eingesetzt wurde. Jedoch auch dann, wenn sich das Ergebnis über die Korrelation zwischen individueller Pathologie und Familienstruktur noch weiter erhärten ließe, und dafür gibt es gute Gründe, folgt daraus nicht notwendig, daß die spezifischen Störungen nur im Rahmen einer gemeinsamen Familientherapie zu modifizieren sind. Welche Ansichten werden in der Indikationsliteratur vertreten?
Die Inhaltsanalyse hat gezeigt, daß die meisten Autoren über Indikationsmöglichkeiten einer Familientherapie bei psychiatrischen Krankheiten berichten und

diese differentialdiagnostisch mehr oder weniger eng klassifizieren. Da nicht vorausgesetzt werden kann, daß die Diskussionsteilnehmer von einem einheitlichen Diagnoseschlüssel psychiatrischer Krankheiten ausgehen, und auch selbst ein einheitliches Klassifikationssystem psychischer Störungen nicht über alle Reliabilitäts- und Validitätsprobleme erhaben ist (vgl. WITTCHEN und SCHULTE 1988), soll der folgende Überblick nur eine grobe Analyse der Empfehlungen der Verfasser nach dem ICD-Schlüssel für psychiatrische Störungen und Krankheiten (vgl. DEGKWITZ et al. 1980) abbilden. Tabelle 2.2 gibt eine Zusammenstellung.

Aus der Tabelle geht zunächst hervor, daß die Autoren sich bei bestimmten Störungsgruppen besonders oft mit der Indikationsfrage in der Familientherapie beschäftigen. (Im folgenden werden nur solche Ergebnisse im Sinne von Indikation bzw. Kontraindikation interpretiert, wenn mehr als fünf Autoren über diesen Bereich berichten.)

Das ist z.B. der Fall bei körperlichen Funktionsstörungen psychischen Ursprungs, Schizophrenien und Störungen des Sozialverhaltens (hier hauptsächlich bei Kindern). Allerdings weisen viele Autoren in diesen Bereichen nicht nur auf positive Indikationen hin, sondern auch auf Kontraindikationen bzw. Einschränkungen, die dann oft angeführt werden, wenn die Krankheit besonders stark ausgeprägt ist. Obgleich von einigen Autoren auch Einschränkungen zur Indikation speziell bei körperlichen Funktionsstörungen psychischen Ursprungs gesehen werden, berichten jedoch die weitaus meisten über positive Erfahrungen.

Bei paranoiden Syndromen scheint eine Familientherapie nach der Ansicht der Autoren eher kontraindiziert zu sein. Es kann mit einigem Recht vermutet werden, daß hier nicht etwa eine typische Grenze der Familientherapie angesprochen wird, sondern die Reichweite nichtmedikamentöser Therapie schlechthin. Jedenfalls gibt es in der bisherigen Forschung keine Hinweise, daß bei paranoiden Syndromen eine Familientherapie besonders ungünstig ist, während gleichzeitig andere psychotherapeutische Interventionen erfolgreicher sind.

Hingegen scheint bei spezifischen emotionalen Störungen des Kindes- und Jugendalters Familientherapie die Methode der Wahl zu sein. Über Kontraindikationen bzw. Einschränkungen berichten ausführlicher nur AVALLONE et al. (1973), die für bestimmte Problembereiche eher Individualtherapie bzw. Gruppentherapie geeignet halten. Die Empfehlung zur Familientherapie wird oft bei Kindern und Jugendlichen auch unabhängig von der Art der Störung gegeben und zwar immer dann, wenn ein Zusammenhang der Störung mit dem Familiensystem gesehen wird bzw. die Eltern an der Therapie beteiligt werden sollen.

Auch bei Patienten mit einer Alkoholabhängigkeit sowie bei Medikamenten-/ Drogenabhängigkeit oder -mißbrauch scheinen positive Erfahrungen, ähnlich wie bei Störungen des Kindes- und Jugendalters, zu überwiegen.

Zusammenfassend kann aufgrund der Ergebnisse des Rückblicks aus der Sicht der Autoren in bezug auf psychische Störungen und Krankheiten einzelner Familienmitglieder festgestellt werden, daß die Indikationsfrage in der Familientherapie bei vielen Krankheitsbildern kontrovers beantwortet wird.

Tab. 2.2: Indikationen und Kontraindikationen einer Familientherapie bei spezifischen psychiatrischen Krankheiten des Identifizierten Klienten

Krankheit	ICD	Anzahl der Autoren, die über Indikationen innerhalb dieser Störungsgruppe berichten n	Anzahl der Autoren, die über Kontraindikationen bzw. Einschränkungen innerhalb dieser Störungsgruppe berichten n
Schizophrene Psychosen	295	22	10
Affektive Psychosen	296	10	8
Paranoide Syndrome	297	5	18
Typische Psychosen des Kindesalters	299	3	4
Neurosen	300	11	4
Persönlichkeitsstörungen	301	2	0
Sexuelle Verhaltensabweichungen und Störungen	302	6	6
Alkoholabhängigkeit	303	11	1
Medikamenten-/Drogenabhängigkeit oder -mißbrauch	304 305	8	1
Körperliche Funktionsstörungen psychischen Ursprungs (1) (2)	306	24	4
Anderweitig nicht klassifizierbare Störungen des Sozialverhaltens	312	21	12
Spezifische emotionale Störungen des Kindes- und Jugendalters	313	14	2
Hyperkinetisches Syndrom des Kindesalters	314	2	0
Umschriebene Entwicklungsrückstände	315	1	0
(Mehrfachnennungen möglich)		N = 59	N = 59

(1) = und anderweitig klassifizierte Erkrankungen, bei denen psychische Faktoren eine Rolle spielen (psychosomatische Erkrankungen im engeren Sinne) (ICD 316)

(2) = auch Anorexia nervosa (ICD 307.1)

Eine positive Indikationsaussage zur Familientherapie findet man jedoch fast immer bei spezifischen emotionalen Störungen des Kindes- und Jugendalters, bei körperlichen Funktionsstörungen psychischen Ursprungs und bei Alkoholabhängigkeit sowie bei Medikamenten-/Drogenabhängigkeit oder -mißbrauch. Demnach scheint die Art der Störung eines Familienmitgliedes eine wichtige Variable bei der Indikationsentscheidung zu sein, ein Ergebnis, das insofern überrascht, als von systemisch orientierten Familientherapeuten immer wieder vorgebracht wird, daß eine Indikationsstellung zur Familientherapie nicht nach der Art der Störung des identifizierten Klienten sinnvoll entschieden werden kann. Die positiven Berichte der Autoren bei Störungen des Kindes-und Jugendalters deuten außerdem darauf hin, daß neben der Art der Störung auch das Alter des Indexpatienten relevant ist.

2.2.2 Informationsgehalt der Indikationsempfehlungen

Bisher wurden die Indikationsempfehlungen der Autoren unter dem Aspekt der differentiellen Indikation konkret vorgestellt. Untersuchungsgegenstand ist nun auf einem abstrakteren Level die Frage nach dem Informationsgehalt, der aus den Indikationsempfehlungen zu schließen ist (vgl. **Auswertungsfrage 4**). Nach WESTMEYER (1981)

»... lassen sich wenigstens zwei Begriffsniveaus unterscheiden, auf denen von ›Indikation‹ die Rede sein kann, ein *qualitatives* und ein *komparatives*.« (WESTMEYER 1981, S. 195, Hervorhebungen im Original)

Der formale Informationsgehalt der Indikationsempfehlungen erlaubt Rückschlüsse darauf, wann die Autoren eine Familienbehandlung (besonders) für indiziert oder gegenindiziert halten. Denn bei Indikationsaussagen zur Familienbehandlung mit qualitativem Indikationsbegriff (qualitativer Informationsgehalt) wird lediglich behauptet, daß überhaupt eine Familienbehandlung indiziert bzw. kontraindiziert ist, während bei komparativen Indikationsaussagen zusätzlich festgestellt wird, daß eine Familienbehandlung eher bzw. weniger gut indiziert ist als z.B. eine Individualtherapie. Familientherapie wird hier als Treatment einer Rangskala betrachtet.
Die Auswertungsdimension 4 (›qualitative vs. komparative Indikation‹) läßt sich noch weiter nach den anderen Auswertungsdimensionen aufschlüsseln. Die Kombination der Dimension ›qualitative vs. komparative Indikation‹, ›generelle vs. differentielle Indikation‹ und der Dimension ›negative vs. positive Indikation‹ führt zu acht Typen möglicher Indikationsaussage (1 = ›differentiell positiv qualitative Indikation‹, ..., 8 = ›generell negativ komparative Indikation‹), nach denen die Indikationsempfehlungen in den Beiträgen durchforscht wurden. Als Ergebnis kann festgehalten werden: ›Differentiell positiv qualitative‹ Aussagen zur Indikation der Familienbehandlung finden sich in den Texten immer dann, wenn die Autoren über mögliche Anwendungsbereiche berichten, ohne dabei hervorzuheben, daß gerade hier Familientherapie im Vergleich mit anderen therapeutischen Interventionen besonders indiziert ist.

So schlägt z.B. KAUFMANN (1975) vor, Familienbehandlung bei Alkoholikern auszuprobieren, ohne gleichzeitig zu behaupten, daß bei Alkoholismus eine Familienbehandlung die Methode der Wahl ist.
Besonders häufig werden auch ›differentiell komparative (negative und positive)‹ Aussagen getroffen, und zwar in den Fällen, bei denen die Familientherapie als besonders geeignete (weniger geeignete) Therapiemodalität herausgestellt werden soll. Hier nur einige Beispiele (zur differentiell positiven Indikation):

»Bei Anorexia nervosa ist Familientherapie wegen der ausnahmslos vorliegenden Systemstörung die Therapie der Wahl ...« (KAUFMANN 1975, S. 685).

»More recently there has been some controlled outcome data that defines situations in which family or marital therapy might be the treatment of choice ... These situations include:

1. Marital therapy for a marital problem
2. ...
3. Family therapy for certain childhood and adolescent behavior problems ...:« (GLICK und KESSLER 1980, S. 309)

Wie zu erwarten, findet man ›generell negative‹ Indikationsaussagen überhaupt nicht und ›generell positive‹ Indikationsaussagen selten. Bei denjenigen Autoren, die Familientherapie als allgemeinen Ansatz betrachten, lassen sich tendenziell Hinweise zu ›generell qualitativ positiven‹ Indikationsaussagen finden. So schreiben z.B. ACKERMAN und BEHRENS (1968):

»In principle, family therapy has a wide range of applicability to all classifications of psychiatric disorder, to all degrees of mildness or severity of such disorder, but it must be flexibly modified to accommodate to different conditions.« (ACKERMAN und BEHRENS 1968, S. 8)

Die Auswertung der Beiträge nach der **Dimenison 4 ›qualitative vs. komparative Indikation‹** führt **insgesamt** zu dem Ergebnis, daß die Autoren besonders häufig komparative Aussagen formulieren. Das entspricht insofern der Erwartung, als es den Autoren um die Herausarbeitung der Möglichkeiten und Grenzen der Familienbehandlung innerhalb ihres Verständnisses von Familientherapie geht.

2.2.3 Art und Qualität der Gültigkeitsbegründung der Indikationsempfehlungen

Um abschätzen zu können, welche Gültigkeit und Aussagekraft die Indikationsempfehlungen haben, ist es notwendig zu wissen, wie diese Empfehlungen begründet werden (vgl. Frage 5, Tabelle 2.1). In Kapitel 1 wurden – wie bereits erwähnt – drei aufeinander beziehbare Informationsquellen unterschieden, von denen indikationsrelevante Informationen abgeleitet werden können.
Eine Durchsicht der Arbeiten unter diesem Gesichtspunkt macht deutlich, daß die meisten Autoren ihre Angaben mit theoretischen Erwägungen (im Unterschied zu logisch-systematischen Analysen von Theorien) oder (eigenen) prak-

tischen Erfahrungen absichern. Empirische Ergebnisse werden von den Autoren für die Begründung ihrer Indikationsempfehlungen selten einbezogen. Ausnahmen von dieser Beurteilung sind besonders die Beiträge von AVALLONE, ARON, STARR und BREETZ (1973), CLARKIN et al (1979), BUDDEBERG, C. (1979), GLICK und KESSLER (1980), BLECHMAN (1981) und MATTEJAT und REMSCHMIDT (1985). Hier finden sich ausdrücklich Hinweise darüber, daß empirisches Material bei der Ableitung von Indikationskriterien einbezogen wurden. So merken z.B. GLICK und KESSLER (1980) an:

»In formulating guidelines for family therapy, research data are included where available, but otherwise the recommendations are based on clinical experience.« (GLICK und KESSLER 1980, S. 298)

Die Arbeit von AVALLONE et al. (1973) verdient im Rahmen der Frage nach der Begründung der Indikationskriterien besondere Beachtung. Sie nimmt unter den in diesem Rückblick berücksichtigten Artikel deshalb eine Sonderstellung ein, weil hier nicht nur empirisches Material für die Fundierung von Indikationskriterien verarbeitet wird, sondern die Indikationsregeln selber empirisch durch die Befragung einiger Experten ermittelt werden. Alle anderen Autoren beziehen sich auf theoretische Erwägungen und unsystematisch einbezogene praktische Erfahrungen.

Dabei leitet kein Diskussionsteilnehmer die Regeln aus den theoretischen Annahmen systematisch ab. Ihnen ist vielmehr der subjektive Anwendungsmodus der Theorien gemeinsam, der als »heuristische Verwendung für die Gewinnung und für den Aufbau eines handlungsrelevanten Hintergrundwissens« (WESTMEYER 1978, S. 129) zu interpretieren ist.
Insgesamt kann jetzt auf die **Auswertungsfrage 5** (›Wie begründen die Autoren die Regeln/Kriterien, die eine Indikation/Kontraindikation zur Familentherapie nahelegen?‹) folgende Antwort gegeben werden: Die Verfasser stützen ihre Empfehlungen vor allem auf ihre eigenen Praxiserfahrungen oder theoretischen Erwägungen. Eine Absicherung der Aussagen durch empirische Forschung wird nur selten vorgenommen.

Die Analyse der Arbeiten nach der fünften Auswertungsfrage erlaubt die Beurteilung der Aussagekraft (des Gültigkeitsbereiches) der Kriterien. Dazu nehmen einige Autoren selber Stellung. AVALLONE et al. (1973) schränken ihre Ergebnisse, die die Präferenzeinschätzungen einiger Therapeuten zur differentiellen Indikation wiedergeben, auf das untersuchte Setting ein. CLARKIN et al. (1979) halten die Indikationsregeln nur für allgemeine Leitlinien, die nicht das fallbezogene Urteil ersetzen können. HALLOWITZ (1972) betont an mehreren Stellen, daß es sich bei den Kriterien für den Einsatz der Familientherapie nicht um feste und strenge Regeln handelt, sondern um Hinweise, die viele Ausnahmen zulassen. Die von HALLOWITZ (1972) geäußerte Meinung ist repräsentativ für die Haltung der anderen Autoren. Auch STAPS (1978) kommt in seiner Rückschau zu dem Ergebnis, daß die Autoren den Gültigkeitsbereich der Aussagen einschränken, wenn er schreibt:

»Nur wenige Autoren gehen ausdrücklich auf die Frage der Indikation und Gegenindikation ein. Dabei fällt auf, daß sie die Grenzen, die sie ansetzen, gleich selbst wieder relativie ren. Sie tun dies, indem sie darauf hinweisen, daß diese Schlüsse aufgrund einer sehr beschränkten Anzahl von beobachteten Familien gezogen wurden, oder daß diese Grenzen möglicherweise nur für jene Art der Familienbehandlung gelten, die sie selbst durchführen.« (STAPS 1978, S. 72)

Beurteilt man die Aussagen der Autoren nach **der Auswertungsdimension 5 ›subjektive versus objektive Indikation‹**, die sich auf die Art und Qualität der (wissenschaftlichen) Gültigkeitsbegründung der Indikationsempfehlungen bezieht und innerhalb dieser beiden Pole ein Kontinuum bildet, so kann **zusammenfassend** festgehalten werden, daß die Aussagen der Autoren zur (Kontra-) Indikation innerhalb der Familienbehandlung allgemein eher als subjektiv plausible Regeln aufzufassen sind. Denn sie entbehren oft einer empirisch verallgemeinerbaren Gültigkeitsbegründung und werden aus praktischen Erfahrungen, deren Wert hier nicht geleugnet werden soll, und theoretischen Positionen relativ subjektiv, d.h. unsystematisch abgeleitet. Die einschränkenden Bemerkungen über die Reichweite und zum Gültigkeitsbereich der Empfehlungen, die von den Autoren selber formuliert werden, sind deshalb angebracht. Weitere empirische Forschung und systematische Ableitung aus Theorien und Praxiserfahrungen sind für eine Objektivierung der Indikationsaussagen nötig.

2.2.4 Zusammenfassung und kritische Gesamteinschätzung

Dieser Abschnitt beschäftigte sich hauptsächlich mit Regeln und Kriterien, die in der Literatur für Indikationsentscheidungen zur Familientherapie angegeben werden. Die Empfehlungen der Autoren wurden bis zu diesem Punkt nach vier Auswertungsdimensionen analysiert (Dimension 1: differentielle vs. generelle Indikation; Dimension 2: positive vs. negative Indikation; Dimension 4: qualitative vs. komparative Indikation; Dimension 5: subjektive vs. objektive Indikation)

Eine Auswertung der Regeln und Kriterien nach der **dritten Dimension** (selektive vs. adaptive Indikation), die auf **Auswertungsfrage 3** (›Für welchen Modus der Indikationsentscheidung sind die Regeln/ Kriterien einsetzbar?‹) hinweist, wurde bisher noch ausgespart.
Die Antwort auf die dritte Auswertungsfrage soll durch eine Gesamtübersicht, die die wichtigsten Empfehlungen der Autoren neu strukturiert, erleichtert werden (vgl. *Abb. 2.1 auf S. 86/87*)

Da die Empfehlungen bezüglich der psychiatrisch klassifizierbaren Störungen bis auf wenige Ausnahmen äußerst kontrovers sind und die Empfehlungen, denen eine familientypologische Klassifikation der Störungen zugrunde liegt, nur von einigen Verfassern diskutiert werden, sind diese nicht in der Abbildung 2.1 mit aufgeführt.

Die Übersicht in *Abb. 2.1* ist dichotom nach Indikations- und Kontraindikationsempfehlungen geordnet und es wird damit gleichzeitig beabsichtigt, auf **Auswertungsfrage 2** (›Welche Kriterien/Regeln sprechen für eine Indikation und welche Kriterien/Regeln sprechen gegen eine Indikation zur Familientherapie nach der Ansicht der Autoren?‹) eine zusammenfassende Antwort zu geben. Aus Abb. 2.1 geht unmittelbar hervor, daß die Regeln ausschließlich

Entscheidungsproblem:
Ist eine gemeinsame Familientherapie indiziert?

↓

Nun gilt (aus der Sicht der im »review« berücksichtigten Autoren):

Therapeutenfaktoren

Therapeut kann mit seinen eigenen Gefühlen nicht umgehen.
Erfahrene und kompetente Therapeuten sind zur Zeit nicht verfügbar.
Therapeuten erhalten keine Supervision in Familientherapie.

Motivationsmangel der Familie für eine Familientherapie

Die Familienmitglieder zeigen geringe Motivation.
Die Familie hat eine Geschichte gemeinsamer Behandlungssabotagen.
Die Familienprobleme haben zur Zeit keine Konsequenzen für die Familienmitglieder.
Die Initiative zum Aufsuchen der Beratungsstelle ging nicht von den Betroffenen selbst aus, sondern wurde von anderer Seite (z. B. Schule, Jugendamt, Arzt etc.) nahegelegt.
Die ganze Familie leugnet die Familienschwierigkeit.
Die Familie mißbraucht die Familienbehandlung.
Ein Familienmitglied befindet sich bereits in einer intensiven Einzeltherapie.

Familienprobleme

Es handelt sich um interpersonelle Schwierigkeiten.
In der Familie bestehen Kommunikationsstörungen.
In der Familie bestehen Interaktionsschwierigkeiten.
Die Familie ist an dem Symptom des »Identifizierten Klienten« beteiligt.
Ein Familienmitglied wird zum Sündenbock abgestempelt.
Der »Identifizierte Klient« ist von einem oder mehreren Familienmitgliedern abhängig.
Die Symptome des »Identifizierten Klienten« deuten auf Familienprobleme hin.
Die Familie definiert ihr Problem als ein Familienproblem.
Die Störung eines Mitgliedes wirkt sich auf die Interaktion in der Familie aus.
Die Familie befindet sich in einer akuten Krise.
Der primäre und sekundäre Gewinn der Symptome ist ein Ausdruck einer familiären Systempathologie.
Verbesserungen beim »Identifizierten Klienten« haben Verschlechterungen bei einem oder mehreren Familienmitgliedern zur Folge.
Der Klient ist vom Familienproblem beansprucht.
Die Familie oder ein Familienmitglied hat Konflikte mit der Gesellschaft.

Der Identifizierte Patient lehnt Familientherapie ab, er möchte Individual- oder Gruppentherapie.
Die Familie oder der Identifizierte Klient hat ein starkes Vorurteil gegen die Konzeption der Familientherapie/Familienberatung.
Ein Familienmitglied oder mehrere Familienmitglieder weigert/n sich, an gemeinsamen Beratungsgesprächen teilzunehmen.
Die Familienmitglieder können nicht alle ständig anwesend sein.

Familienprobleme

Es besteht die Möglichkeit, daß Familienmitglieder während der Therapie körperlich gewalttätig werden.
In der Familie ist ein Familiengeheimnis vorhanden.
Gemeinsame Familiengespräche könnten die Emanzipationsversuche des Jugendlichen von der Familie behindern.
Das Schwergewicht der Störungen liegt beim Ehepaar.
Die Familie hat eine starke Tendenz zum Auseinanderbrechen.
Der Konflikt oder das Problem des Klienten ist wesentlich intrapersonell bedingt.
Es bestehen starke Feindseligkeiten zwischen den Familienmitgliedern.

→ eine negative Indiaktionsentscheidung zur Familientherapie liegt nahe

Beim »Identifizierten Klienten« konnten keine wesentlichen Auffälligkeiten festgestellt werden.
Mehrere Familienmitglieder weisen Probleme/Störungen auf.
Der »Identifizierte Klient« ist ein Jugendlicher, der sich im Ablösungsprozeß von der Familie befindet. Durch eine Familientherapie werden die Emanzipationsbemühungen nicht eingeschränkt.
Es bestehen Probleme zwischen den Eltern und ihren Kindern.
Es bestehen Probleme zwischen den Geschwistern.
Mehrere Familienmitglieder befinden sich in psychologischer und/oder psychiatrischer Behandlung.

Familientherapie im Kontext anderer Therapieentscheidungen

Es sind bei dem speziellen Klienten keine Veränderungen durch eine Einzeltherapie oder Gruppentherapie eingetreten.
Die Familie soll mit Änderungen des Patienten im Rahmen einer Individualtherapie oder Gruppentherapie fertig werden, insbesondere sollen Gegenmanöver der Familie abgewehrt werden.
Familientherapie soll für andere Therapien motivieren, insbesondere als Vorbereitung für eine Einzeltherapie oder Gruppentherapie eingesetzt werden.
Familientherapie als Hilfe bei der Entlassung (Einweisung) eines Familienmitgliedes aus (in) einem Krankenhaus oder einem Heim.
Familientherapie als Diagnosehilfe für weitere Therapieentscheidungen.

→ positive Indikationsentscheidung zur Familientherapie

Abb. 2.1: Ein Strukturierungsversuch der Empfehlungen aus der Literatur

für selektive Indikationsentscheidungen einsetzbar sind; sie geben keine Hinweise darauf, wie Familientherapie für einen optimalen Einsatz dem jeweiligen Fall angepaßt werden könnte (adaptive Indikation). Die in Abb. 2.1 zusammengetragenen Empfehlungen legen für selektive Indikationsentscheidungen in der Praxis eine von zwei Wahlmöglichkeiten nahe:

1. Eine Familientherapie ist derzeit nicht bzw. nur eingeschränkt therapeutisch nützlich oder sogar schädlich (Kontraindikation), wenn eine oder mehrere der in Abbildung 2.1 auf der linken Seite aufgeführten Bedingungen erfüllt sind.
2. Eine Familientherapie ist voraussichtlich therapeutisch hilfreich (positive Indikation), wenn eine oder mehrere der in Abbildung 2.1 auf der rechten Seite aufgeführten Bedingungen erfüllt sind.

Nach unserer Einschätzung können die von den Autoren vorgetragenen Empfehlungen zur Familientherapie weder als technologische Regeln noch als Heuristiken interpretiert werden (vgl. Kapitel 1), denn technologische Regeln weisen auf eine Ziel-/Mittelverschränkung hin und Heuristiken sind Anweisungen, mit denen Problemlösungen konstruiert werden können. Die Empfehlungen sind demgegenüber als plausible Hilfsregeln aufzufassen.

Außerdem weisen die Empfehlungen unterschiedliche Abstraktionsgrade auf. Viele der in den Regeln/Kriterien aufgeführten Begriffe müßten noch näher operationalisiert werden. Die Autoren haben zudem diese Regeln/Kriterien nicht systematisch aus empirischem oder theoretischem Wissen abgeleitet. Es handelt sich vielmehr bei der ›Gültigkeitsbegründung‹ um unsystematische Erfahrungsauswertungen durch die Autoren (im Unterschied etwa zu systematischen Ableitungen im Rahmen des Expertenansatzes, vgl. WÄLTE 1989), die auf einem Konglomerat von eigenen Praxiserfahrungen und theoretischen Vorannahmen basieren.

Sind die Kriterien und Regeln deshalb unbrauchbar? Wenn man davon ausgeht, daß Familientherapien nicht grundsätzlich die Methode der Wahl ist, dann tritt der Wunsch nach Regeln auf, nach denen Indikationsentscheidungen gefällt werden können. Auch wenn dabei weder zu erwarten noch wünschenswert ist, daß solche Regeln allein die Entscheidung des Therapeuten determinieren, so möchten wir doch vorschlagen, die Empfehlungen so lange als Hilfsregeln für selektive Indikationsentscheidungen zuzulassen, bis sie durch wissenschaftlich fundierte Indikationsregeln ergänzt, bestätigt oder vielleicht ersetzt werden können. Bis zum Vorliegen weiterer Resultate, die mit den in Kapitel 1 zusammengefaßten Ansätzen begründet werden, sind selektive Indikationsentscheidungen nach den von den Autoren diskutierten Regeln/Kriterien durchaus angemessen, denn sie weisen ein hohes Maß an Plausibilität auf. Darüber hinaus spricht für die Einbeziehung der Empfehlungen in den Entscheidungsprozeß über den Einsatz der Familientherapie auch, daß zur Zeit keine besseren Handlungsorientierungen verfügbar sind. Diese Überlegungen motivierten uns dazu, die Empfehlungen Familientherapeuten zur Einschätzung vorzulegen (vgl. Kapitel 3). Vor dem Hintergrund der Urteile der Praktiker kann die Nützlichkeit der Empfehlungen, die in der Literatur besprochen werden, systematisch beleuchtet werden. Denn systematische Einschätzungen von Handlungsempfehlungen durch berufserfahrene Therapeuten zeichnen sich dadurch aus, daß diese Empfehlungen einen starken Alltagsbezug haben.

2.3 Ergebnisse aus experimenteller Forschungsperspektive

Für die Legitimierung der Indikation von psychotherapeutischen Interventionen ist es angemessen, deren Wirksamkeit durch systematische Effektivitätskontrollen nachzuweisen, also objektive Schätzwerte über deren Erfolgswahrscheinlichkeit zu ermitteln (vgl. PERREZ 1982). Der Rückblick auf die Literatur, die sich explizit mit der Indikationsfrage beschäftigt, hat jedoch erkennen lassen, daß experimentelle Forschungsergebnisse nur selten einbezogen werden. Deshalb wird in diesem Abschnitt folgende Frage aufgeworfen: Gibt es empirische Belege dafür, daß Familientherapie bei der Beseitigung oder Linderung psychischer Störungen hilft?

Wenn in diesem Kapitel von »Effektivität« gesprochen wird, dann ist damit gemeint die Wirksamkeit der Familientherapie im Hinblick auf die angestrebten Behandlungsziele und im Vergleich zu Veränderungen, die ohne professionelle therapeutische Beeinflussung eintreten. Werden Kosten-Nutzen-Aspekte bei der Bewertung der Familientherapie berücksichtigt, sollte von »Effizienz« der Familientherapie gesprochen werden.

Diese auf den ersten Blick zunächst naheliegende Frage nach der Effektivität der Familientherapie erweist sich aus methodologischer Sicht als zu global gestellt (vgl. KIESLER 1966, PAUL 1967, STRUPP und BERGIN 1969).

»It must already be clear that the question ›does family therapy work?‹ is an improper question to which no general answer can be given.« (GALE 1979, S. 232)

Die Konzeption der differentiellen Indikation (vgl. Kapitel 1) legt vielmehr für die Effektivitätsforschung auf dem Gebiete der Familientherapie eine differenziertere Frage nahe, die etwa so lauten könnte: Welche familientherapeutische Intervention ist für welche Familie, durchgeführt von welchem Familientherapeuten wie effektiv? Auf diese Frage kann jedoch nicht nur wegen des derzeitigen Forschungsstandes im Bereich der Familientherapie keine Antwort gegeben werden, sondern es lassen sich auch methodologisch erhebliche Einwände anführen, die darauf hindeuten, daß diese Frage auch in der Zukunft unbeantwortet bleiben wird (vgl. Kapitel 1).
Dennoch lassen sich einige indikationsrelevante empirische Trends über die Effektivität der Familientherapie aufzeigen, denen mit folgenden **Fragen**, die zwischen einer zu global gestellten Effektivitätsfrage und der differentiellen Indikationsfrage vermitteln, nachgegangen werden soll:

1. Ist Familientherapie überhaupt effektiv, und wie effektiv ist sie?
2. Sind bei familientherapeutisch behandelten Patienten eher positive Veränderungen zu beobachten als bei unbehandelten, ist Familientherapie erfolgreicher als keine Behandlung?
3. Gibt es Hinweise für die Favorisierung der Familientherapie gegenüber anderen Therapiemodalitäten, ist Familientherapie erfolgreicher als Gruppen- oder Individualtherapie?
4. Sind negative Effekte durch Familientherapie zu befürchten, kann Familientherapie schaden?
5. Welche familientherapeutische Richtung (Schule) ist erfolgreicher als andere Richtungen?

6. Sind Zusammenhänge zwischen Familien-/Patientenmerkmalen und dem Erfolg in der Familientherapie nachweisbar, welche(r) Familie (Patient) profitiert am ehesten von Familientherapie?
7. Sind Zusammenhänge zwischen Therapeutenmerkmalen und dem Erfolg in der Familientherapie erkennbar, welche professionellen und personellen Charakteristika des Therapeuten haben einen Einfluß auf das Ergebnis der Familientherapie?
8. Sind Zusammenhänge zwischen Behandlungsfaktoren und dem Ergebnis, das mit Familientherapie erzielt werden kann, bekannt?

Wegen der Komplexität möglicher Einflußfaktoren in der Familientherapie ist es nicht möglich, diese Fragen in einer einzigen Psychotherapiestudie zu überprüfen. Deshalb sind viele einzelne Therapiestudien – allerdings mit unterschiedlicher Designqualität – durchgeführt worden. Einige Autoren haben den Versuch unternommen, dieses empirische Wissen systematisch in Sammelreferaten darzustellen, ohne jedoch die Befunde explizit auf die Indikationsfrage zu beziehen.

GURMAN, KNISKERN und PINSOF (1986) zählen bis 1984 rd. 50 Sammelreferate, die teilweise über den gesamten Bereich der Ehe-und Familientherapie und auch über ganz spezielle Teilgebiete informieren. Von den bisher veröffentlichten Sammelbesprechungen sind die Arbeiten von GURMAN und KNISKERN (1978 a) und von HAZELRIGG, COOPER und BORDUIN (1987) besonders hervorzuheben.

Der Rückblick von GURMAN und KNISKERN (1978 a) ist die bis heute umfangreichste Zusammenstellung und Analyse der Ergebnisstudien zur Ehe- und Famimilientherapie, in die über 200 ›Outcome‹-Studien mit einer Patientenpopulation von annähernd 5000 einbezogen wurden. Wegen dieses fast enzyklopädischen Überblicks über die Psychotherapieforschung in der Ehe- und Familientherapie werden GURMAN und KNISKERN von Fachkollegen anerkennend als Chronisten und Kartographen der Ehe- und Familientherapie bezeichnet. Die hier zusammengestellten Ergebnisse halten die Autoren auch noch acht Jahre später für zutreffend (vgl. GURMAN, KNISKERN und PINSOF 1986).

Im Unterschied zu anderen Sammelbesprechungen bietet die Arbeit von HAZELRIGG et al. (1987) eine umfangreiche quantitative Metaanalyse der bisherigen Ergebnisstudien. Bei quantitativen Metaanalysen werden die Daten der einbezogenen Originalstudien statistisch ausgewertet (vgl. GLASS, McGAW und SMITH 1981), um ein durchschnittliches Effektmaß über die untersuchten Therapieformen zu erhalten.

Die folgende Darstellung baut für eine Beantwortung der Fragen auf diesen Sammelbesprechungen auf und diskutiert deren Ergebnisse unter dem Aspekt der Indikationsfrage. Dabei soll ein besonderes Augenmerk auf solche Ergebnisse gelegt werden, die einen allgemeinen Eindruck von den Einsatzmöglichkeiten der Familientherapie liefern.

Nicht berücksichtigt werden die Forschungsergebnisse in spezifischen Anwendungsbereichen, wie z.B. der Therapie bei Patienten mit Drogenproblemen (vgl. hierzu STEINGLASS 1976, STANTON 1979). Ebenfalls bleibt die ausführliche Auseinandersetzung mit den empirischen Ergebnissen zur Ehetherapie ausgeklammert, obgleich es gute Gründe gibt, Familientherapie und Ehetherapie als eine Einheit zu betrachten. Eine analytische

Trennung beider Bereiche erscheint jedoch sinnvoll (vgl. OLSON, RUSSELL und SPRENKLE 1980). Umfassende Hinweise zu den Forschungsergebnissen über die Effektivität der Ehetherapie finden sich bei GURMAN 1973a, b; BECK 1975, GREER und D'ZURILLA 1975, GURMAN 1975, JACOBSON und MARTIN 1976, JACOBSON und WEISS 1978, JACOBSON 1978, GURMAN und KNUDSON 1978, GURMAN und KNISKERN 1978b, GURMAN, KNUDSON und KNISKERN 1978, JACOBSON 1979, BEACH und O'LEARY 1985.

2.3.1 Effektivität der Familientherapie

Erste fundierte Aussagen über die Wirksamkeit der Familientherapie lassen sich Anfang der 70er Jahre machen. Während BEELS und FERBER (1969) noch in einem Literaturrückblick auf das Feld der Familientherapie lediglich drei empirische Berichte über Ergebnisse der Familientherapie ausfindig machen können, ist eine Einschätzung der Effektivität der Familientherapie seit dem Review von WELLS, DILKES und TRIVELLI (1972) einigermaßen begründet möglich. Im folgenden werden die Ergebnisse der Effektivitätsforschung beginnend mit diesem Rückblick bis heute chronologisch vor dem Hintergrund der einschlägigen Sammelreferate dargestellt und unter dem Indikationsaspekt beleuchtet.

1. Frage: Ist Familientherapie überhaupt effektiv, und wie effektiv ist sie?

WELLS et al. (1972) können 18 relevante Berichte über empirische Studien einbeziehen, die minimalen methodischen Aufnahmekriterien genügen (die Studien berücksichtigen mindestens drei Familien, die Messung für das Therapieergebnis ist explizit benannt und in der Therapie sollte die ganze Familie während der meisten Zeit mit dem Ziel der Funktionsverbesserung als Familieneinheit anwesend sein). Um eine allgemeine Einschätzung der Erfolgsrate der Familientherapie zu erhalten, fassen die Autoren die Resultate sämtlicher analysierten Studien zusammen, obgleich sie lediglich zwei Studien nach dem Design als adäquat einstufen. Falls man die beiden Kategorien ›verbessert‹ und ›etwas verbessert‹ zusammenfaßt, so beträgt die allgemeine Verbesserungsrate durch Familientherapie bei Erwachsenen 69%. Diese Rate sei – so die Autoren – durchaus mit der Verbesserungsrate vergleichbar, über welche EYSENCK (1952) zur Individualtherapie bei Erwachsenen berichtet (66%). Für Familientherapie mit Kindern und Jugendlichen berechnen WELLS et al. (1972) eine analoge Verbesserungsrate von 79% und vergleichen dieses Ergebnis mit der von LEVITT (1971) berichteten Verbesserungsrate durch Individualtherapie bei Kindern, die 73% beträgt. Die Autoren wagen die Vermutung, daß Familientherapie bei Kindern etwas erfolgreicher ist als bei Erwachsenen, schränken diese Aussage aber mit dem Hinweis darauf ein, daß es dafür keine statistische Absicherung gibt. Deshalb bietet der Rückblick von WELLS et al. (1972) insgesamt lediglich eine **vorläufige Antwort auf Frage 1** (›ist Familientherapie überhaupt effektiv, und wie effektiv ist sie?‹): Es ist zu erwarten, daß ca. Zweidrittel der Patienten durch Familientherapie Erfolge erzielen. Das gilt für Kinder, Jugendliche und Erwachsene mit unterschiedlicher Symptomatik.

2. Frage: Ist Familientherapie erfolgreicher als keine Behandlung?

Weitere und detailliertere Informationen über die Effektivität der Familientherapie sind dem Rückblick von DEWITT (1978) zu entnehmen, die ihre Aussagen auf 31 Arbeiten (von 1961 bis Dez. 1974) bezieht. Diese Studien untersuchen – wie die von WELLS u. a. (1972) einbezogenen – gemeinsame Familientherapie und bieten eine explizite Auswertung der Ergebnisse. Bei der Interpretation unterscheidet DEWITT (1978) zwischen Untersuchungen ohne Vergleichsgruppe (Eingruppenstudien) und Studien mit Vergleichsgruppe (gemeinsame Familientherapie versus keine Therapie, gemeinsame Familientherapie versus Hospitalisierung, Hospitalisierung plus Familientherapie versus Hospitalisierung alleine). Nur mit der letzten Gruppe von Studien sind Antworten auf die 2. Frage möglich.

In die erste Kategorie fallen 23 Arbeiten. Insgesamt berechnet die Autorin über alle Studien eine allgemeine Erfolgsquote von 72%, sofern Fälle mit ›leichter Besserung‹ eingeschlossen sind und eine Erfolgsquote von 64%, wenn diese Fälle ausgeschlossen werden. Familientherapie schneidet nach DEWITT (1978) vor dem Hintergrund der Studien, in denen die Effektivität der Einzeltherapie überprüft wurde, besser ab als Einzeltherapie bei Erwachsenen oder die getrennte Behandlung von Erwachsenen und Kindern. Einen Beweis dafür liefern die einbezogenen Studien allerdings nicht. Es kann jedoch angenommen werden, daß Familientherapie bei Klienten verschiedener Altersgruppen in verschiedenen Settings mit unterschiedlichen klinischen Befunden effektiv ist.

In die zweite Kategorie von Studien (Untersuchungen mit Vergleichsgruppe) fallen acht Arbeiten. Aufgrund der Auswertung dieser Studien kann der Schluß gezogen werden, daß gemeinsame Familientherapie effektiver ist als gar keine Therapie. Dabei bleibt allerdings ungeklärt, ob die Erfolge wirklich den besonderen Elementen der Familientherapie zuzuschreiben sind.

Zusammenfassend kann nach den von DEWITT (1978) ausgewerteten Forschungsberichten ebenfalls eine positive Antwort auf Frage 1 gegeben werden. Über die Ergebnisse von WELLS et al. (1972) hinaus ist deutlich geworden, daß Familientherapie in verschiedenen Settings effektiv ist und es kann als **vorläufige Antwort auf Frage 2** festgehalten werden, daß die untersuchten Familientherapien effektiver oder mindestens so effektiv sind wie ›keine Behandlung‹. Bei Patienten, die sich einer Familientherapie unterziehen, ist demnach vermutlich eine Besserung wahrscheinlicher als bei Patienten ohne familientherapeutische Unterstützung.

Lassen sich die bisher dargestellten Ergebnisse mit dem zur Zeit umfangreichsten Rückblick über das Gebiet der Effektivitätsforschung in der Ehe- und Familientherapie bestätigen? Und welche Antwort kann auf die Frage gegeben werden, ob Familientherapie effektiver als andere Behandlungsmodalitäten ist?

GURMAN und KNISKERN (1978 a) haben aufgrund einer sorgfältigen Literatursuche über 200 relevante Studien ermittelt und mit einer speziell für den Rückblick entwickelten Liste von Evaluationskriterien die Angemessenheit jeder Studie eingeschätzt. Dabei haben sie solche Studien ausgewählt, in denen die Behandlung explizit auf die Modifikation der Interaktion zwischen oder mit Familienmitgliedern ausgerichtet ist, egal ob es sich um die gleiche Generation (Ehemann-Ehefrau, Kind-Kind), um die Beziehung zwischen zwei Generationen

(Eltern-Kind) oder um beide handelt, und auch unabhängig davon, wer der identifizierte Klient ist. Das hat zur Folge, daß die Autoren auch Studien über Individualtherapie für Eheprobleme und operante Trainingsprogramme für Eltern einbezogen haben, sofern sie eine Behandlung für die Beziehung der Familie konstituieren.

Der Schwerpunkt des Rückblickes von GURMAN und KNISKERN (1978a) liegt auf der Analyse von nicht-behavioraler Ehe- und Familientherapie. Im Unterschied zu WELLS et al. (1972) und DEWITT (1978) betrachten sie die Behandlung von Ehepaaren und von Familien als Variation desselben therapeutischen Prozesses, die das gleiche theoretische Fundament besitzt und treffen ebenfalls keine Unterscheidung zwischen Beratung und Therapie. Ehetherapie wird als Subtyp der Familientherapie betrachtet, selbst wenn das Ehepaar keine Kinder hat. Obgleich die Autoren Ehe- und Familientherapie als Einheit betrachten, trennen sie in der Darstellung diese beiden Vorgehensweisen, weil das mit der geläufigen Praxis übereinstimmt und dadurch die Datenmenge besser analysierbar ist. Im folgenden werden nur die Ergebnisse zur Familientherapie dargestellt.

Die Informationen über die Effektivität der Familientherapie sind in Tabelle 2.3 nach dem identifizierten Patienten geordnet. Die Hälfte (19/38 = 50%) aller Studien bezieht Kinder oder Jugendliche ein, die andere Hälfte Erwachsene oder gemischte Stichproben identifizierter Klienten.

Tab. 2.3: Allgemeine Veränderungsraten in der Familientherapie (zusammengestellt aus den Tabellen von GURMANN und KNISKERN 1978a, S. 828–831)

Identifizierter Patient	Anzahl der Studien	Anzahl der Patienten	verbessert %	keine Veränderung %	verschlechtert %
Kind als IP	10	370	68	32	0
Adoleszenter als IP	9	217	75	25	0
Erwachsener als IP	11	475	65	33	2
Gemischte IP	8	467	81	17	2
Gesamt/Durchschnitt	38	1529	73	26	1

Faßt man die Ergebnisse jener Studien zusammen, die Kinder oder Jugendliche einbeziehen und vergleicht man damit die Resultate der Familientherapie bei Erwachsenen, so erhält man ähnliche Verbesserungsraten: ca. 71% bei Kindern und Jugendlichen gegenüber 65% bei Erwachsenen. Das sind im wesentlichen die Ergebnisse, die man zur Familientherapie über alle Studien findet (73% verbessert), weil die Anzahl der gemischten identifizierten Klienten weniger als ein Drittel der Gesamtzahl aller Patienten abdeckt.

GURMAN und KNISKERN (1978a) machen keine Angaben darüber, ob die Differenzen zwischen den Veränderungsraten der einzelnen Gruppen von identifizierten Klienten signifikant sind. Somit ist keine Aussage darüber möglich, ob die Effektivitätsrate im Zusammenhang mit dem Typ des identifizierten Klienten steht.

Die Autoren differenzieren allerdings die Verbesserungsraten nach dem Behandlungs-Setting. Sie stellen fest, daß sich von den ambulanten Patienten 76%, von den Patienten aus Tageskliniken 59% und von den stationär behandelten Patienten 74% verbesserten (vgl. GURMAN und KNISKERN 1978a). Auch hier ist eine Interpretation der Befunde dahingehend problematisch, daß in verschiedenen Behandlungs-Settings unterschiedliche Verbesserungsraten auftreten, da in den Settings unterschiedlich schwer zu behandelnde Patienten untergebracht waren.

Um Aufschluß über die Frage zu erhalten, ob Familientherapie effektiver ist als ›keine Behandlung‹, werten GURMAN und KNISKERN (1978a) speziell für die nicht-behaviorale Familientherapie Kontrollstudien aus, die insgesamt 16 Vergleiche ermöglichen. Acht Vergleiche (8/16 = 50%) haben ergeben, daß Familientherapie besser ist als keine Behandlung, sieben (7/16 = 44%) der Vergleiche zwischen Treatment und Kontrollgruppe zeigen keine Unterschiede, und nur bei einem Vergleich (1/16 = 16%) ist das Resultat der Kontrollgruppe besser.

Im Unterschied zu den nicht-behavioralen Familientherapien beurteilen GURMAN und KNISKERN (1978a) die Erfolge der verhaltenstheoretisch orientierten Familientherapie eher zurückhaltend, denn hier wird der Blick stark auf den identifizierten Klienten (meist ein Kind) gerichtet. Darin besteht ein wesentlicher Unterschied zu den nicht-behavioralen Familientherapien.

3. Frage: Ist Familientherapie erfolgreicher als andere Behandlungsformen?

Aus den Studien, bei denen Familientherapie mit anderen Behandlungsformen verglichen wird, folgern GURMAN und KNISKERN (1978a), daß Familientherapie mindestens gleich erfolgreich oder noch besser ist. Bei genau 10 von 14 Vergleichen (10/14 = 71%) hat sich Familientherapie als besser gegenüber anderen Behandlungsformen erwiesen. Es ist jedoch einschränkend darauf hinzuweisen, daß die erreichten Veränderungen manchmal nur unwesentlich das Problembild der Patienten verbesserten.

Auf dem Gebiete der behavioralen Familientherapie sind fünf Kontrollstudien durchgeführt worden, von denen sich in allen Fällen die behaviorale Familientherapie gegenüber den unbehandelten Kontrollgruppen als überlegen herausgestellt hat. Und bei fünf von sechs Vergleichsstudien hat sich die behaviorale Familientherapie alternativen Behandlungen gegenüber als besser erwiesen. Einschränkend muß allerdings erwähnt werden, daß nicht immer ›reine verhaltensorientierte Therapien‹ durchgeführt wurden.

Als ein kritisches Pendant zu dem Artikel von GURMAN und KNISKERN (1978a) kann der Review von WELLS und DEZEN (1978a) betrachtet werden, der eine Bewertung der Familientherapie aufgrund der Forschungsberichte von 1971 bis 1976 nach streng ausgelegten methodologischen Kriterien vornimmt. Dabei konzentriert sich der Rückblick auf nicht-behaviorale Familientherapien und überprüft die allgemeine theoretische Annahme, daß eine therapeutische Intervention mit der Familie sinnvoll ist.

WELLS und DEZEN (1978a) gehen in ihrem Rückblick zum Forschungsstand der nichtbehavioralen Familientherapie von derselben Definition der Familientherapie aus und benutzen dieselben Selektionskriterien für die Aufnahme eines Forschungsberichtes wie bereits WELLS et al. (1972) sechs Jahre zuvor.

Die Studien werden dann dem Design nach als einigermaßen akzeptabel eingeschätzt, wenn sie die folgenden vier Bedingungen erfüllen:

- Als unabhängige Variable darf nur Familientherapie eingesetzt werden.
- Eine Reihe reliabler und valider Ergebnismessungen wird vorgenommen.
- Diese Messungen werden dazu verwendet, um eine Veränderung zwischen dem Zustand vor der Behandlung und dem Zustand nach der Behandlung bzw. nach einem Follow-up-Zeitraum aufzuzeigen.
- Die Daten werden adäquat statistisch analysiert.

Zusätzlich wird bei Kontroll- und Vergleichsstudien eine Zufallszuweisung der ›Fälle‹ zu den Behandlungsbedingungen gefordert.

Die Schlußfolgerungen, die WELLS und DEZEN (1978a) aus ihrer Sammelbesprechung ziehen, unterscheiden sich von den Ergebnissen, die GURMAN und KNISKERN (1978a) berichten, in mehrfacher Hinsicht:

1. Während GURMAN und KNISKERN (1978a) die Effektivität der nicht-behavioralen Familientherapie relativ global für Klienten verschiedener Settings, Altersstufen und mit unterschiedlichen Problemen für nachgewiesen halten, gehen WELLS und DEZEN (1978a) davon aus, daß die Effektivität der nicht-behavioralen Familientherapie erst für spezifische Anwendungsbereiche (besonders für psychosomatische Störungen bei Kindern und Jugendlichen, weniger bei allgemeinen Störungen in der Kindheit) bestätigt ist.
2. Entsprechend der Analyse der Kontrollstudien durch WELLS und DEZEN (1978a) profitieren Patienten, die eine nicht-behaviorale Familientherapie erhalten haben, nicht mehr als Patienten, die keine Behandlung (Kontrollgruppe) erfahren haben. Hingegen behaupten GURMAN und KNISKERN (1978a), daß nicht-behaviorale Familientherapie in der Regel besser oder mindestens genauso effektiv ist wie ›keine Behandlung‹.
3. GURMAN und KNISKERN (1978a) schließen aufgrund der Ergebnisse der Vergleichsstudien, daß Familientherapie für die Behandlung von Problemen in der Familie effektiver ist als Individualtherapie. Demgegenüber gehen WELLS und DEZEN (1978a) davon aus, daß Familientherapie genauso effektiv ist wie alternative Behandlungsformen. WELLS und DEZEN (1978a) erkennen aber an, daß die Indikation der nicht-behavioralen Familientherapie durch empirische Befunde legitimiert ist.

Nach der Veröffentlichung des Artikels von WELLS und DEZEN (1978a) über die Effektivität der nicht-behavioralen Familientherapie hat sich eine lebhafte Debatte zu methodischen und methodologischen Fragen entfacht, bei der im wesentlichen fünf Aspekte im Vordergrund stehen (vgl. GURMAN und KNISKERN 1978c, WELLS und DEZEN 1978b, STANTON und TODD 1980, WELLS 1980):

- Der Stellenwert traditioneller methodologischer Kriterien für die Beurteilung der Ergebnisstudien zur Familientherapie;
- die Definition von Familientherapie;
- der Stellenwert von ›objektiver Messung‹ versus ›inferentieller Messung‹;

- die Bedeutung interaktionaler Variablen versus therapeutischer ›Technologie‹ und
- die Frage nach der Beurteilung der Qualität bestimmter Forschungsdesigns.

Mittlerweile hat sich unter den Autoren, die die Ergebnisstudien zur Familientherapie zusammenfassen, die Meinung durchgesetzt, daß der Nachweis der allgemeinen Effektivität der Familientherapie als erbracht gilt. Die Frage nach der Überlegenheit der Familientherapie gegenüber anderen Behandlungsmodalitäten bleibt jedoch weiter unklar (vgl. z.B. BORDUIN, HENGGELER, HANSON und HARBIN 1982; ULRICI 1983; RUSSELL, OLSON, SPRENKLE und ATILANO 1983).

Effektivität der Familientherapie bei Kindern und Jugendlichen:

Von den bisher veröffentlichten Reviews ist die Sammelbesprechung von MASTEN (1979) insofern aufschlußreich, als hier ausschließlich und vertiefend über die Effektivität der gemeinsamen Familientherapie bei Kindern und Jugendlichen berichtet wird. Zu diesem Zweck rezensiert die Autorin 14 Ergebnisstudien, die folgenden drei Aufnahmekriterien genügen:

1. Ein Kind oder ein Jugendlicher war entweder der identifizierte Klient oder der Bezugspunkt der Familienbehandlung.
2. Die Therapie wurde mit mindestens einem Elternteil gemeinsam (›conjoint‹) durchgeführt.
3. Die Ergebnisse wurden in bezug auf die Symptome des Kindes evaluiert.

MASTEN (1979) kommt trotz methodologischer Bedenken gegen die Validität der Studien generell zu dem Ergebnis, daß Familientherapie eine effektive Behandlung für Kinder und Jugendliche ist, wobei die Daten von Studien mit Adoleszenten besonders ermutigend ausfallen. Die Zusammenschau der Studien ergibt eine Verbesserungsrate von 71% (223/312; vgl. MASTEN 1979, S. 328, Tabelle II), die mit den Prozentwerten, die GURMAN und KNISKERN (1978a) für die Effektivität der Familientherapie bei Kindern (68%) und Jugendlichen (75%) festgestellt haben, vergleichbar sind. Eine nähere Betrachtung der Ergebnisstudien zeigt, daß Familientherapie besonders bei den folgenden Problemen von Kindern und Jugendlichen eingesetzt werden kann (Einzelheiten vgl. MASTEN 1979, S. 326–327, Tabelle I):

- bei Schulproblemen;
- bei leichter Delinquenz;
- bei hospitalisierten Jugendlichen (besser als Individualtherapie);
- bei der Behandlung emotional gestörter Jugendlicher und
- bei psychosomatischen Symptomen.

Es muß allerdings einschränkend darauf hingewiesen werden, daß aufgrund der Ergebnisse der Studien zur Familientherapie bei Kindern und Jugendlichen nicht geschlossen werden kann, daß Familienbehandlung hier die Methode der Wahl ist.

Aktueller Stand der Effektivitätsforschung – eine Metaanalyse:

Seit den grundlegenden Arbeiten von GLASS et al. (1981) werden die Ergebnisse der experimentellen Psychotherapieforschung immer häufiger mit der Methode der Metaanalyse ausgewertet (vgl. z.B. SMITH et al. 1980, SHAPIRO und SHAPIRO 1982, NICHOLSON und BERMAN 1983, WITTMANN und MATT 1986), obgleich diese Methode nicht uneingeschränkt akzeptiert wird (vgl. GRAWE 1987).

Für den Bereich der Familientherapie haben HAZELRIGG, COOPER und BORDUIN (1987) eine Metaanalyse vorgelegt, in die insgesamt 20 Studien aus der Zeit zwischen Januar 1966 und Mai 1984 einbezogen wurden, die folgenden Kriterien genügen:

- In die Studie werden Familien (mindestens ein Elternteil und ein Kind) einbezogen.
- Mindestens eine Therapiephase muß Familientherapie sein.
- Familientherapie wird als Behandlung definiert, die auf Veränderungen in der Familieninteraktion abzielt (Ehetherapien, in die keine Kinder einbezogen wurden, werden nicht berücksichtigt).
- In dem experimentellen Design muß eine Kontrollgruppe vorgesehen sein, wobei die Kontrollgruppe auch eine alternative Behandlung bekommen kann.
- Zufallszuweisung zu den Untersuchungsgruppen ist zwar kein Auswahlkriterium, jedoch der Nachweis der Vergleichbarkeit der Gruppen.
- In jeder Behandlungsgruppe müssen mindestens fünf Familien sein.
- Schließlich müssen die Ergebnisse sorgfältig dargestellt und eine statistische Analyse durchgeführt worden sein.

Die wichtigsten Ergebnisse der 20 metaanalysierten Studien, die hauptsächlich der strukturellen, der strategischen und der behavioralen Familientherapie zugeordnet werden können, sind in der nächsten Tabelle dargestellt.

Sie beruhen auf Messungen, die direkt nach der Behandlung vorgenommen wurden. Es zeigt sich, daß Familientherapie im Vergleich mit einer unbehandelten Kontrollgruppe positive Effekte erzielt. Denn rd. 67% der Fälle in der unbehandelten Kontrollgruppe zeigen weniger angemessene Familieninteraktionen als der Durchschnittspatient der Familientherapiegruppe. In dieselbe Rich-

Tab. 2.4: Effektivität der Familientherapie im Vergleich mit Kontrollgruppen ohne und mit Behandlung (zusammengestellt aus den Angaben von HAZELRIGG et al. 1987)

Vergleich der Familientherapie mit	Messung der Familieninteraktion (Effektivitätsmessung direkt nach der Behandlung)	Rating zu Verhaltensweisen des Patienten (Effektivitätsmessung direkt nach der Behandlung)
Kontrollgruppen ohne Behandlung	d = .45 u = 67.3 % p < .03	d = .50 u = 69.1 % p < .0002
Kontrollgruppen, die eine alternative Behandlung erhalten	d = .65 u = 74.2 % p < .01	d = .23 u = 60.0 % p < .004

d = Effektivitätsindex (Differenz zwischen den Mittelwerten von Kontrollgruppe und Behandlungsgruppe, dividiert durch die gemittelte Standardabweichung der beiden Gruppen. Mit anderen Worten: Unterschied zwischen Kontroll- und Behandlungsgruppe, gemessen in Standardabweichung.)

u = Prozentsatz der Fälle in der unbehandelten Kontrollgruppe, die von dem durchschnittlichen Fall der Behandlungsgruppe übertroffen werden.

p = Signifikanzmaß für den Unterschied zwischen den Gruppen.

tung gehen die Ergebnisse bei solchen Studien, die die Effektivität mit Ratings über die individuellen Verhaltensweisen der Patienten ermitteln.

Beim Vergleich mit anderen Behandlungsformen zeigte sich eine Überlegenheit der Familientherapie besonders bei Studien, die eine Messung der Familieninteraktion vornahmen. Denn rd. 74% der Fälle in der »alternativen« Behandlungsgruppe hatten weniger günstige Familieninteraktionen als die Durchschnittsperson in der Familientherapiegruppe. Der positive Effekt der Familientherapie zeigte sich jedoch bei solchen Studien weniger deutlich, die für die Effektivitätsprüfung Verhaltensratings einsetzten. Einschränkend weisen HAZELRIGG et al. (1987) darauf hin, daß wegen der geringen Anzahl der Studien kein definitives Urteil darüber getroffen werden kann, daß Familientherapie besser als alternative Behandlungsformen ist.

Neben der Metaanalyse von Studien, die Messungen direkt nach der Behandlung vornahmen, faßten die Autoren auch die Werte der Untersuchungen zusammen, die Follow-up-Daten dokumentieren. Dabei zeigte sich, daß die Effekte der Familientherapie zwar im Vergleich mit der Kontrollgruppe weiterbestehen, nicht jedoch besser waren als die Ergebnisse alternativer Behandlungsformen. Eine gesonderte Berechnung über Studien, bei dem der Rückfall als Follow-up-Messung diente, zeigte eine höhere Effektivität der Familientherapie im Vergleich mit alternativen Behandlungsformen ($d = .47$). Die Unterschiede verschwinden aber mit zunehmender Länge des Follow-up-Zeitraumes.

2.3.2 Negative Effekte in der Familientherapie

Zwar wird in der Psychotherapie Veränderung oft mit positiver Veränderung gleichgesetzt, jedoch ist anzunehmen, daß psychotherapeutische Interventionen auch negative Effekte nach sich ziehen können. Die Leugnung dieser Tatsache impliziert häufig die Position, daß Psychotherapie überhaupt keine Wirkung hat.

»To deny this possibility is to accept the proposition that psychotherapy is not very potent under any circumstances. ...« (HADLEY und STRUPP 1976, S. 1291)

Wenn die Prämisse stimmt, daß Psychotherapie die Kapazität hat, bedeutungsvolle Veränderungen bei Klienten zu erzielen, sind negative Ergebnisse nicht auszuschließen. Jedoch ist der Schluß von der positiven auf die negative Wirkung nicht zwingend. Umgekehrt gilt das gleiche.

Aufgrund einer Erhebung bei 70 führenden amerikanischen Psychotherapeuten aller Schulrichtungen zur Frage nach negativen Effekten konnten HADLEY und STRUPP (1976) feststellen, daß sich sowohl bei Klinikern, Theoretikern als auch bei empirischen Forschern die Meinung durchgesetzt hat, daß in der Psychotherapie auch negative Effekte zu erwarten sind.

Negative Effekte und Kontraindikation:

Eng verknüpft mit dem Nachweis negativer Effekte sind Überlegungen zu Kontraindikationen. Dieser Zusammenhang ist unmittelbar evident, denn solche therapeutischen Interventionen sind gegenindiziert, die negative Effekte (Schaden) beim Klienten bewirken.

Es ist allerdings zu berücksichtigen, daß negative Effekte nicht identisch sind mit der zeitweisen Verschlechterung als Teil bestimmter Formen der Therapie (was natürlich die Problematik noch komplexer macht, denn es ist schwierig, ›zeitweise Verschlechterung‹ und ›wahre Verschlechterung‹ in empirischen Untersuchungen zu unterscheiden).

Falls die Beschwerden des Klienten sich im Laufe der Behandlung verschlechtern, muß die Therapie als potentiell gefährlich betrachtet und herausgefunden werden, welche Ursachen das hat. In diesem Zusammenhang sind Antworten auf die Frage nach bestimmten Patiententypen, die eine Risikobereitschaft für bestimmte therapeutische Interventionen zeigen, aufschlußreich, so daß in der Zukunft von dem Einsatz der jeweiligen Therapie bei den betreffenden Patienten abgesehen werden kann (vgl. KENDALL und NORTON-FORD 1982).

BERGIN, der 1963 als erster auf die Möglichkeit negativer Folgen durch Psychotherapie hinwies, schätzt den Prozentsatz derjenigen Patienten, die durch Psychotherapie Schädigungen erleiden, auf 2 bis 5% (vgl. BERGIN und LAMBERT 1978). Da man nicht davon ausgehen kann, daß Familientherapie ein Allheilmittel ist und einige Praktiker bereits über die Möglichkeit negativer Effekte durch Familienbehandlung berichtet haben (z.B. GUTTMAN 1973, RUSSELL 1976), stellt sich auch hier die Frage nach negativen Effekten, deren Beantwortung unmittelbar Aufschluß über mögliche Kontraindikationen gibt.

4. Frage: Kann Familientherapie schaden?

Für den Bereich der Ehe- und Familientherapie haben sich GURMAN und KNISKERN (1978c) intensiv mit der Problematik negativer Effekte (›deterioration‹) auseinandergesetzt. Auch wenn nach ihrer Einschätzung wegen der geringen Zahl von Kontrollstudien keine sicheren Ergebnisse vorliegen, lassen sich dennoch einige Hinweise über die Verschlechterung von Fällen geben. Vor dem Hintergrund eines Kataloges von methodischen Kriterien, den GURMAN und KNISKERN (1978c, 5ff.) in Anlehnung an STRUPP und BERGIN (1969) entwickelt haben, ziehen die Autoren den Schluß, daß Verschlechterungen in der Ehe- und Familientherapie gültig nachgewiesen werden können. Allerdings zeigen nur fünf Studien auf, daß eine Verschlechterung *wegen* der Behandlung eingetreten ist. Die anderen Studien erlauben nur den Schluß, daß eine Verschlechterung *während* der Behandlung eintrat.

GURMAN und KNISKERN (1978c) ermitteln, daß auf dem Gebiete der Familientherapie nur 44% (17/39) der Studien (gegenüber 53% in der Ehetherapie) eine Kategorie haben, die über die Verschlechterungsrate Auskunft gibt. Von diesen Studien geben lediglich 29% (gegenüber 53% in der Ehetherapie) bzw. fünf Studien Hinweise für die These der Verschlechterung in der Familientherapie. Unter diesen fünf Studien befindet sich nur eine, in denen stationäre Patienten bzw. Patienten von Tageskliniken berücksichtigt werden. Über diese beiden Gruppen lassen sich somit keine Aussagen machen.

Tab. 2.5: Verschlechterungsraten in Studien über nicht-behaviorale Familientherapie (gekürzt nach: GURMAN und KNISKERN 1978 c, 5)

Setting	Anzahl der Studien, die Verbesserungsraten berichten	Anzahl der Studien mit der Kategorie »verschlechtert«	Anzahl der Studien, die über Verschlechterung berichten	Verschlechterungsrate über alle Studien mit der Kategorie »verschlechtert« (in %)
Stationär	10	2	0	0.0
Ambulant	26	13	4	2.1
Tagesklinik	3	2	1	7.3
Gesamt	39	17	5	2.8

Die relativ niedrige Verschlechterungsrate in Studien mit ambulanten Patienten (2,1%) ist dadurch begründet, daß hier in der Regel Jugendliche oder Kinder die ›identifizierten Klienten‹ waren.
Verschlechterungen sind offenbar nicht nur im Kontext von Familientherapien induzierbar. Eine Metauntersuchung von GRAWE und MEZENEN (1985) zeigt, daß negative Effekte für den Gesamtbereich der Psychotherapie zu erwarten sind. Vermutlich sind die Prozentsätze der verschlechterten Fälle in der Familientherapie mit denen anderer therapeutischer Interventionen vergleichbar.

5. *Frage: Negative Effekte bedingende Faktoren*

HADLEY und STRUPP (1976) erfuhren in der erwähnten Befragung, daß Experten in der Psychotherapie negative Effekte mit einer Vielzahl von Aspekten verbinden.
Obgleich es vermutlich viele Variablen gibt, die direkt oder indirekt für die Verschlechterung verantwortlich sind, konnten bisher auf dem Gebiete der Ehe- und Familientherapie nur wenig varianzaufklärende Faktoren empirisch nachgewiesen werden. GURMAN und KNISKERN (1978c) sichten die mageren Ergebnisse unter dem Blickwinkel der Klienten- und der Therapeutenvariablen. Dabei werden die Ergebnisse für die Ehe- und Familientherapie gemeinsam dargestellt.
Unter den Therapeutenvariablen hat der Führungsstil einen deutlich wahrnehmbaren Einfluß auf den Ausgang der Ehe- und Familientherapie. Die Wahrscheinlichkeit der Verschlechterung erhöht sich genau dann, wenn der Therapeut in den ersten Stadien der Therapie

- wenig Struktur und Anleitung bietet;
- mit hoch affektivem Material direkt konfrontiert und frühzeitig unbewußte Motive etikettiert anstatt die Interaktion zu stimulieren, Daten zu sammeln oder Unterstützung anzubieten und insbesondere
- nicht aktiv das interpersonale Feedback in solchen Familien moderiert, in denen ein Mitglied ein sehr schwaches Selbstbewußtsein hat.

Diese Faktoren haben sowohl in der Individual- und Gruppentherapie als auch in der Ehe- und Familientherapie Einfluß.

Auf die vertiefende Frage nach Faktoren, die spezifisch für eine Verschlechterung oder frühzeitige Beendigung im Rahmen der Ehe- und Familientherapie verantwortlich sind (im Unterschied etwa zur Individualtherapie), stellen die Autoren besonders folgende Therapeuten- und Klientenvariablen heraus:

1. Therapeutenvariablen
   a. Mangel an Aktivität und affektiver Beteiligung des Therapeuten;
   b. geringe Beziehungskompetenz des Therapeuten;
   c. Angriffe auf die Verteidigungshaltung der Familienmitglieder bzw. der Ehedyade in den ersten Sitzungen;
   d. intensive Kommunikation über angeblich angemessene Verhaltensweisen bezüglich der Geschlechtsrolle.
2. Klientenvariablen
   a. Veränderungsresistenz bei Paaren und Familien;
   b. keine Einbeziehung des Vaters in Familientherapien bzw. keine Einbeziehung des Partners in Ehetherapien;
   c. höhere Ausbildung der Frau im Vergleich zum Mann.

Obgleich nur relativ wenig gesicherte Informationen über Faktoren bekannt sind, die negative Effekte bewirken, betonen GURMAN und KNISKERN (1978c), daß die Interaktion von Patienten- und Therapeutenvariablen vermutlich viel mehr zu den negativen Effekten beiträgt als Patientenfaktoren alleine – eine Überlegung, die besonders im Rahmen des differentiellen Indikationskonzeptes plausibel erscheint.

2.3.3 Faktoren, die die Effektivität der Familientherapie beeinflussen

Wie in der Individualtherapie können auch in der Familientherapie eine Fülle von Variablen die Effektivität beeinflussen (vgl. GUERNEY 1985). Aufgrund der Anregungen wichtiger methodologischer Beiträge zur Forschung innerhalb der Familientherapie (vgl. GURMAN und KNISKERN 1978a, 1981; GALE 1979; LEBOW 1981) lassen sich zumindest die folgenden Variablengruppen unterscheiden:

1. Klienten- und Familienmerkmale (Charakteristika des identifizierten Klienten, z. B. diagnostische Einordnung, Schwere der Störung, demographische Variablen, Motivation; Charakteristika der Familie, z. B. Art der familiären Probleme, Zahl der Kinder, Anwesenheit oder Abwesenheit beider Eltern, soziale Schicht, Entwicklungslevel der Familie, Struktur der Familie, Regeln der Familie);
2. Therapeutenvariablen (z. B. Alter und andere demographische Merkmale, Beziehungskompetenz, Erfahrung mit Familientherapie);
3. Treatmentvariablen (spezifische, z. B. Techniken oder Zielsetzungen bestimmter Familientherapien, sowie nichtspezifische, z. B. Länge der familientherapeutischen Sitzungen oder zeitliche Verteilung der Sitzungen).

GURMAN und KNISKERN (1978a, 1981) berichten am ausführlichsten darüber, welche Faktoren mit dem Ergebnis der Familientherapie im Zusammenhang stehen. Obgleich sie bei der Darstellung der Forschungsresultate nicht immer zwischen Ehe- und Familientherapie unterscheiden, lehnt sich die folgende Darstellung dennoch an diese Autoren an. Dabei ist auch die Annahme leitend, daß sich die Ergebnisse, die in der Forschung zur Ehetherapie gefunden wurden, vermutlich auf den Kontext der Familientherapie übertragen lassen.

6. *Frage: Gibt es einen Zusammenhang zwischen Patienten-/Familienmerkmalen und dem Erfolg in der Familientherapie?*

Die Befunde zu den möglichen Wirkungen von Patienten-/Familienmerkmalen auf das Ergebnis der Ehe- und Familientherapie sind dürftig, empirische Kenntnisse über die Korrelation der Patienten-bzw. Familienfaktoren mit dem Ausgang der Behandlung sind kaum vorhanden. Es gibt lediglich einige empirische Hinweise zu den Störungsarten, die mit Ehe- oder Familientherapie erfolgreich behandelt werden. Aus einer Übersicht von GURMAN, KNISKERN und PINSOF (1986) geht dabei zunächst hervor, daß beziehungsorientierte Behandlungsformen (Ehe- und Familientherapie) vermutlich bei einer großen Bandbreite von Störungen effektiv sind. Allerdings konzentrieren sich immer bestimmte ›Schulen‹ auf die Behandlung umschriebener Symptomgruppen und viele ›Schulen‹ haben die Effektivität ihres Ansatzes bisher nicht belegt.
Ehe- und Familientherapie ist vermutlich nicht bei allen Störungsgruppen gleichermaßen erfolgreich. GURMAN und KNISKERN (1978 a) dokumentieren dazu die Verbesserungsraten in der Familientherapie bei verschiedenen diagnostischen Kategorien (vgl. *Tab. 2.6*).
Diese Tabelle macht deutlich, daß Familientherapie besonders bei psychosomatischen Krankheiten und Drogenmißbrauch Erfolge erzielt. Einschränkend ist aber zu berücksichtigen, daß die Anzahl der Patienten mit diesen Erkrankungen, bei denen die Effektivität familientherapeutischer Intervention nachgewiesen2c wurde, relativ gering ist (N < 100).
Bei den sogenannten ›Familienvariablen‹ sind vor allem der Interaktionsstil, die Familienkonstellation und demographische Variablen untersucht worden. Insgesamt kann angenommen werden, daß diese Variablen wenig (bisher nachgewiesene) Auswirkungen auf das Ergebnis der Familientherapie haben.

Tab. 2.6: Verbesserungsraten in der Familientherapie bei verschiedenen diagnostischen Kategorien (nach GURMAN und KNISKERN 1978 a, S. 876)

Diagnostische Kategorie	N	Verbesserungsrate in Prozent
Neurosen und andere nicht-psychotische Störungen	241	69
Psychosen	306	68
Verhaltensprobleme	202	64
Anorexia und psychosomatische Symptome	86	91
Drogenmißbrauch	20	90
Alkoholismus	488	60

7. Frage: Therapeutenvariablen: Gibt es Zusammenhänge zwischen Therapeutenvariablen und dem Erfolg in der Familientherapie?

Therapeutenvariablen werden in der Psychotherapieforschung als genauso wichtig eingeschätzt wie Merkmale der Patienten/Familien, weil man davon ausgeht, daß unterschiedliche Typen von Therapeuten verschiedene Effekte erzielen können. Die Ergebnisforschung in der Individualtherapie hat den Einfluß von Therapeutenvariablen auf den Behandlungsverlauf auch nachweisen können, jedoch klären diese relativ wenig Varianz auf (vgl. LUBORSKY et al. 1971, 1980, 1985, 1986).

Therapeutenfaktoren sind in der bisherigen empirischen Forschung zur Ehe- und Familientherapie kaum beachtet worden, so daß wenig Ergebnisse vorliegen. In der Ehetherapie hat man besonders den Einfluß des Erfahrungsstandes des Therapeuten untersucht, es lassen sich jedoch keine eindeutigen Befunde referieren. Offensichtlich wirken sich aber Differenzen im Erfahrungsstand der Co-Therapeuten negativ aus. Auch über die Wirkung der Co-Therapie gegenüber der Therapie mit einem Therapeuten gibt es keine eindeutigen Befunde.

Als entscheidend hat sich jedoch die Beziehungsfähigkeit des Therapeuten herausgestellt. Ferner hat sich gezeigt, daß der erfolgreiche Therapeut aktiv ist, strukturierend in den ersten Sitzungen eingreift und nicht zu früh Verteidigungshaltungen der Klienten attackiert.

8. Frage: Sind Zusammenhänge zwischen Behandlungsfaktoren und dem Ergebnis, das mit Familientherapie erzielt werden kann, bekannt?

In der Forschung zur Psychotherapie hat es sich durchgesetzt, zwischen spezifischen und nicht-spezifischen Behandlungsfaktoren zu unterscheiden. Dabei sind spezifische Treatmentfaktoren solche, die für eine bestimmte Therapiemethode oder Technik typisch sind, wie z.B. die Anwendung paradoxer Interventionen in der systemtheoretisch orientierten Familientherapie oder die Durchführung einer systematischen Desensibilisierung als Interventionsmethode der Verhaltenstherapie. Als nicht-spezifische Behandlungsfaktoren werden jene Variablen bezeichnet, die unabhängig von der jeweils spezifisch applizierten Treatmentbedingungen wirken (z.B. Länge der Behandlungszeit, Dauer der Sitzungen, Frequenz der Sitzungen usw.).

Nicht-spezifische Behandlungsfaktoren:

Als nicht-spezifische Behandlungsfaktoren sind in der Ehe- und Familientherapie vor allem die Länge der Behandlung, der Modus der Behandlung (›conjoint‹, ›collaborative‹, ›concurrent‹, ›individual‹) und die Anzahl der einzubeziehenden Personen untersucht worden.

Es hat sich dabei gezeigt, daß eine kurze Behandlung bei zeitbegrenzter Therapie (bis 20 Sitzungen oder vier bis fünf Monate) mindestens genauso gut wie eine längere Therapie ist, ein Ergebnis, das offenbar für Individualtherapien nicht ohne weiteres gilt (vgl. HOWARD et al. 1986). Dieses Resultat hat einen unmittelbaren Verwertungszusammenhang für Indikationsstellungen bezüglich der differentiellen Entscheidung über die Dauer der Behandlung. Da längerfristige Ehe- und Familientherapien wahrscheinlich nicht wirkungsvoller als kurzfristige Therapien sind, erscheint es aus ökonomischen Gründen angebracht, vornehmlich kurzfristige Familienbehandlungen durchzuführen.

Analog zu dem Effektivitätsgewinn, bewirkt durch die Einbeziehung beider Partner in die Ehetherapie, spielt der Vater, der als Familienmitglied lange in der kind-orientierten Behandlung außer acht gelassen wurde, eine wichtige Rolle in der Effektivitätssteigerung solcher Familientherapien, die wegen eines Kindes oder Jugendlichen als identifiziertem Klienten initiiert wurde. Es scheint auch zuzutreffen, daß je mehr Familienmitglieder in die Familientherapie einbezogen werden, desto besser das Ergebnis ist. Das gilt besonders, wenn der identifizierte Klient ein Kind ist. Es gibt aber keine Daten, die belegen, daß es immer sinnvoll ist, zwei oder mehr Generationen in die Behandlung einzubeziehen.

Spezifische Behandlungsfaktoren:

Zur Zeit existieren in der Forschung zur Familientherapie keine Vergleichsstudien, die die Effektivität spezifischer Behandlungsfaktoren belegen. Es kann dennoch mit einiger Plausibilität aufgezeigt werden, welche spezifischen familientherapeutischen Ansätze für bestimmte gut definierte klinische Probleme eher indiziert sind als andere. GURMAN und KNISKERN (1981) haben hierzu einige Trends zusammengetragen. Eine schlußfolgender Bewertung der Effektivität von behavioralen vs. nicht-behavioralen Familienbehandlungsansätzen im Sinne einer Rangreihe lassen sie jedoch nicht zu.

1. Operant orientierte Familientherapie (vgl. LIBERMAN et al. 1981) erscheint ziemlich effektiv zu sein für die Veränderung der Häufigkeit spezifischer Verhaltensweisen von Kindern im Familienverband, wie z.B. Aggressivität, besonders dann, wenn kein schwerwiegender Ehekonflikt vorhanden ist.
2. Die ›funktionale Familientherapie‹, die zwei Ansätze – soziale Lerntheorie und Familien-System-Theorie – integriert (vgl. BARTON und ALEXANDER 1981), hat beeindruckende Ergebnisse in der Behandlung von Familien mit Adoleszenten, die in geringe Delinquenz verwickelt sind, nachgewiesen.
3. Strukturelle Familientherapie (vgl. APONTE und VANDEUSEN 1981) hat sehr ermutigende empirische Unterstützung für die Behandlung von psychosomatischen Symptomen in der Kindheit bzw. der Jugendzeit sowie des Drogenmißbrauches bei Erwachsenen erhalten. Zur Zeit scheint deshalb die strukturelle Familientherapie für diese Krankheit die Methode der Wahl zu sein, nicht zuletzt deshalb, weil es der empirisch am stärksten belegte psychotherapeutische Ansatz überhaupt für diese Krankheit ist.

2.3.4 Zusammenfassung

Die Frage nach der Effektivität einer Familientherapie wurde in diesem Abschnitt in mehrere Teilfragen aufgefächert, um den Nutzen für die Klärung der Indikationsfrage besser zu erkennen. Informationsgrundlage für deren Beantwortung waren die zur Zeit wichtigsten Überblicksreferate zu den Ergebnisstudien über Familientherapie. Es hat sich gezeigt, daß die Beantwortung der Fragen nicht immer einheitlich ausfällt. Vergleicht man z.B. die Schlußfolgerungen von GURMAN und KNISKERN (1978a) mit denen von WELLS und DEZEN (1978a), so wird die Abhängigkeit der Ergebnisse von den methodischen Anforderungen deutlich, die an die Studien gestellt worden sind.

Was läßt sich hieraus für die Indikationsstellung der Familientherapie verwerten?

Als Antworten auf die acht Fragen können zusammenfassend 16 indikationsrelevante Aussagen zur Familientherapie formuliert werden:

1. Frage: Ist Familientherapie überhaupt effektiv, und wie effektiv ist sie?
   - *Indikationsaussage 1:* Die Effektivität der Familientherapie (besonders der nicht behavioralen Familientherapie) kann als sicher gelten. Es ist zu erwarten, daß ca. zwei Drittel der Patienten durch Familientherapie Erfolge erzielen.
   - *Indikationsaussage 2:* Der Nachweis der Effektivität der Familientherapie gilt für die Behandlung von Kindern, Jugendlichen und Erwachsenen mit unterschiedlichen klinischen Befunden.
   - *Indikationsaussage 3:* Der Nachweis der Effektivität bezieht sich auf verschiedene Settings (Ambulanz, stationäre Behandlung, Tagesklinik), in denen die Patienten betreut werden.
   - *Indikationsaussage 4:* Die Effektivität der Familientherapie zeigt sich auch bei Follow-up-Messungen, durch Familientherapie werden nachhaltige Verbesserungen erzielt.
   - *Indikationsaussage 5:* Die Effektivität der Familientherapie zeigt sich sowohl in der Veränderung der Probleme der Indexpatienten als auch in der Familieninteraktion.
2. Frage: Sind bei familientherapeutisch behandelten Patienten eher positive Veränderungen zu beobachten als bei unbehandelten, ist Familientherapie erfolgreicher als keine Behandlung?
   - *Indikationsaussage 6:* Die untersuchten Familientherapien sind (effektiver oder mindestens) genauso effektiv wie ›keine Behandlung‹. (Somit ist bei Patienten, die eine Familientherapie erhalten, die Wahrscheinlichkeit der Verbesserung größer als bei Patienten ohne familientherapeutische Unterstützung.) ((Die Klammern hier und in der folgenden Aussage gelten bei strenger methodologischer Auslegung der Ergebnisstudien.))
3. Frage: Gibt es Hinweise für die Favorisierung der Familientherapie gegenüber anderen Therapiemodalitäten, ist Familientherapie erfolgreicher als Gruppen- oder Individualtherapie?

- *Indikationsaussage 7:* Familientherapie ist (effektiver oder mindestens) ebenso erfolgreich wie andere Behandlungsformen. (Bei Beziehungsproblemen ist Familientherapie in der Regel erfolgreicher als Individualtherapie.)

Bereits diese Aussagen sind allerdings nur mit Einschränkungen gültig, von denen die folgenden die zentralen sind (vgl. WELLS und DEZEN 1978a, GURMAN und KNISKERN 1981, GURMAN, KNISKERN und PINSOF 1986):

- Bei den Studien, die bis heute durchgeführt wurden, ist es im allgemeinen nicht möglich, Behandlungseffekte von Therapeuteneffekten zu unterscheiden.
- Die untersuchten Behandlungen sind meistens nicht ›reine‹ Anwendungen eines definierten Behandlungsmodells, wie z. B. des psychodynamischen Modells.
- Mit wenigen Ausnahmen ist es unmöglich zu wissen, welche Behandlungsinterventionen durchgeführt wurden, da diese meistens nicht im Detail beschrieben worden sind.
- Nicht alle familientherapeutischen Ansätze sind überprüft worden. Das hat z.B. HEEKERENS (1985) für die ›klientenzentrierte Familientherapie‹ nachgewiesen. Er resümiert:
  »Können wir nach dem Gesagten davon ausgehen, wir wüßten etwas über die Effektivität therapeutischer Methoden, die mit einigem Recht den Namen ›Klientenzentrierte Familientherapie‹ tragen? Ich denke: Nein.« (HEEKERENS 1985, S. 65).
  Auch für die systemische Familientherapie stellt HEEKERENS (1988) fest, daß ein Effektivitätsnachweis noch ausstehe.

Trotz dieser Einschränkungen können die formulierten Aussagen als Orientierungsrahmen für Indikationsentscheidungen zur Familientherapie eingestuft werden.

Die Untersuchung negativer Effekte ist besonders für die Klärung der Frage nach möglichen Kontraindikationen relevant.

4. Frage: Sind negative Effekte durch Familientherapie zu befürchten, kann Familientherapie schaden?
   - *Indikationsaussage 8:* In der Familientherapie sind Verschlechterungsraten genauso offensichtlich wie in den individuellen Psychotherapien! Es kann erwartet werden, daß sich im Durchschnitt ca. drei Prozent der Patienten, die Familientherapie erhalten, während oder nach der Behandlung verschlechtern. Deshalb:
   - *Indikationsaussage 9:* Familientherapie ist nicht grundsätzlich indiziert, Familientherapie kann schaden.
   - *Indikationsaussage 10:* Neben dem Treatment (Familientherapie) ist anzunehmen, daß vor allem die Interaktion von Patienten- und Therapeutenvariablen zu den negativen Effekten beitragen.
   - *Indikationsaussage 11:* Dadurch, daß der Zustand der Patienten, die familientherapeutisch behandelt werden, sich auch verschlechtern kann, wird auf eine erhebliche Variabilität des Behandlungserfolges hingewiesen.

Bei der Frage nach den die Effektivität der Ehe- und Familientherapie beeinflussenden Faktoren sind drei Gruppen von Variablen unterschieden worden (1. Klienten- und Familienvariablen, 2. Therapeutenvariablen und 3. Behandlungsvariablen). Insgesamt ist auch heute noch dem Resümee von DEWITT (1978) zuzustimmen,

»... daß bisher der Analyse der Einwirkung von Patient, Therapeut und Behandlungstechnik auf das Therapieresultat noch zu wenig Aufmerksamkeit geschenkt wurde.« (DEWITT 1978, S. 96)

Wegen des Mangels an Forschungsergebnissen lassen sich keine definitiven Indikationsaussagen ableiten. Dennoch sollen die Ergebnisse mit weiteren vorläufigen Indikationsaussagen zusammengefaßt werden. Dieses Vorgehen wird mit dem Argument gerechtfertigt, daß eine Indikationsentscheidung aufgrund der Ergebnisse empirischer Trends sinnvoller ist als eine Entscheidung »aufs Geratewohl«. Aus der Sicht der Effektivitätsforschung sind das allerdings Hypothesen, die noch weiteren empirischen Tests unterzogen werden müssen.

5. Frage: Welche familientherapeutische Richtung (Schule) ist erfolgreicher als andere Richtungen?
   Indikationsaussage 12: Spezifische Ansätze der Familientherapie sind für bestimmte relativ gut abgrenzbare klinische Probleme vermutlich effektiver als andere Richtungen der Familientherapie:
   - Operante Familientherapie für die Veränderung spezifischer störender Verhaltensweisen von Kindern.
   - Funktionale Familientherapie für die Behandlung von Familien mit leicht delinquenten Jugendlichen.
   - Strukturelle Familientherapie für die Behandlung psychosomatischer Krankheiten von Kindern und Jugendlichen sowie die Behandlung des Drogenmißbrauches Erwachsener.

6. Frage: Sind Zusammenhänge zwischen Familien-/Patientenmerkmalen und dem Erfolg in der Familientherapie nachweisbar, welche(r) Familie (Patient) profitiert am ehesten von Familientherapie?
   Indikationsaussage 13: Es ließen sich bisher nur unwesentliche Zusammenhänge zwischen Patienten-/Familienvariablen und dem Behandlungserfolg durch Familientherapie nachweisen.

7. Frage: Sind Zusammenhänge zwischen Therapeutenmerkmalen und dem Erfolg in der Familientherapie erkennbar, welche professionellen und personellen Charakteristika des Therapeuten haben einen Einfluß auf das Ergebnis der Familientherapie?
   Indikationsaussage 14: Es besteht offensichtlich ein Zusammenhang zwischen Merkmalen des Therapeuten und dem Behandlungserfolg im familientherapeutischen Kontext:
   - Die Beziehungskompetenz des Therapeuten hat einen wesentlichen Einfluß auf das Ergebnis der Familientherapie.
   - Der erfolgreiche Therapeut ist aktiv, strukturiert die ersten Sitzungen und attackiert nicht zu früh Verteidigungshaltungen der Familienmitglieder.

8. Frage: Sind Zusammenhänge zwischen Behandlungsfaktoren und dem Ergebnis, das mit Familientherapie erzielt werden kann, bekannt?
   - *Indikationsaussage 15:* Längerfristige Familientherapie ist nicht generell wirkungsvoller als kurzfristige Therapie.
   - *Indikationsaussage 16:* Je mehr Familienmitglieder in die Familienbehandlung einbezogen werden, desto besser ist das Ergebnis. Das gilt besonders, wenn ein Kind der identifizierte Klient ist und der Vater bei den Sitzungen teilnimmt.

Insgesamt sind die Ergebnisse der Studien zur Familientherapie für die Ableitung von Indikationsaussagen recht dürftig. Dieses Resümee ist nicht überraschend, spiegelt es doch die Forschungssituation der gesamten Psychotherapieforschung wider und ist somit für andere Bereiche der Psychotherapieforschung reproduzierbar (vgl. z. B. BOND und LIEBERMAN 1978 od. TOSELAND und SIPORIN 1986 für die Gruppentherapie).

Einige Autoren (vgl. GALE 1979, LEBOW 1981, GURMAN und KNISKERN 1981) haben Vorschläge entwickelt, die die Effektivitätsforschung zur Familientherapie verbessern könnten. Allerdings sprechen einige grundsätzliche methodologische Einwände dagegen, daß die differentielle Indikationsfrage bei Verbesserung der Studien gelöst werden könnte (vgl. Kapitel 1). Vor diesem Hintergrund erhalten Unterschungen, die das Wissen von Experten erkunden, verstärktes Gewicht.

2.4 Schlußfolgerungen

Dieses Kapitel versuchte eine Bestandsaufnahme des derzeitigen Forschungsstandes über die Indikation der Familientherapie aus theoretischer und experimenteller Forschungsperspektive zu geben.

Um den theoretischen Diskussionsstand nachzuzeichnen, wurde zunächst die Literatur, die sich explizit mit der Indikationsfrage in der Familientherapie beschäftigt hat, einer kritischen Inhaltsanalyse unterzogen. Da in der bisherigen theoretischen Forschung das Schwergewicht auf der Besprechung von Indikationsregeln und -empfehlungen lag, konzentrierte sich die Inhaltsanalyse auf die Zusammenfassung und kritische Einschätzung dieser Regeln und Empfehlungen. Als Ergebnis konnte ein Satz von Hilfsregeln ermittelt werden, die zwar einerseits plausibel erscheinen, jedoch relativ global formuliert sind und oft einer wissenschaftlichen Gültigkeitsbegründung entbehren.

Da die Ergebnisse aus experimenteller Forschungsperspektive in der bisherigen Debatte noch zu wenig beachtet wurden, beleuchtete ein weiterer Abschnitt dieses Kapitels die Resultate der Effektivitätsforschung unter dem Blickwinkel der Indikationsfrage, die in der experimentellen Forschung nur selten expliziert wird.

Bisher stehen die Ergebnisse, die in diesem Kapitel aus theoretischer und experimenteller Forschungsperspektive abgeleitet werden konnten, noch ohne

Bezug in der Form nebeneinander, wie sie auch in der derzeitigen Indikationsforschung zur Familientherapie präsentiert werden.
Im folgenden wird deshalb geprüft, welche **Schlußfolgerungen** sich **für den Praktiker und den Forscher** ergeben, wenn beide Forschungsperspektiven aufeinander bezogen werden.
Dadurch soll zunächst für den Praktiker deutlicher werden, wie er Familientherapie sinnvoll einsetzen kann. Darüber hinaus sollen sich für den Forscher weitere Arbeitsschwerpunkte zur Klärung der Indikationsfrage herausschälen. Die Trennung zwischen den Schlußfolgerungen für den Praktiker einerseits und dem Forscher andererseits ist hier lediglich analytisch gemeint. Denn bei relevanter Forschung kann die Sichtweise der Praxis ebenso wenig ausgeblendet werden wie die Sichtweise der Forschung bei verantwortungsvoller Praxis.

2.4.1 Schlußfolgerungen für den Praktiker

Die Ergebnisse aus theoretischer und experimenteller Forschung erlauben für den Praktiker Schlußfolgerungen, die drei Aspekte berühren, und zwar die Relevanz der Indikationsfrage im Kontext der Familientherapie, die Auswahl von Patienten/Familien und das Verhalten des Therapeuten.

Relevanz der Indikationsfrage:

Die Ergebnisse aus theoretischer und experimenteller Forschung lassen insgesamt keinen Zweifel daran, daß die Indikationsfrage eine sinnvolle und zugleich notwendige Praxisfrage ist. Denn auch wenn der Effektivitätsnachweis als erbracht gilt, ist Familientherapie kein Allheilmittel. Das wurde nirgends deutlicher angesprochen als von WAHLROSS (1976):

»However, it is important that we keep our feet on the ground and see family therapy realistically as one of many possible approaches rather than as *the* approach to use in all cases.« (WAHLROSS 1976, 11; Hervorhebung im Original)

Es ist sogar nicht auszuschließen, daß einige Patienten/Familien im Kontext familientherapeutischer Interventionen Schaden nehmen. Ferner mag Familientherapie vermutlich bei bestimmten Störungsgruppen erfolgreicher als andere Therapien sein, von experimenteller Forschungsseite aus betrachtet steht jedoch der Nachweis der Überlegenheit der Familientherapie gegenüber Einzeltherapie und Gruppentherapie noch aus. Darüber hinaus gibt es aus theoretischer Sicht einige Gründe anzunehmen und aus experimenteller Sicht spricht nichts dagegen, daß Familientherapie besonders bei Interaktions- und Kommunikationsstörungen in der Familie gute Erfolge erzielt. Aber auch selbst bei Interaktions- und Kommunikationsstörungen können bestimmte Umstände in der Familie vorliegen, die es nicht zweckmäßig erscheinen lassen, Familientherapie einzusetzen. Zuletzt sei noch einmal daran erinnert, daß nicht alle Familientherapeuten gleich effektiv sind.

Insgesamt sprechen diese Überlegungen für ein differenziertes Abwägen zwischen Einsatz und Nicht-Einsatz einer Familienbehandlung unter Einbeziehung von Familien- und Therapeutenvariablen. Die Indikationsfrage ist also in der Praxis relevant.

Auswahl von Patienten/Familien:

Aus experimenteller Forschungsperspektive kann dem Praktiker nur wenig mitgeteilt werden, nach welchen Kriterien eine Auswahl von Patienten/Familien sinnvollerweise geschehen sollte. Auch wenn sich aus einigen Experimenten ableiten läßt, daß Familientherapie bei psychosomatischen Krankheiten und Drogenmißbrauch besonders gute Erfolge erzielt, wäre es unvernünftig, Familientherapie nur bei diesen Störungsgruppen zu indizieren. Vermutlich ist Familientherapie nicht lediglich auf bestimmte individuelle Störungen zugeschnitten. Die Anwendung bei einer Vielzahl von individuellen Symptomen, über die aus theoretischer und experimenteller Sicht berichtet wird, läßt vielmehr auf einen breiten Anwendungsbereich der Familientherapie schließen, auch wenn Familientherapie sich dabei nicht immer als Methode der Wahl erweist.
Bei der Indikationsstellung in der Praxis ist es deshalb hilfreich, nicht nur auf die Diagnose des identifizierten Patienten zu achten, sondern eine Indikationsstellung mehr von dem Problemgeschehen der Familie als Ganze abhängig zu machen. Von theoretischer Seite ist dabei besonders auf die Beteiligung der Familie am Problemgeschehen und auf deren Motivation hingewiesen worden. Geringe familiäre Beteiligung am Problemgeschehen und geringe Motivation werden in Richtung Kontraindikation gewichtet. Eine Beteiligung familiärer Prozesse wird von den Theoretikern besonders bei Störungen von Kindern und Jugendlichen angenommen. Damit in Einklang stehen die besonders hohen Verbesserungsraten der Familientherapie bei experimentellen Studien mit Kindern und Jugendlichen und unterstreichen hier eine positive Indikation zur Familientherapie.
Insgesamt kann dem Praktiker bei der Indikationsstellung zur Familientherapie empfohlen werden, die individuelle Symptomatik des Indexpatienten zwar nicht aus dem Blickfeld zu verlieren, jedoch stark auf die Beteiligung der Familienmitglieder am Problemgeschehen und auf deren Motivation zu achten.

Verhalten des Therapeuten:

Obgleich von theoretischer Seite mit starker Vehemenz das eine oder andere Therapeutenverhalten als das Nonplusultra herausgestellt wird, konnte von experimenteller Seite jedoch bisher kein starker Einfluß des Therapeutenverhaltens auf die Effektivität der Familientherapie nachgewiesen werden. Dennoch kann dem Praktiker von beiden Forschungsperspektiven ein aktives, strukturierendes und emotional einfühlendes Verhalten empfohlen werden. Dabei versteht es sich von selbst, daß der Therapeut mit seinen eigenen Gefühlen umgehen kann. Familientherapie ist aus der Sicht der Theoretiker demnach kontraindiziert, wenn der betreffende Therapeut keine Erfahrung hat, das beschriebene Verhalten zu induzieren.

Insgesamt setzt Familientherapie einen professionellen Therapeuten voraus, dessen Verhalten sich mit den Begriffen ›Aktivität‹, ›Strukturiertheit‹, ›Empathie‹ und ›emotionale Festigkeit‹ charakterisieren läßt.

2.4.2 Schlußfolgerungen für den Forscher

Die in diesem Kapitel vorgenommene Bestandsaufnahme berechtigt zu dem Urteil, daß die Indikationsforschung im Rahmen der Familientherapie noch in den Anfängen steckt. Nach unserer Einschätzung ist es nicht zu vertreten, daß der Aufgabenbereich der Indikationsforschung auf die Sammlung von Regeln und Kriterien für die Indikationsstellung und deren Absicherung durch plausible Überlegungen beschränkt bleibt. Der Gegenstand sollte weiter gesehen werden. Im folgenden werden deshalb einige Vorschläge für zukünftige Forschungsschwerpunkte skizziert, die sich auf den Stellenwert deskriptiver Studien, den Aufgabenbereich theoretischer Forschung und auf die Verbesserung von experimentellen Studien beziehen.

Stellenwert deskriptiver Studien

Für die Klärung der Indikationsfrage in der Familientherapie ist es sinnvoll, daß weitere detaillierte Analysen der Indikationspraxis vorgenommen werden (die ›GAP‹-Studie 1970 und die Untersuchung von GERHARDT 1981 zielen genau in diese Richtung). Die durch deskriptive Analysen der Indikationspraxis gesammelten Informationen sind wichtig sowohl für Planungen von Ausbildungsangeboten als auch zur Abschätzung der faktischen Grenzen und Möglichkeiten der Familientherapie. Die Entwicklung eines deskriptiven Modells der Indikationspraxis im Rahmen der Familientherapie könnte dabei als Idealziel angestrebt werden. Deskriptive Analysen sind auf verschiedenen Ebenen durchzuführen, wobei man zunächst auf der Ebene von Institutionen mit umschriebenen Aufgabenbereichen (z.B. Erziehungsberatungsstellen) anfangen könnte.
Im Kontext deskriptiver Studien sollten häufiger erfahrene Praktiker (Experten) nach ihrer Einschätzung zu den Anwendungsmöglichkeiten der Familientherapie befragt werden (vgl. Kapitel 3 und 4). Das so gesammelte Expertenwissen läßt sich als weitere Informationsquelle neben Erkenntnissen aus Theorien und Experimenten für die Klärung von Indikationsfragen nutzen.

Aufgabenbereich theoretischer Forschung:

Neben der kritischen Reflexion und Konzeptionalisierung experimenteller und anderer empirischer Untersuchungen wird aus unserer Sicht der Aufgabenbereich der theoretischen Forschung zur Zeit vor allem darin gesehen, verschiedene Strömungen in der Familientherapie vergleichend gegenüberzustellen. Erste Versuche liegen z.B. von MADANES und HALEY (1977), RITTERMAN (1977), ROHRBAUGH (1986) und TEXTOR (1988) vor. Zielsetzung eines solchen Vergleiches ist dabei zum einen die Überprüfung der Unterschiede und Gemeinsamkeiten der einzelnen Schulen und zum anderen ein Integrationsversuch. Dabei könnte sich zeigen, daß die einzelnen Schulen bestimmte Schwerpunkte haben und spezifische Techniken einsetzen, die für bestimmte Familiensituationen differentiell indiziert sind. In diese Richtung gehen jedenfalls neuere Arbeiten von GRUNEBAUM und CHASIN (1982), WELTNER (1985) und WORTHINGTON (1987), in denen darüber nachgedacht wird, bei welchen Familien mit welchen schulenbezogenen Interventionsformen die konkrete Familienbehandlung ausgestaltet werden könnte. Ob eine so theoretisch angeleitete differentielle Indikationsentscheidung sich in der Praxis umsetzen läßt, ist jedoch vor dem Hintergrund der Studien von GREEN und KOLEVZON (1982) und von ROHRBAUGH (1986) noch völlig offen. Denn Therapeuten verschiedener Schulen unterscheiden sich zwar in ihren theoretischen Vorannahmen, jedoch wenig in ihren konkreten therapeutischen Verhaltensweisen.

Verbesserung experimenteller Forschung:

Eine Verbesserung der Effektivitätsforschung zur Familientherapie kann zum einen dadurch erreicht werden, daß vor der Experimentalphase andere Studien vorgeschaltet werden, um zu relevanten Fragestellungen zu kommen. Zum anderen ist eine Verbesserung durch die Beachtung einiger methodologischer Empfehlungen zu erzielen.

Um zu ausgewählten Problemstellungen für experimentelle Studien zu gelangen, könnten folgende Untersuchungen vorgeschaltet werden:

- Mit Fragebogenaktionen in Praxisfeldern, in denen Familientherapie angeboten wird, könnten Experten zunächst nach ihrer Meinung darüber befragt werden, welche Faktoren die Effektivität der Familientherapie beeinflussen. Die ermittelten Variablen sollten dann in Experimenten stärkere Beachtung finden.
- Vor der Durchführung weiterer Ergebnisstudien könnte es auch nützlich sein, systematische Auswertungen solcher Fälle aus der familientherapeutischen Praxis vorzunehmen, bei denen im Kontext einer Familienbehandlung negative Effekte erzielt wurden. Vielleicht gelingt es so besser, negativen Effekten experimentell auf die Spur zu kommen.
- Vor der Durchführung von Gruppenstudien ist es zweckmäßig, interessierende Hypothesen durch Einzelfallstudien vorab zu prüfen (vgl. RABIN 1981). Diese Einzelfallstudien sollten nach Möglichkeit in Praxisfeldern durchgeführt werden, in denen Familientherapie üblicherweise indiziert wird.

Aus methodologischer Sicht ist u. a. anzuregen, daß

- die Ergebnisse der Familientherapie nicht nur nach Effektivitätsgesichtspunkten beurteilt werden, sondern auch nach Kriterien der Effizienz (vgl. KAZDIN und WILSON 1978);
- Effektivitäts- und Effizienzmessungen nach dem Konzept einer multidimensionalen Diagnostik erfolgen (vgl. CROMWELL, OLSON und FOURNIER 1976, GURMAN und KNISKERN 1981, GURMANN, KNISKERN und PINSOF 1986);
- bei komparativen Studien nicht nur Mittelwertsvergleiche vorgenommen werden, sondern statistische Berechnungen, die differentielle Effekte besser aufdecken (vgl. GRAWE 1981, 1989);
- die Treatmentfaktoren genauer spezifiziert und bei definierten Patientengruppen appliziert werden.

3 Empirische Erhebung und systematische Analyse von Expertenwissen

Im Mittelpunkt dieses Kapitels steht die Darstellung von Expertenaussagen über eine Reihe von Diagnosekriterien, Therapiezielen und Entscheidungsregeln zur Familientherapie. Die Auswertung und Analyse der Ergebnisse erfolgt in dreifacher Hinsicht: Zunächst werden die Einschätzungen der Experten mit theoretischen Überlegungen im Rahmen der Familientherapie konfrontiert. Dann werden verschiedene Indikationskriterien zusammengefaßt und aus ihnen übergeordnete Entscheidungsdimensionen für die Praxis abgeleitet. Zuletzt wird – im Rahmen einer sogenannten »Subpopulationsanalyse« – gezeigt, welche Indikationskriterien auch von verschiedenen Expertengruppen tendenziell in ähnlicher Richtung beurteilt werden und wo unterschiedliche Ausprägungen vorliegen. Durch die Darstellung dieser verschiedenen Blickwinkel soll es dem Leser ermöglicht werden, zu beurteilen, inwieweit die Expertenaussagen als angemessene Informationsquelle zur Ableitung von Indikationsaussagen akzeptierbar sind.

3.1 Fragen an Familientherapeuten zur Indikationspraxis

Zum Indikationsproblem von Familientherapie wurden im Kapitel 1 zwei Probleme empirischer Forschung angesprochen: Zum ersten steht dem Praktiker wie dem Wissenschaftler bislang nur geringes empirisches Wissen zur Verfügung. Und dann erscheint die differentielle Indikationsfrage als reicher Komplex, dessen dimensionale Verschachtelung kaum nur ansatzweise geklärt ist. Unserer Meinung nach begründen beide Schwierigkeiten die Notwendigkeit, zunächst einmal den »Ist-Zustand« der Indikationspraxis von Familientherapie zu beschreiben. In Kapitel 2 wurde begründet, warum bei einer solchen »Deskriptiven Analyse des Ist-Zustandes« auf das Erfahrungswissen von Therapeuten, die demnach einen »Experten-«Status zugewiesen bekommen, zurückgegriffen werden sollte. Die allgemeine Fragestellung unserer Untersuchungen lautet demnach:

»Wie sieht die Indikationspraxis zur Familientherapie in verschiedenen Institutionen aus Sicht dort therapeutisch tätiger Experten aus?«

In der wissenschaftlichen Diskussion zum Indikationsproblem werden von verschiedenen Autoren eine ganze Reihe von Dimensionen genannt, die die Indikationspraxis von Therapeuten bestimmen (vgl. Kapitel 1). In unseren Untersuchungen haben wir uns auf drei Dimensionen beschränkt, von denen wir uns einen wichtigen und relevanten Zugang zu den Erfahrungen von Praktikern versprechen. In *Abbildung 3.1* sind die drei Dimensionen für familientherapeutische Indikationsentscheidungen dargestellt:

Die 1. Dimension umfaßt die »Therapeutenvariablen«. Hierzu gehören zunächst personenbezogene Merkmale wie Alter, Beruf und Ausbildung. Wir gehen davon aus, daß auch solche »äußerlichen« Daten Hinweise geben können, unterschiedliche Einschätzungen von Erfahrungen bei unterschiedlichen Therapeutengruppen zu erklären. Auch die therapeutischen Konzepte zählen dieser Dimension zu. Hierunter verstehen wir die Modelle des Therapeuten von verschiedenen psychischen Störungen und Problemen sowie dessen Konzepte von Entwicklung und Veränderung. Demnach umfassen sie auch Diagnose- und Zielvorstellungen. Dieser Bereich wird noch einmal in eine einzel- und familientherapeutische Konzeption differenziert. Er bildet naturgemäß den Schwerpunkt unserer Untersuchungen. Der Vollständigkeit halber wird auch die »therapeutische Kompetenz« als indikationsrelevantes Kriterium des Therapeuten angeführt, das heißt, die Fähigkeit des Therapeuten, sein Konzept handlungsmäßig umzusetzen. Verständlicherweise muß in diesem Stadium der Forschung, in dem erst einmal Indikationskriterien zu entwickeln sind, dieser Aspekt vernachlässigt werden. Wir beschränken uns hier auf die Erhebung des Umfangs von Weiterbildung und Supervision.

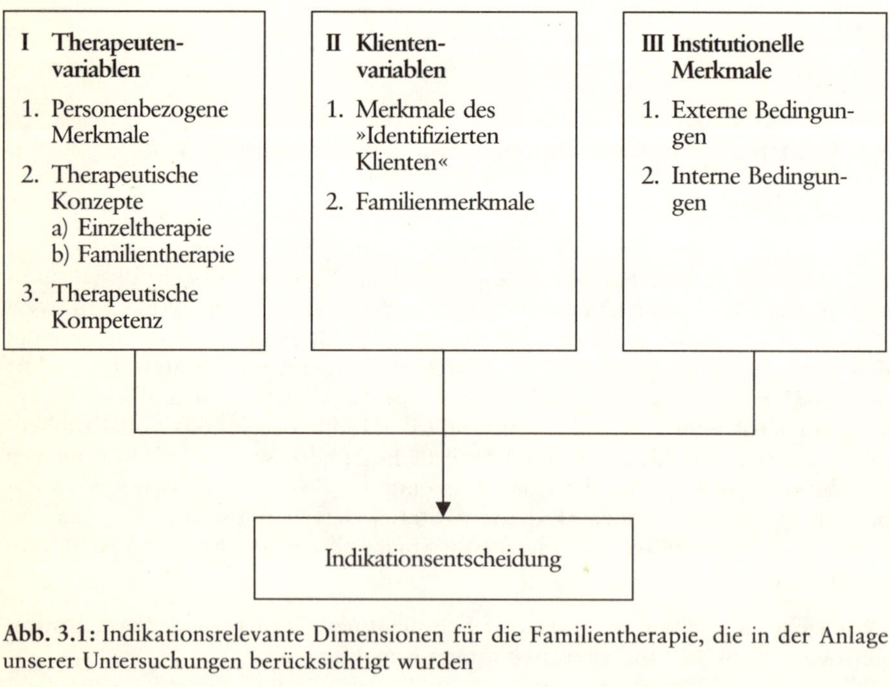

Abb. 3.1: Indikationsrelevante Dimensionen für die Familientherapie, die in der Anlage unserer Untersuchungen berücksichtigt wurden

Die 2. Dimension betrifft die »Klientenvariablen«. Das sind zunächst einmal die Merkmale des vorgestellten Klienten, der von uns »Identifizierter Klient«, IK, genannt wird. Neben personenbezogenen Merkmalen wie Alter, Schulbildung etc. fragen wir nach der Art der beschriebenen Problematik. Auch berücksichtigen wir seine Motivation sowie seine Behandlungsziele. Neben den Merkmalen des »Identifizierten Klienten« werden auch die seiner Familie einbezogen, denn es geht um die Frage, ob seine Angehörigen mit in die Behandlung einbezogen werden oder nicht. Unter »Familienmerkmalen« verstehen wir zum Beispiel die Beziehungsstruktur, die Rollen der einzelnen Mitglieder, ihre Ziele und ihre Motivation zur Mitarbeit. Eine »Expertenbefragung« zu dieser Dimension hat eine ganz andere Qualität als zur vorangegangenen. Handelte es sich zuerst noch um Auskünfte bzw. Einschätzungen über sich selbst, gibt der Praktiker hier Auskunft über seine Sicht auf den Klienten sowie darüber, wie diese seine Indikationsentscheidung beeinflußt.
Die 3. Dimension berücksichtigt Merkmale der therapeutischen Institution. Dabei wird unterschieden zwischen »externen Bedingungen«, die zumeist vom Träger bestimmt werden (z.B. personelle Besetzung, Ausstattung, Einzugsbereich, Klientel u. ä.) und »internen Bedingungen«, wobei Arbeits- und Organisationsstruktur, das Beratungskonzept, der Bedarfsdruck sowie Möglichkeiten interner Supervision Berücksichtigung fanden. Wir gehen davon aus, daß das Erfahrungswissen von Therapeuten auch von den institutionellen Bedingungen, in denen es gewonnen wird, abhängt. Diese beeinflussen die Arbeitsweise der Therapeuten, wie das die Beratung suchende Klientel. Es ist zu fragen, ob sich hier unterschiedliche Bedingungen auch in der Art der Indikationsentscheidungen manifestieren.
Nach der Eingrenzung des Gegenstandes auf allgemeiner Ebene bestand nun die Aufgabe, ihn in einen konkreten, empirischen Forschungsplan umzusetzen. Zu diesem Problem konnten – wie bereits mehrfach angedeutet – weder eine befriedigende Theorie noch empirisches Wissen, aus dem konkrete Hypothesen ableitbar gewesen wären, als Hilfen herangezogen werden. Demnach ist eine schrittweise Annäherung angebracht: Als Grundlage diente zunächst die weitverzweigte, theoretisch recht uneinheitliche, einschlägige Literatur, die nach systematischen Gesichtspunkten aufgearbeitet wurde (vgl. Kapitel 2). Damit konnten vor allem konkretere Kriterien der (Kontra-)Indikationsstellung, Ziele der Familienbehandlung sowie die Bedeutung verschiedener Problemlagen bei Einzelklienten und Familien, die aus Sicht der Autoren für bzw. gegen eine Familienbehandlung sprechen, zusammengestellt werden. Ihre Vollständigkeit soll aber nicht voraussetzungslos unterstellt, sondern auch empirisch abgeklärt werden – wenigstens auf der Ebene von allgemeineren Dimensionen. Damit sollte möglichst ausgeschlossen werden, daß wichtige Bereiche bei der Indikationsstellung übersehen werden. Wir haben in diesem Stadium eine Reihe qualitativer Interviews mit Therapeuten in Erziehungsberatungsstellen (EBStn) durchgeführt. Gegenstand war ihr bewußtes Vorgehen bei der Indikationsstellung in konkreten Fällen aus ihrer Praxis. Geprüft wurde, ob sich das beschriebene Vorgehen auf den extrahierten, theoretischen Kriterien abbilden ließ (vgl. HENNING und WÄLTE 1983). Die ersten Ergebnisse der Einzel-Interviews waren ermutigend: Offensichtlich waren durch den Review tatsächlich wichtige und auch praxisrelevante Kriterien erfaßt worden, ohne daß

konkret Hinweise auf gravierende Unvollständigkeit gefunden werden konnten. Allein die Breite, mit der die Fragestellung beleuchtet werden sollte, wurde ein wenig skeptisch beurteilt: Die Therapeuten waren der Auffassung, daß in der Praxis so viele Dimensionen bei der Indikationsstellung nicht berücksichtigt werden. Da die mündliche Umfrage aber nicht repräsentativ sein konnte, entschlossen wir uns, auch die nach Meinung der befragten Experten »unwichtigeren« Dimensionen beizubehalten und die Hinweise zu überprüfen (vgl. hierzu ausführlich: HENNING und WÄLTE 1983).

Diese hier nur kurz beschriebenen Voruntersuchungen dienten der Konstruktion eines umfangreichen Fragebogens, der bundesweit Praktikern in verschiedenen Institutionen vorgelegt werden sollte. Mit einer solchen Befragung sollte – auf möglichst repräsentativer Grundlage – der »Ist-Zustand« familientherapeutischer Behandlung auf breiter Basis erhoben werden. Ein solcher Schritt auf dem Weg einer empirischen Klärung des Indikationsproblems von Familientherapie verspricht die Beantwortung vor allem dreier, zentraler Fragen:

1. *Welchen quantitativen Stellenwert hat Familientherapie in der Praxis?* Dabei geht es um die Frage, wie häufig Familienbehandlungen faktisch indiziert werden und welches Setting bevorzugt wird. Dazu gehört auch das Gewicht, welches Praktiker verschiedener Berufsausbildung der Aus- und Weiterbildung sowie Supervision in Familientherapie einräumen. Und schließlich sollen verschiedene therapeutische Institutionen (Kinder-, Jugendpsychiatrie und Erziehungsberatung) unter den angesprochenen quantitativen Gesichtspunkten miteinander verglichen werden.

2. *Wie bewerten Praktiker die in der Literatur behandelten Diagnosekriterien, Therapieziele und Entscheidungsregeln für die Indikation zur Familientherapie?* Ein Ergebnis des Literatur-Rückblicks war die Zusammenstellung einer Reihe von »Indikations-« bzw. »Kontraindikationsregeln« zur Familientherapie. Die Frage war nun, ob die Bedeutung dieser Regeln in der Praxis ähnlich beurteilt wird und damit eine abgesichertere Grundlage für Orientierungshilfen bei praktischen Indikationsentscheidungen gegeben werden kann. Die Einschätzungen der Entscheidungsregeln sollten durch die Bewertung von Diagnose- und Zielkriterien – ebenfalls aus der einschlägigen familientherapeutischen Literatur abgeleitet – ergänzt werden, da davon ausgegangen wird, daß auch sie im therapeutischen Entscheidungsprozeß eine wichtige Rolle spielen.

3. *Gilt die allgemeine Bewertung von Indikationskriterien auch für unterschiedliche Therapeutengruppen?* In diesem Schritt soll geklärt werden, ob die zuvor isolierten Indikations- bzw. Kontraindikationsregeln von Experten mit unterschiedlichem Erfahrungshintergrund vergleichbar bewertet und gewichtet werden. Dabei werden die Daten nach Kriterien analysiert, die eine Varianz der Expertenurteile vermuten lassen: Berufsausbildung und -erfahrung, therapeutische Weiterbildung, Umfang familientherapeutischer Arbeit und institutioneller Rahmen. So kann geklärt werden, welche Kriterien von diesem Kontext unabhängig bzw. abhängig beurteilt werden.

Die Fragen (1) und (2) werden im folgenden mit Hilfe deskriptiver Analysen der Fragebogen-Ergebnisse bearbeitet. Zur Klärung der Frage (3) wird die Methode der »Subpopulationsanalyse« eingeführt. Mit diesem Vorgehen können Gemeinsamkeiten und Unterschiede zwischen den verschiedenen Therapeutengruppen auf statistischem Wege nachgewiesen werden. Der in diesem Abschnitt beschriebene forschungslogische Ablauf unseres Projektes ist in *Abbildung 3.2 (S. 118)* zusammenfassend dargestellt.

3.2 Die Expertenbefragungen in Kinder- und Jugendpsychiatrie und Erziehungsberatung

Die Fragebogenuntersuchungen fanden in den beiden Institutionen der psychosozialen Versorgung statt, in denen familientherapeutische Ansätze in den letzten zehn Jahren zunehmend Verbreitung fanden: (1) Institutionelle Erziehungsberatung und (2) Kinder-Jugendpsychiatrie. Dabei weisen die bisher erschienenen Umfragen zum Status Quo der Entwicklung des familientherapeutischen Feldes darauf hin, daß besonders die Erziehungsberatung diejenige Institution ist, in der Familientherapie gegenwärtig am häufigsten verwandt wird. DIERKING schreibt dazu in einer Übersicht zur Verbreitung der Familientherapie in der Bundesrepublik:

»In Deutschland scheinen es v.a. die Erziehungsberatungsstellen zu sein, die, mit einem multiprofessionellen Team ausgestattet, sich der neuen (familientherapeutischen; Anm. d. Verf.) Sichtweise von Klientenproblemen gegenüber aufgeschlossen zeigen.« (DIERKING 1980, S. 293).

Ähnliche Ergebnisse erhielten GERHARDT (1981) und JÜRGENS (1983). Aus diesem Grunde bildete die Erhebung in der Institutionellen Erziehungsberatung den Schwerpunkt unserer Untersuchungen. Da wir davon ausgehen, daß die Berufserfahrung von Experten auch von den institutionellen Bedingungen, unter denen sie gewonnen wurde, geleitet wird (vgl. Kapitel 1), sollte sich die Erforschung der Indikationspraxis auch nicht auf eine Institution beschränken. Mit einer Umfrage in der Kinder-Jugendpsychiatrie ergab sich die Möglichkeit einer vergleichenden Studie mit dem Ziel, auch institutions-spezifische Erfahrungen benennen zu können. Und schließlich erschien es sinnvoll, auch hier den ›Ist-Zustand‹ familientherapeutischer Praxis zu erheben. Über die Verbreitung von Familientherapie in der Kinder-Jugendpsychiatrie liegt erst eine spezifische Studie von STOLLNER (1983) aus dem Jahre 1982 vor, die aber aufgrund der kleinen Stichprobe (N = 27) höchstens Tendenzen aufzeigen kann. Andere Veröffentlichungen beschreiben lediglich die Arbeitsweise einzelner Einrichtungen (z.B. HÖGER et al. 1984). Die erste umfangreiche Fragebogen-Erhebung zur Indikationspraxis von Familientherapie wurde von HENNING und WÄLTE (1983) in der Erziehungsberatung durchgeführt. Der Fragebogen wurde (in mehrfacher Ausfertigung) an 185 zufällig ausgewählte EBStn in Nordrhein-Westfalen versandt mit dem Hinweis, daß nur Mitarbeiter, die selbst Familien-

Allgemeine Fragestellungen

Wie sieht die Indikationspraxis zur Familientherapie in verschiedenen therapeutischen Institutionen aus Sicht dort familientherapeutisch tätiger Experten aus?

Welche Indikationskriterien werden in der Literatur genannt?

↓

Literatur-Review:
Indikation zur Familientherapie

Sind die »Review-Ergebnisse« aus der Sicht von Praktikern vollständig und relevant?

↓

Voruntersuchung:
Tiefeninterviews mit Familientherapeuten

Welchen Stellenwert hat Familientherapie in verschiedenen Institutionen und wie bewerten die Praktiker die verschiedenen Diagnosekriterien, Entscheidungsregeln und Therapieziele?

↓

Hauptuntersuchung:
(Repräsentative) Fragebogenuntersuchung in der Erziehungsberatung und Kinder-/Jugendpsychiatrie

Welchen quantitativen Stellenwert hat Familientherapie in der Praxis?

Wie bewerten Praktiker die in der Literatur behandelten Diagnose-, Ziel- und Indikationskriterien?

↓ ↓

Auswertung:
Deskriptive Analyse der Fragebogenerhebungen

Gilt die Bewertung von Indikationskriterien auch für unterschiedliche Therapeutengruppen?

↓

Subpopulationsanalyse

Abb. 3.2: Forschungslogischer Ablauf der Untersuchungen über die Identikation zur Familientherapie. – Der Literatur-Review wurde bereits in Kapitel 2 dokumentiert. Die Ergebnisse der Tiefeninterviews wurden in dieser Arbeit nicht zusammengefaßt, da sie als Voruntersuchung zu den Fragebogenerhebungen angelegt waren (vgl. Henning und Wälte 1983). An den Hauptuntersuchungen nahmen aus der Kinder-Jugendpsychiatrie 94, aus der Erziehungsberatung 204 Praktiker mit Erfahrung in Familientherapie teil.

therapie durchführen, an der Untersuchung teilnehmen sollten. Insgesamt wurden 75 vollständig ausgefüllte Fragebogen zurückgesandt, die aus 50 EBStn stammten. Ein modifizierter Fragebogen wurde dann Anfang 1985 bundesweit (in ebenfalls mehrfacher Ausfertigung) an 70 kinder-jugendpsychiatrische Einrichtungen verschickt. Dabei handelte es sich um alle zum damaligen Zeitpunkt der »Deutschen Gesellschaft für Kinder- und Jugendpsychiatrie (DGKJ)« angeschlossenen Einrichtungen (vgl. POGGENPOHL und WIESMANN 1985). Bei dieser Erhebung wurden insgesamt 94 vollständig ausgefüllte Fragebogen aus 48 Einrichtungen zurückgesandt. Die dritte und umfangreichste Erhebung führten die Autoren 1987 wiederum in der Erziehungsberatung durch. Diesmal wurden bundesweit 400 Beratungsstellen angeschrieben. Diese bildeten eine Zufallsauswahl der 803 Beratungsstellen, die 1985 in der »Bundeskonferenz für Erziehungsberatung e.V. (BUKO)« registriert waren. In die Auswertung konnten insgesamt 204 Fragebogen aus 127 Beratungsstellen (= 32% aller angeschriebenen Stellen) einbezogen werden.

Den genannten drei Untersuchungen wird in den nachfolgenden Analysen ein unterschiedliches Gewicht zukommen: Im ersten Teil, wo der quantitative Stellenwert von Familientherapie beschrieben wird, stützen sich die Ergebnisse v.a. auf die beiden jüngsten, bundesweiten Erhebungen in der Kinder-Jugendpsychiatrie und der Erziehungsberatung. Die erste Studie (Erziehungsberatung in NW 1982) wird dann hinzugezogen, wenn sich Tendenzen einer quantitativen Veränderung in den letzten fünf Jahren aufzeigen lassen. Im zweiten (Bedeutung von Diagnose-, Ziel- und Indikationskriterien) und dritten Teil (Subpopulationsanalyse) wird der bundesweiten Erhebung in der Erziehungsberatung die größte Bedeutung zugeschrieben. Diese stützt sich auf ein umfangreicheres Datenmaterial und auf die größte Stichprobe in Relation zu allen bisherigen Untersuchungen. Es werden aber auch Vergleiche mit der Kinder-Jugendpsychiatrie (1985) sowie mit der weiter zurückliegenden Untersuchung in der Erziehungsberatung gezogen. Doch bevor wir unsere Ergebnisse zur Beantwortung obiger Forschungsfragen heranziehen, sollen unsere Stichproben kurz charakterisiert werden.

3.2.1 Therapeutenmerkmale unserer Stichproben

In diesem Abschnitt geben wir einen kurzen Überblick über demographische Daten der befragten Therapeuten (Alter, Geschlecht, Beruf und Berufserfahrung) sowie charakteristische Kriterien der Einrichtungen, in denen jene arbeiten. Damit kann gezeigt werden, daß in unseren Stichproben ein recht breites und repräsentatives Feld therapeutischer Praxis abgebildet ist.

Alter und Geschlecht:

Die Altersstruktur der befragten Therapeuten in der Erziehungsberatung ist vergleichbar mit der in der Kinder-Jugendpsychiatrie und liegt im Durchschnitt bei 39 (KJP: 37) Jahren. In beiden Institutionen sind mehr als die Hälfte der familientherapeutisch Tätigen, die an unserer Befragung teilgenommen haben, zwischen 30 und 40 Jahre alt. In allen unseren Erhebungen waren die männlichen Therapeuten deutlich überrepräsentiert – und zwar etwa im Verhältnis 3:2. Diese zahlenmäßige Ungleichheit ist eine Spiegelung der realen Zusammensetzung der Teams in den betreffenden Institutionen.

Berufsgruppen:

Erwartungsgemäß war die Verteilung auf die verschiedenen Berufsgruppen in den Institutionen unterschiedlich. In der Kinder-Jugendpsychiatrie sind vorwiegend Mediziner und Psychologen (im Verhältnis 3:2) als Therapeuten beschäftigt (vgl. SIEBECKE-GIESE 1980). Entsprechend überwiegen in unserer Untersuchung diese beiden Berufsgruppen mit insgesamt über 90 Prozent der befragten Familientherapeuten (Mediziner: 46%; Psychologen 45%). In den EBStn sind etwa die Hälfte der therapeutisch tätigen Mitarbeiter Psychologen, ein Drittel Sozialpädagogen/-arbeiter und 20 Prozent kommen aus anderen Berufsgruppen (vgl. Minister für Arbeit, Gesundheit und Soziales 1980). In unserer Untersuchung ist das zahlenmäßige Übergewicht der Psychologen mit 60 Prozent noch deutlicher. Hier sind Sozialarbeiter/-pädagogen mit einem Anteil von 27 Prozent, die übrigen Berufsgruppen mit 13 Prozent relativ geringer vertreten.

Berufserfahrung:

In unseren Untersuchungen wurde sowohl nach der Dauer der allgemeinen Berufstätigkeit als auch nach der in der betreffenden Institution gefragt. Die institutions-spezifische Berufserfahrung lag im Durchschnitt etwa zwei Jahre unter der gesamten Berufszeit.
Die befragten Therapeuten aus den EBStn stehen durchgängig länger im Beruf (im Mittel neun Jahre) als ihre Kollegen in der KJP (im Mittel sechs Jahre). Insgesamt ist in beiden Fällen festzuhalten, daß die Praktiker unserer Studien als ausgesprochen »berufserfahren« anzusehen sind.

3.2.2 Institutionelle Rahmenbedingungen für die Familientherapeuten unserer Stichproben

Neben den biographischen Daten der Therapeuten soll ein kurzer Überblick über die institutionelle Situation gegeben werden. Damit kann gezeigt werden, daß die Teilnehmer unter verschiedenen institutionellen Rahmenbedingungen arbeiten, diese aber jeweils in ausreichendem Maße in unserer Studie vertreten sind. Wegen der großen Unterschiedlichkeit zwischen Kinder-Jugendpsychiatrie und Erziehungsberatung werden die beiden Institutionen getrennt betrachtet.

a) Kinder-Jugendpsychiatrie

POGGENPOHL und WIESMANN (1985) fragten in ihrer Untersuchung nach der Trägerschaft, der Bettenzahl und der Wartezeit für eine stationäre Behandlung.

Trägerschaft

Die Hälfte der kinder-jugendpsychiatrischen Kliniken steht unter öffentlich-rechtlicher Trägerschaft. Danach kommen die Unikliniken mit etwa 25 Prozent und die freien-gemeinnützigen und privaten Träger mit je 12 Prozent. Durch die Teilnehmer unserer Untersuchung sind die verschiedenen Träger angemessen repräsentiert.

Bettenzahl

Die Größe der Einrichtungen läßt sich an der Bettenzahl ablesen. Etwa 40 Prozent der befragten Therapeuten arbeitet in Institutionen mit weniger als 25 Betten, 15 Prozent in solchen mit mehr als 100 Betten. Dabei ergibt sich bei den verschiedenen Trägern ein unterschiedliches Bild: Die öffentlich-rechtlichen Träger verfügen mit Einrichtungen von sechs bis zu 750 Betten sowohl über kleine und mittlere als auch über sehr große Abteilungen und Kliniken, während unter freigemeinnütziger und privater Trägerschaft nur Einrichtungen mittlerer Größe vertreten sind. Die Mitarbeiter von Unikliniken arbeiten bei Bettenzahlen zwischen sechs und 36 in relativ kleinen Einheiten.

Warteliste

Drei Viertel der Teilnehmer unserer Studie gaben an, daß es in ihrer Einrichtung eine Warteliste gibt. Die durchschnittliche, angegebene Wartezeit beträgt 5,5 Wochen. Sie wird in Einrichtungen öffentlich-rechtlicher Träger mit 4,5 Wochen als etwa halb so lang angegeben (unabhängig derer Aufnahmeverpflichtung in Notfällen) als in Einrichtungen freier oder privater Trägerschaft. Hier beträgt die durchschnittliche Wartezeit 8,5 Wochen.

b) Institutionelle Erziehungsberatung

Die von uns erfaßten Beratungsstellen sollen kurz nach Landeszugehörigkeit, therapeutischer Konzeption, ihrer personellen Zusammensetzung und der Wartezeit beschrieben werden. Bei den folgenden Ergebnissen wurde jeweils nur ein Fragebogen pro Beratungsstelle berücksichtigt (N = 127).

Bundesland

Bundesweit befinden sich die meisten EBStn in Nordrhein-Westfalen (27%), Bayern (18%), Baden-Württemberg (15%) und Rheinland-Pfalz (12%). Der Anteil der übrigen Länder liegt zwischen sieben Prozent (Hessen) und einem

Prozent (Bremen). In unserer Untersuchung sind alle Bundesländer relativ so stark vertreten, daß von einer regional repräsentativen Stichprobe gesprochen werden kann.

Therapeutische Konzeption der Beratungsarbeit

Für die Erziehungsberatung in der Bundesrepublik gibt es bis heute kein einheitliches, kohärentes theoretisches Konzept für die Beratungsarbeit (vgl. zum Beispiel ERTLE 1971, BOMMERT und PLESSEN 1978, MARMON 1979). Zunächst finden sich in der Beratungspraxis die unterschiedlichen, allgemeinen Ansätze wieder, die die gegenwärtige und praktische Vielfalt bestehender, sich zudem ständig vermehrender Psychotherapieformen repräsentieren.

»Dabei handelt es sich aber zumeist nicht um theoretische Grundlagen speziell psychologischer Erziehungsberatung, sondern um allgemeinere Ansätze beratenden/therapeutischen Vorgehens.« (BOMMERT und PLESSEN 1978, S. 12)

Entsprechend sind auch familientherapeutische Konzepte institutioneller Erziehungsberatung formuliert worden (vgl. z. B. LAG Hess. EBStn 1978). Diese grenzten sich von den sogenannten »traditionellen«, individualtherapeutisch orientierten Konzepten vor allem durch eine veränderte Sichtweise kindlicher Störung, die Ablehnung individual-diagnostischer (Test-)Verfahren und die Betonung fachlich-übergreifender Teamarbeit ab. Demgegenüber wurde der familientherapeutischen Orientierung auch heftige Kritik entgegengebracht. Besonders Vertreter »gemeindenaher« Konzepte bemängelten z. B. die Vernachlässigung extrafamiliärer Bezüge und die »Therapeutisierung« der EB-Praxis (vgl. z. B. NESTMANN 1984). Leider erschöpfte sich die Auseinandersetzung um die neue, familientherapeutische Konzeption in der Erziehungsberatung in theoretischen Diskussionen, ohne daß einmal ein ernsthafter Versuch unternommen worden wäre, auf empirischem Wege Auswirkungen unterschiedlicher, institutioneller Konzepte auf die praktische Tätigkeit nachzuweisen. Trotz dieser Bedenken wurde von uns nach der therapeutischen Konzeption der jeweiligen Institution gefragt. Solange keine besseren Kategorien zur Verfügung stehen, sollte wenigstens auf diesem Wege die Arbeitsweise der Institution berücksichtigt werden. Die an unserer bundesweiten Untersuchung beteiligten Erziehungsberatungsstellen besitzen eigenen Angaben zufolge zu 50 Prozent eine familientherapeutische und zu 40 Prozent eine individualtherapeutische Konzeption.

Personelle Zusammensetzung der EBStn

An die personelle Ausstattung haben die Richtlinien der Bundeskonferenz für Erziehungsberatung e. V. folgende Anforderungen:

1. Jede EBSt muß mindestens eine feste Arbeitsgruppe von qualifizierten psychologischen, sozialen, therapeutisch-pädagogischen und medizinischen Fachkräften haben.
2. Diese Arbeitsgruppe muß mit einer personellen Mindestausstattung von drei hauptamtlichen Kräften besetzt sein.

(Vgl. BKfEB e. V. 1973, S. 3 f.)

Vergleichende Untersuchungen zeigen, daß in den 70er Jahren die einzelnen EBStn von ihrer Mitarbeiterzahl her stark ausgebaut worden sind (vgl. TUCHELT-GALLWITZ 1970; SMID und ARMBRUSTER 1980; HÖLZEL 1981; HENNING und WÄLTE 1983). Ende der 70er Jahre bestand eine durchschnittliche Mitarbeiterzahl von vier bis sechs Fachkräften pro Arbeitsgruppe. Als größte Berufsgruppen waren Diplompsychologen mit 40 Prozent und Sozialarbeiter/-pädagogen mit 30 Prozent vertreten (vgl. HÖLZEL 1981). Die EBStn unserer Untersuchung hatten im Durchschnitt 4,5 volle Stellen für therapeutische Fachkräfte. In ihnen stellen – wie auch in den vorher genannten Studien – Psychologen (50%) und Sozialarbeiter/-pädagogen (30%) die größten Berufsgruppen. Erwähnenswert, daß von allen Mitarbeitern 40 Prozent Teilzeitkräfte sind; 1982 war deren Anteil noch unter 25 Prozent.

Wartezeit

Die Einrichtung und Verbesserung der personellen Ausstattung von EBStn ist in den 80er Jahren kaum verändert worden. Die Wartezeiten bei Neuanmeldungen blieben entsprechend gleich (vgl. TUCHELT-GALLWITZ 1970; SMID und ARMBRUSTER 1980; HENNING und WÄLTE 1983). Die Therapeuten unserer Untersuchung gaben an, daß in immerhin 33 Prozent der beteiligten EBStn keine Warteliste besteht. Bei den übrigen EBStn betrug die Wartezeit im Durchschnitt einen Monat. Die Streubreite verlief von zwei bis 20 Wochen.

3.3 Bedeutung von Familientherapie in der praktischen Arbeit

Wir wenden uns nun der Frage zu, welchen quantitativen Stellenwert Familientherapie in der Praxis überhaupt einnimmt. Dazu werden drei Bereiche näher untersucht: Im ersten Abschnitt wird beschrieben, was unter einem familientherapeutischen Setting verstanden wird. Hier gibt es in der Literatur ganz unterschiedliche Auffassungen, so daß es sinnvoll erscheint, die Praktiker selbst zu befragen, welchen Rahmen sie für ihre Indikationsentscheidungen abstecken. Danach wird der Umfang familientherapeutischer Arbeit analysiert. Es wird gezeigt, in welcher Relation sie zu Einzelbehandlungen und anderen Möglichkeiten therapeutischer Intervention angewendet wird. So werden Aussagen zu »faktischen Indikationsentscheidungen« möglich. Fragen nach den besonderen Umständen, unter denen sie getroffen werden, werden wir zunächst ausklammern und weiter unten behandeln. Der dritte Abschnitt betrifft indirekt das Interesse der Praktiker an Familientherapie: Es geht um das Gewicht, welches diese der Aus- und Weiterbildung sowie Supervision in Familientherapie einräumen.

3.3.1 Das familientherapeutische Setting

›Familienbehandlung‹ ist ein Oberbegriff für ein Setting, welches recht unterschiedliche Vorgehensweisen ermöglicht: Die Bandbreite, die sich in der Literatur findet, geht von der Mehrgenerationen-Therapie, in die auch die Großeltern einbezogen werden (vgl. z. B. BOSZORMENYI-NAGY und SPARK 1981), bis zur Einzeltherapie, wobei einfach davon ausgegangen wird, daß die Veränderung des einzelnen schon irgendwelche Auswirkung auf die übrigen, an der Behandlung nicht beteiligten Familienmitglieder hat (z. B. WEISS 1988). Soll die Indikationsfrage sinnvoll gestellt werden, muß also das Setting genauer spezifiziert werden. Da es in der theoretischen Diskussion ganz unterschiedliche Auffassungen über eine Definition des Settings gibt (vgl. auch Kapitel 1), wurde gefragt, was in der Praxis in der überwiegenden Anzahl der Fälle unter einem familientherapeutischen Setting verstanden wird. In diesem Zusammenhang wurde zunächst überprüft, ob es sinnvollerweise zwischen einem Setting »Familienberatung« und »Familientherapie« differenziert werden sollte, und entsprechend auch die Frage ihrer Indikation getrennt behandelt werden muß. Dann wird gefragt, welche Teilnehmer auf seiten der Klienten und Therapeuten in das Setting einbezogen werden und wie häufig familientherapeutische Sitzungen stattfinden. Es ist anzumerken, daß sich die folgenden Ergebnisse nur auf Aussagen von Praktikern in EBStn beziehen. In der Kinder-Jugendpsychiatrie wären sie gesondert zu überprüfen. Es ist denkbar, daß dort ein anderes Verständnis von »Beratung« und »Therapie« vorherrscht.

Von den Ergebnissen der ersten Untersuchung an EBStn in Nordrhein-Westfalen konnte abgeleitet werden, daß in der Praxis im Regelfall nicht zwischen Familien-›Beratung‹ und Familien-›Therapie‹ differenziert wird (vgl. HENNING und WÄLTE 1983). Damit stimmt der überwiegende Teil der Praktiker mit der sich auch in der wissenschaftlichen Diskussion durchsetzenden Auffassung überein,

»... daß eine Abgrenzung intensiver und erfolgreicher Beratung von intensiver und erfolgreicher Therapie nicht sinnvoll möglich ist« (BOMMERT 1980, S. 424).

Gerade für den Bereich der Familienbehandlung erscheint die Trennung etwa mit Hilfe von Kriterien wie Dauer und Intensität von Behandlung nicht stichhaltig. RICHTER (1976) argumentiert in diesem Zusammenhang:

Es ist »... möglich, ein Familienproblem in einer oder auch in zwei Sitzungen so anzusprechen, daß man dadurch bereits eine nennenswerte therapeutische Veränderung bewirkt, durch welche die Familie instand gesetzt wird, wieder allein zurechtzukommen« (RICHTER 1976, S. 158).

Demnach wird von uns ›Familienberatung‹ nicht als so etwas wie eine »Noch-Nicht-Behandlung« oder ein »Notbehelf« angesehen, die dann durchgeführt wird, wenn die eigentlich anzustrebende ›Therapie‹ aus irgendwelchen Gründen nicht möglich ist. Mit der weitaus überwiegenden Zahl der Praktiker (vgl. dazu HENNING und WÄLTE 1983) differenzieren wir die Indikationsfrage nicht nach Familien-›Behandlung‹, -›Beratung‹ oder -›Therapie‹.

Das nächste Problem ist, daß es sich bei der Familientherapie um ein integratives Konzept (vgl. Kapitel I) handelt. Das »orthodoxe« Setting: Alle Familienmitglieder nehmen von der ersten bis zur letzten Sitzung gemeinsam an der Behandlung teil – ist nicht mehr die Regel. In den letzten Jahren erhielt die Arbeit mit ›Subsystemen‹ (vor allem dem Elternpaar) und sogar die »Familientherapie mit dem Einzelnen« größere Aufmerksamkeit. Demnach sind die Grenzen zwischen Familientherapie, Paar- oder Einzeltherapie fließend geworden. Deshalb wurde die Auffassung der Therapeuten erfragt, welche Mitglieder auf Klientenseite in das familientherapeutische Setting in aller Regel einbezogen werden sollten. Wenn die befragten Therapeuten in der Erziehungsberatung eine Familientherapie durchführen, beginnen sie in 85 Prozent der Fälle die Behandlung mit der ganzen Familie und behalten dieses Setting in durchschnittlich 40 Prozent ihrer Fälle über den gesamten Behandlungsverlauf bei. In den übrigen Fällen werden im Therapieverlauf andere Indikationsentscheidungen für das Setting getroffen: In durchschnittlich 20 Prozent wird mit einem Subsystem (z.B. Mutter-Kind), in 15 Prozent mit dem Paar oder in 10 Prozent mit dem »Identifizierten Klienten« allein weitergearbeitet. Der umgekehrte Weg, z.B. eine Einzeltherapie als Vorbereitung einer Familientherapie, wird nur ganz selten begangen (vgl. *Abbildung 3.3*). Festzuhalten bleibt, daß in den überwiegenden Fällen die Indikationsentscheidung für ein familientherapeutisches Setting bereits zu Beginn getroffen wird, und daß dieses dann

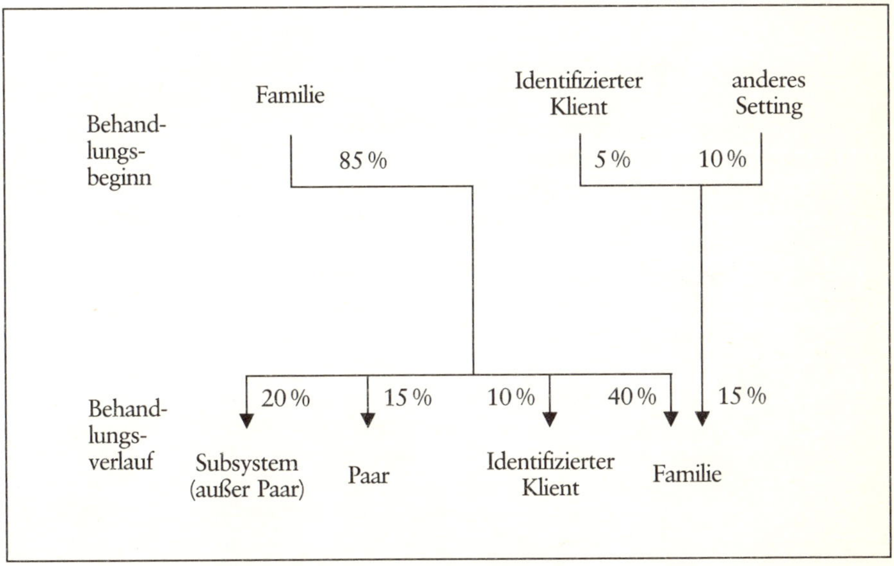

Abb. 3.3: Vorgehensweisen der Praktiker im familientherapeutischen Setting in EBStn (n = 204). – Unter der Bedingung, daß in einem Fall eine Familientherapie durchgeführt wird, entscheidet sich dieses Vorgehen in durchschnittlich 85 Prozent der Fälle zum Behandlungsbeginn. Dieses Setting wird dann im Mittel in 40 Prozent aller Familientherapien beibehalten, in 45 Prozent wird es im Behandlungsverlauf modifiziert und nur noch ein einzelnes Mitglied oder ein Subsystem einbezogen. In um die 15 Prozent der Fälle kommt es aus einer anderen Therapieform heraus zu einer gemeinsamen Familienbehandlung.

im Behandlungsverlauf modifiziert werden kann – wobei auch in diesen Fällen von einer »Familientherapie« gesprochen wird.

Wenn vom Begriff ›Familie‹ die Rede ist, so muß berücksichtigt werden, daß auch dieser der Spezifikation bedarf. Bereits in Kapitel 1 ist gezeigt worden, daß in der familientherapeutischen Literatur keineswegs ein einheitliches Verständnis darüber besteht, welche Personen zur »Familie« gehören sollen. Betrachten wir das Verständnis der Praktiker, was diese unter ›Familie‹ im Zusammenhang mit Familientherapie verstehen: Fast alle Therapeuten beziehen hierbei beide Elternteile ein, sofern sie nicht getrennt leben. Und auch die zusammenlebenden Geschwister werden in fast allen Fällen dazu gerechnet. Dagegen werden weitere Personen, die im gemeinsamen Haushalt leben, nur manchmal als zum familientherapeutischen Setting gehörig gesehen. Häufiger werden noch getrennt lebende Elternteile hinzugezogen – eher selten getrennt lebende Geschwister, sofern sie Einfluß auf das Familiengeschehen haben. Demnach wird in der weitaus überwiegenden Zahl der Fälle die sog. »Kernfamilie« bzw. »Ein-Elternteil-Familie« als das System angesehen, welches in das familientherapeutische Setting als »Familie« einbezogen wird. Ihnen ist gemeinsam, daß sie zusammenleben und aus zwei Generationen zusammengesetzt sind. Andere Konstellationsmöglichkeiten – außer der, daß ein Geschwister nicht hinzugezogen wird – scheinen eher selten aufzutreten.

Neben den beteiligten Personen auf seiten der Klienten wurde nach der Therapeutenzahl gefragt. In der Literatur wird oft empfohlen, Familienbehandlungen nicht als einzelner Therapeut durchzuführen. Als Gründe werden die Menge der Informationen sowie die Gefahr der Involvierung in die (pathologische) familiäre Interaktion genannt (vgl. z.B. SIMON und STIERLIN 1984). Ein solches Vorgehen ist eventuell für die praktische Indikation bedeutsam, da als Voraussetzung intensive kollegiale Zusammenarbeit und eine entsprechende personelle Kapazität der Beratungsstelle gesehen wird. Den Ergebnissen unserer Untersuchung zufolge arbeiten die Therapeuten allerdings in der Mehrzahl der Fälle allein mit der Familie. In durchschnittlich jedem fünften Fall wird die Möglichkeit einer Ko-Therapie wahrgenommen. Dagegen kommt die oft zitierte Supervision durch einen Beobachter (etwa hinter der Einweg-Scheibe) nur in Ausnahmefällen vor. Insgesamt sprechen die Ergebnisse dafür, daß die Ko-Therapie für die Indikationsfrage von Familientherapie an EBStn weniger relevant ist. Darüber hinaus wurde nach der Dauer und Häufigkeit von Familiensitzungen gefragt. Die meisten Therapeuten in EBStn gaben an, etwa zwei Termine monatlich mit den Familien zu verabreden. Demgegenüber werden einzeltherapeutische Sitzungen häufiger, nämlich drei bis vier im Monat, anberaumt. Ob damit Familientherapie ökonomischer ist, dürfte eine offene Frage sein, da Familiensitzungen oft länger dauern und intensiverer Vorbereitung bedürfen. Dennoch gaben fast die Hälfte der Praktiker aus EBStn an, daß durch Familientherapie die Wartezeit verkürzt werde. Es konnte aber, wie noch gezeigt wird (vgl. Seite 128), kein Zusammenhang zwischen Indikationshäufigkeit von Familientherapie und Wartezeit errechnet werden.

3.3.2 Umfang familientherapeutischer Behandlungen

Zunächst wurde der relative Anteil erhoben, den Familienbehandlungen in der therapeutischen Arbeit derjenigen Praktiker ausmachen, die überhaupt mit Familien arbeiten. Sowohl im Bereich von Kinder-Jugendpsychiatrie als auch von institutioneller Erziehungsberatung wird die Einbeziehung der Familienangehörigen in die Behandlung ebenso häufig indiziert, wie die Einzeltherapie mit dem »identifizierten Klienten«: Beide Behandlungsformen nehmen im Durchschnitt etwa 30 Prozent der Tätigkeit von familientherapeutisch arbeitenden Praktikern in den betreffenden Institutionen ein. Die Arbeit mit Subsystemen, wie der Paartherapie oder der »klassischen« Mutter/Vater-Kind Beratung wird dagegen seltener indiziert: Diese Behandlungsform nimmt im Durchschnitt in der Kinder-Jugendpsychiatrie 18 Prozent, in der Erziehungsberatung 23 Prozent der therapeutischen Tätigkeit ein. Andere Behandlungsmöglichkeiten, wobei zuerst die Gruppentherapie zu nennen wäre, spielen bei den Familientherapeuten in EBStn eine untergeordnete Rolle. Sie machen dort durchschnittlich weniger als ein Zehntel der therapeutischen Tätigkeit aus. In der Kinder-Jugendpsychiatrie werden gruppentherapeutische Konzepte häufiger angewandt: sie umfassen im Durchschnitt fast 20 Prozent der psychotherapeutischen Tätigkeit. Die genannten Zahlen sprechen für die praktische Relevanz der Indikationsfrage: Auch Therapeuten, die überwiegend mit Familien arbeiten, tun dies keineswegs in allen Fällen. Im Durchschnitt wird bei jedem dritten Fall die Familie hinzugezogen; in den übrigen Fällen wird darauf verzichtet. In *Abbildung 3.4* wird gezeigt, daß in EBStn tatsächlich die meisten Therapeuten verschiedene Behandlungsformen anwenden: etwa 60 Prozent der Praktiker arbeiten mit der Familie, dem einzelnen oder Subsystemen in jeweils 16 bis 50 Prozent ihrer Fälle. Nur zehn Prozent beschränken sich in mehr als der Hälfte ihrer Fälle auf die Familien- oder Einzelarbeit.

Es wurde nach Merkmalen (Differenzierungskriterien) gesucht, die mit den Unterschieden in der faktischen Indikationshäufigkeit verschiedener Behandlungsmodi in einem Zusammenhang stehen, und danach verschiedene Therapeutengruppen (Subpopulationen) gebildet. Da die Gruppenbildung weiter unter noch ausführlich beschrieben wird, soll an dieser Stelle der Hinweis genügen, daß wir die Differenzierungskriterien so auswählten, daß sie eine Varianz der Expertengruppen vermuten ließen.

Mit dem t-Test für unabhängige Stichproben wurde über neun Differenzierungskriterien die Nullhypothese überprüft, daß die beiden Subpopulationen aufgrund ihrer Mittelwerte aus Populationen mit identischem Mittelwert stammen. Das Signifikanzniveau wurde mit $p = 0.05$ festgelegt.

In der Kinder-Jugendpsychiatrie ergab sich kein signifikanter Unterschied bei dem institutionellen Merkmal »Wartezeit«. Auch der Beruf der Therapeuten und ihre therapeutische Weiterbildung (Ausbildung in Einzel- und Familientherapie) hatten statistisch gesehen keinen Einfluß auf den mittleren Umfang ihrer familientherapeutischen Tätigkeit. Dagegen wurden Unterschiede zwischen den Geschlechtern und den Gruppen verschiedener Berufserfahrung deutlich. Bei den männlichen Therapeuten der Stichprobe ist der Umfang familien-

Behandlungsform	Anteil an therapeutischer Tätigkeit der Praktiker < 15 %	16–30 %	31–50 %	> 50 %
Familie	28 %	42 %	21 %	10 %
Einzelklient	30 %	38 %	21 %	11 %
Subsysteme	39 %	43 %	15 %	3 %
Andere	84 %	13 %	2 %	1 %

Abb. 3.4: Unterschiede in der Indikationshäufigkeit verschiedener Behandlungsformen zwischen Therapeuten in EBStn (n = 204). – In den Feldern ist der prozentuale Anteil der Therapeutenstichprobe aufgeführt. So macht z.B. bei 28 Prozent der Praktiker die Arbeit mit Familien weniger als 15 Prozent der therapeutischen Tätigkeit aus.

therapeutischer Tätigkeit signifikant größer. Am größten ist der Unterschied zwischen den berufserfahrenen und weniger berufserfahrenen Therapeuten. Praktiker, die über sechs Jahre in kinder-jugendpsychiatrischen Einrichtungen arbeiten, indizieren Familientherapie im Mittel weitaus häufiger, nämlich in 43 Prozent der Fälle, als ihre Kollegen, die weniger als drei Jahre beschäftigt sind. Bei diesen beträgt der Anteil an Familientherapie im Durchschnitt 25 Prozent.
Auch in der Erziehungsberatung ergab sich bei unterschiedlicher Wartezeit in der betreffenden Einrichtung kein signifikanter Unterschied im Umfang familientherapeutischer Behandlungen. Ebensowenig hatten das Geschlecht, der Beruf und die Dauer einzeltherapeutischer Ausbildungen hierauf einen statistisch bedeutsamen Einfluß. Dagegen indizieren die Therapeuten aus familientherapeutisch orientierten Beratungsstellen erwartungsgemäß häufiger Familienbehandlungen als ihre Kollegen aus EBStn mit anderer Orientierung. Die Dauer der Berufstätigkeit steht in einem entgegengesetzten Zusammenhang zu dem in der Kinder-Jugendpsychiatrie: Hier indizieren die Therapeuten mit weniger Berufserfahrung häufiger Familienbehandlungen als die berufserfahrenere Gruppe. Auch die Analyse der Dauer familientherapeutischer Ausbildungen, des Umfangs familientherapeutischer Supervision und der Erfahrung in Familientherapie kommt zu dem Ergebnis, daß jeweils die Gruppen von Therapeuten, die sich in ihrer Weiterbildung stärker mit Familientherapie befassen, diese statistisch signifikant häufiger indizieren (vgl. *Tab. 3.1*).

Tab. 3.1: Umfang von Familientherapie – Mittelwertsunterschiede bei verschiedenen Therapeutengruppen in der Erziehungsberatung (Gesamtstichprobe: n = 204)

Differenzierungskriterien	Subpopulationen	N	Umfang FT x̄ (Prozent)	t-Test (p = 0.05)
Wartezeit in EBSt	keine Wartezeit	42	29 %	n. s.
	>4 Wochen Wartezeit	56	29 %	

Tab. 3.1: Fortsetzung

Differenzierungs-kriterien	Subpopulationen	N	Umfang FT $\bar{x}$ (Prozent)	t-Test ($p=0.05$)
therapeutisches Konzept der Beratungsstelle	FT-orientiert	60	36 %	*
	andere Orientierung	48	24 %	
Geschlecht	Frauen	82	28 %	n. s.
	Männer	122	29 %	
Beruf	Psychologen	120	29 %	n. s.
	andere Berufe	80	29 %	
Dauer der Tätigkeit in EBStn	1–5 Jahre	50	34 %	*
	>10 Jahre	64	27 %	
Dauer der familientherapeutischen Ausbildungen	keine FT-Ausbildung	59	21 %	*
	>2 Jahre in FT-Ausb.	97	33 %	
Dauer der einzeltherapeutischen Ausbildungen	keine ET-Ausbildung	77	28 %	n. s.
	>5 Jahre in ET-Ausb.	58	27 %	
FT-Supervision	keine Supervision	68	24 %	*
	>4 Stunden/Monat	82	33 %	
Erfahrung in Familientherapie	Minimum	75	23 %	*
	Maximum	99	33 %	

3.3.3 Aus- und Weiterbildung der Therapeuten

Wie bei vielen Therapieansätzen gibt es in der Familientherapie kein allgemein anerkanntes Konzept für die therapeutische Ausbildung. Im Verlauf ihrer stürmischen Entwicklung entstand in den letzten zehn Jahren ein florierender Markt für eine Vielzahl privater Anbieter. Hier versucht die »Deutsche Arbeitsgemeinschaft für Familientherapie e. V.«, DAF, eine Bestandsaufnahme. An ihrer letzten Erhebung nahmen 19 der befragten Institute zu Fragen nach der Entstehung, Konzeption und praktischen Ausbildung in der Familientherapie Stellung (vgl. DAF 1985). Gemeinsam ist ihnen eine berufsbegleitende Weiterbildung, die drei bis vier Jahre dauert. Bei unserer Umfrage interessierte uns, wieviele Praktiker, die mit Familien arbeiten, eine Weiterbildung in Familientherapie haben, welchen theoretischen Hintergrund sie angeben und welchen Stellenwert Supervision für sie besitzt.

Ausbildungen in Familientherapie:

In der Erziehungsberatung gaben 29 Prozent der Praktiker an, keine familientherapeutische Weiterbildung besucht zu haben, 22 Prozent nahmen an einer solchen teil. Die Hälfte hatte eine Weiterbildung bereits abgeschlossen. In der

Kinder-Jugendpsychiatrie sah die Relation ungünstiger aus. Bei dem in *Abb. 3.5* dargestellten Vergleich fällt auf, daß hier über die Hälfte der mit Familien arbeitenden Praktiker eine familientherapeutische Weiterbildung weder begonnen noch abgeschlossen hatte. Die durchschnittliche Dauer der begonnenen Weiterbildung wird in der Kinder-Jugendpsychiatrie mit zwei Jahren, in der Erziehungsberatung mit drei Jahren angegeben.

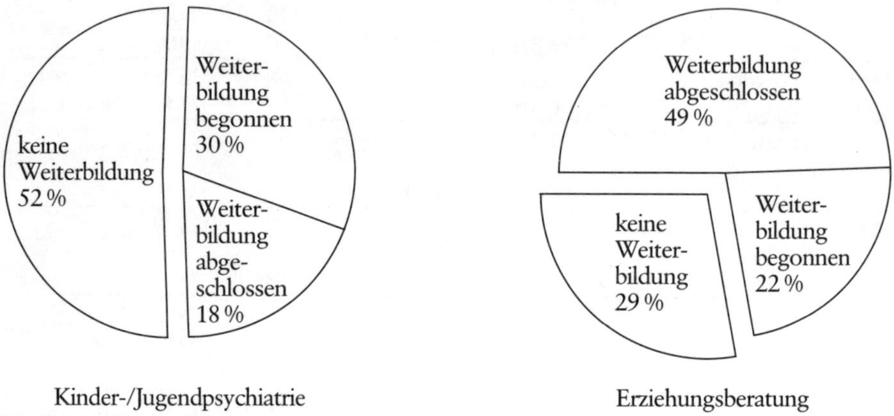

Abb. 3.5: Ausbildung in Familientherapie · Angaben der Therapeuten in der Kinder- und Jugendpsychiatrie (n = 94) und Erziehungsberatung (n = 204).

Ausbildungsinstitute:

Die Nennung der Ausbildungsinstitute sollte zum einen die formale Qualität, zum anderen die theoretische Orientierung der familientherapeutischen Weiterbildung klären. Von den Praktikern in der Erziehungsberatung wurden insgesamt 35 verschiedene Institute genannt. Die Zahl erhärtet die oben erwähnte Vermutung einer inflationären Entwicklung des Marktes. Nur 16 Institute sind in der angegebenen Umfrage der DAF aufgeführt. Es gibt aber ganz klare Schwerpunkte: Mehr als dreimal wurden nur fünf Institute genannt. Diese decken allein 60% der Weiterbildung in der Erziehungsberatung ab. Es handelt sich durchgängig um Institute, die sich theoretisch einer »integrativen« Konzeption zuordnen, was offensichtlich den Bedürfnissen der Praktiker entgegenkommt. Den Angaben zufolge nehmen die meisten Ausbildungen monatlich etwa zwei bis drei Tage in Anspruch. In der Kinder-Jugendpsychiatrie erscheint die Ausbildungssituation etwas übersichtlicher. Von den Praktikern, die eine familientherapeutische Weiterbildung besuchten, wurden insgesamt 14 Institute genannt, von denen in der Umfrage der DAF zehn aufgeführt waren. Vier Institute wurden mehr als dreimal genannt. Wie in der vorgenannten Untersuchung ist das ›Institut für Familientherapie e.V. Weinheim‹ am häufigsten vertreten.

Supervision:

Die praktischen Erfahrungen haben gezeigt, daß regelmäßige Supervision eine Voraussetzung qualifizierter familientherapeutischer Arbeit darstellt. So arbeiten zum Beispiel LUTHMAN und KIRSCHENBAUM (1977) heraus, daß die Gefühle und Bilder, die dem Therapeuten während der Therapie entstehen, ein wesentliches Diagnostikum für seine Beziehung zum betreffenden Familiensystem darstellen. Ähnlich wie in der Psychoanalyse stellen sie die Hypothese auf, daß ein Familientherapeut um so exakter ein Familiensystem diagnostizieren kann, je genauer er von seinen persönlichen Anteilen an diesen Empfindungen zu abstrahieren vermag. Ein elaboriertes Modell therapeutischer Supervision wurde von Vertretern der Systemischen Therapie – auch als »Mailänder Modell« bekannt – entwickelt. Ziel ist es, der Familie zu erschweren, den Therapeuten zum Mitagieren in familiären Verhaltensmustern zu verführen (vgl. SELVINI-PALAZZOLI et al. 1981). Da der Supervision in der Literatur diese zentrale Bedeutung für familientherapeutische Arbeit zugeschrieben wird, ist es überraschend, daß ein Drittel der Praktiker, die mit Familien arbeiten, keine regelmäßige Supervision erhält. Von den übrigen nimmt sie im Durchschnitt etwa sechs Stunden im Monat ein. Ebenfalls im Durchschnitt wird etwa 40 Prozent der Supervision im Team, 60 Prozent durch externe Supervision durchgeführt.

3.4 Kriterien für Indikationsentscheidungen bei Praktikern in der Erziehungsberatung

Bisher sind die Rahmenbedingungen therapeutischer Indikationsentscheidungen untersucht worden. Von den Ergebnissen zum Setting, dem relativen Umfang familientherapeutischer Behandlungen und der Aus- und Weiterbildung ließen sich indirekte Indikationsbedingungen ableiten. Im folgenden Abschnitt wird die inhaltliche Seite direkt im Vordergrund stehen. Es wird gefragt, wie Praktiker die zentralen Diagnose-, Ziel- und Entscheidungskriterien einschätzen und für eigene Indikationsentscheidungen nutzen. Als ein Ergebnis ist bereits erwähnt worden, daß in der überwiegenden Zahl der Fälle die Indikation zu Beginn der ersten Behandlungsphase gestellt wird. Ohne an dieser Stelle näher auf die Praxis von Erstkontakten eingehen zu können (vgl. hierzu STIERLIN et al. 1977; HENNING und WÄLTE 1983, S. 597 ff.) halten wir fest, daß in dieser Phase Informationen zum »Status quo« der Klienten sowie der Beziehung Therapeut(en)-Klient(en) erhoben werden sollten. Dabei interessierte uns, welche Informationen Praktiker erheben, das heißt, auf welche Diagnosekriterien sie sich in ihrer Praxis konzentrieren, um zu einer Indikationsausgabe pro oder contra Familientherapie zu kommen.
Es wird davon ausgegangen, daß nach der Informationserhebung auch die Bestimmung von Therapiezielen ein Entscheidungsschritt auf dem Wege der Indikationsstellung ist. Dazu wird die Erfahrung der Ausgangslage mit den Zielvorstellungen von Therapeut und Klient konfrontiert. An dieser Stelle

treten in der Regel Diskrepanzen zwischen der professionellen Erfahrung des Therapeuten und dem Ratsuchenden auf, die in einem gemeinsamen Prozeß zu lösen sind. Die hier zu leistende Arbeit erscheint als wichtiger Schritt in der Anfangsphase (nicht nur familien-)therapeutischer Behandlung mit dem Ziel, die Differenz zwischen Status quo und Zielzustand allen Beteiligten am therapeutischen Prozeß deutlich werden zu lassen. Der Therapeut verfügt aufgrund seiner Erfahrung über explizite oder implizite Entscheidungsregeln, die sich in seinem therapeutischen Konzept als hilfreiche Problemlösungsstrategien bewährt haben. Auf ihrer Grundlage kann er nun eine Behandlungsstrategie vorschlagen, die auch dem Klienten einsichtig und leistbar erscheint. Die Wahl einer bestimmten Behandlungsstrategie durch alle am therapeutischen Prozeß Beteiligte haben wir als differentielle Indikationsentscheidung definiert (vgl. Abschnitt 1.1.3). Die Indikationsentscheidung für eine bestimmte Behandlungsstrategie ist nicht für die gesamte Behandlungsphase festzuschreiben, sondern bedarf ständiger Kontrolle durch die Beteiligten. Dieser Prozeß ist durch unser Modell adaptiver Indikation (vgl. Abschnitt 1.1.4) beschrieben worden.
Die Beziehung zwischen Status quo, der Ausgangslage des therapeutischen Problems, und Indikationsentscheidung wurde in *Abb. 3.6* als Kreismodell dargestellt (vgl. hierzu auch FELDMAN 1976, GRAWE 1978, LUDWIG 1982). Unsere

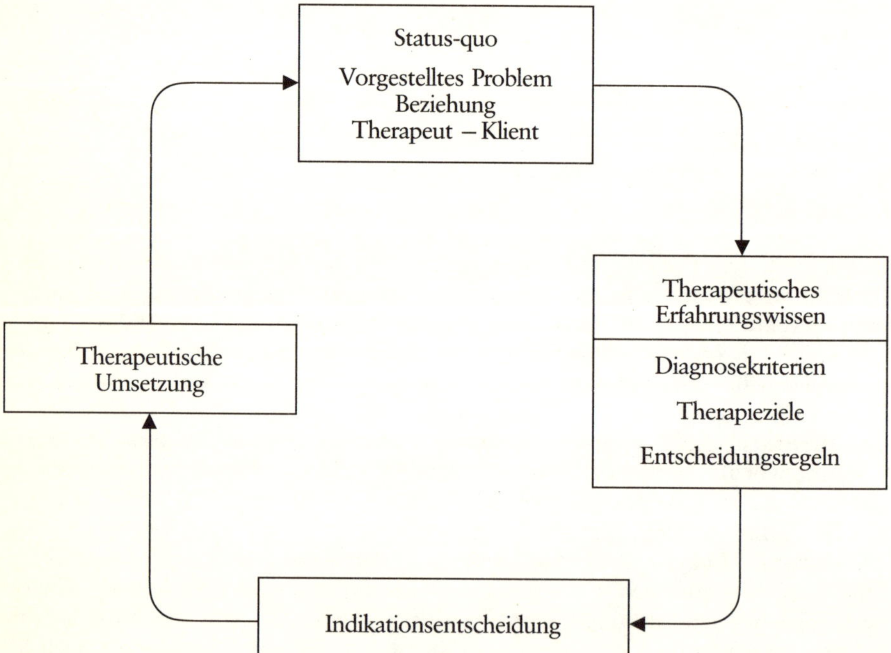

Abb. 3.6: Kreismodell des Indikationsprozesses · Ausgehend vom Status-quo, der zunächst das therapeutische Problem bei Behandlungsbeginn umfaßt, nutzt der Therapeut sein Erfahrungswissen über Diagnosekriterien, Therapieziele und Entscheidungsregeln, um die Indikationsentscheidung zu treffen. Je nach Wirkung der handlungsmäßigen, therapeutischen Umsetzung auf den Status-quo werden neue, adaptive Indikationsentscheidungen notwendig.

Hypothese ist, daß zwischen Diagnosekriterien, Therapiezielen und Entscheidungsregeln eine inhaltliche Beziehung besteht, die die Indikationsentscheidung des Therapeuten bestimmt. Wir werden sehen, daß sich tatsächlich auf allen drei Ebenen vergleichbare Strukturen wiederfinden lassen, die ihrerseits aufeinander bezogen werden können. Zunächst werden die Ergebnisse zu den allgemeinen Diagnosekriterien vorgestellt. An ihnen kann abgelesen werden, welche Informationen den Praktikern bei Entscheidungen für Familientherapie wichtig sind, und von welchen sie ihre Wahrnehmung leiten lassen. Dann wird ein Überblick wichtiger Zielaussagen gegeben, von denen sich Familientherapeuten in ihrer praktischen Arbeit leiten lassen. Im dritten Teil dieses Abschnitts wird analysiert, nach welchen Entscheidungsregeln Familientherapeuten Indikationsentscheidungen für Familientherapie treffen.

3.4.1 Diagnosekriterien für die Indikation von Familientherapie

Neben der Kontaktaufnahme dürfte die Problemerkennung die zentrale therapeutische Aufgabe zu Beginn jeder Behandlung darstellen. In der Indikationsforschung wurde das vorgestellte Problem des Ratsuchenden fast durchgängig als *das* Kriterium für Indikationsentscheidungen angesehen. Vor allem die Symptomatik der Klienten (»Störungsvariablen«) wurde als Orientierungsmaßstab zum Vergleich verschiedener Therapieansätze im Hinblick auf ihre Effektivität angelegt. Es wurde bereits erwähnt, daß die Beschränkung auf Störungsvariablen bei der Rekonstruktion therapeutischer Entscheidungsprozesse wenig sinnvoll ist (vgl. Kapitel 1). Gerade bei unserem Thema ›Familientherapie‹ wird eine solche Beschränkung dem Ansatz selbst nicht gerecht – schließlich ist ein Kennzeichen familienorientierten Vorgehens, daß der »Störung« des »Identifizierten Klienten« (IK) ein ganz anderer diagnostischer Stellenwert beigemessen wird als bei individualtherapeutischer Sichtweise. Demnach wird der IK als »Symptomträger« der gesamten Familie angesehen und seine Störung deutet auf Probleme der Gesamtfamilie hin. Auf der anderen Seite erscheint es allerdings wenig sinnvoll, das Kriterium ›Symptom‹ ganz aufzugeben. Schließlich ist das in den meisten Fällen der – immerhin ernstzunehmende – Grund für den Klienten, therapeutischen Rat zu suchen. Und ohne Erfolgsaussicht auf der Symptomebene ist ein solcher dem Klienten gegenüber kaum zu begründen. Es ging also darum, beide Sichtweisen in den Forschungsplan zu integrieren.

In unseren früheren Untersuchungen wurde dabei noch direkt nach der vorgestellten, individuellen Symptomatik gefragt (vgl. HENNING und WÄLTE 1983, POGGENPOHL und WIESMANN 1985) und, davon getrennt, nach bestimmten Familienmerkmalen, die nach dem OLSON-Modell auf den Ebenen ›Adaptabilität‹ und ›Kohäsion‹ strukturiert wurden (vgl. OLSON et al. 1979 – weiter unten werden wir auf dieses Modell noch ausführlicher zu sprechen kommen). Die Ergebnisse erschienen uns jedoch zu wenig differenziert: Die meisten Experten hielten eine Familienbehandlung bei fast allen (!) vorgegebenen Störungen für mindestens ebenso geeignet als andere therapeutische Verfahren. Unser Schluß war, daß sich offenbar aufgrund des Symptoms keine Empfehlungen zur Kontraindikation von Familientherapie ableiten lassen und stattdessen alle Symptome gleichermaßen effektiv von verschiedenen therapeutischen Ansätzen behandelt werden. Ähnliche Probleme erhielten wir bei den Ergebnissen zu den Familienmerkmalen (vgl. HENNING und WÄLTE 1983). Aufgrund dieser Ergebnisse wurde in der bundesweiten Erhebung von 1987 eine Umstrukturierung vorgenommen: Die Familienmerkmale wurden nicht mehr allein am Modell von OLSON et al. orientiert, sondern es wurden, auf allgemeinerer Ebene, eine größere Anzahl von Diagnosemerkmalen aus der einschlägigen Literatur abgeleitet. Anstelle der Frage nach der individuellen Symptomatik wurde nach spezifischen Problemlagen von Familien gefragt, die so formuliert wurden, daß auch alternative Vorgehensweisen zur Familientherapie möglich schienen (vgl. WÄLTE 1989).

a) Beurteilung der Diagnosekriterien durch Praktiker

Es wurde gefragt, auf welche Diagnosekriterien die Therapeuten bei ihren Indikationsentscheidungen zur Familientherapie besonderen Wert legen und auf welche sie sich weniger konzentrieren. Die durchschnittlichen Einschätzungen der Praktiker wurden in eine Rangreihe gebracht, die in *Anhang 3.1* dargestellt ist. Hier sollen nur die aus der Sicht der Familientherapeuten wichtigsten bzw. weniger wichtigen genannt werden. Die Kriterien, auf die die Therapeuten in der überwiegenden Anzahl der Fälle achten, wenn sie eine Indikationsentscheidung treffen wollen, beziehen sich offensichtlich auf zwei wesentliche Dimensionen: Die Interaktionsstruktur innerhalb der Familie und die Motivation der Klienten zum therapeutischen Kontrakt.

- Interaktionsmuster der Familie
- Konflikt- und Lösungsmuster der Familie
- Machtstruktur in der Familie
- Motivation der Familie zur Familientherapie
- Bereitschaft der Familie zur Zusammenarbeit mit dem Therapeuten

Auf der Ebene der familiären Interaktion werden demnach zwei Spezifikationen genannt: Der Umgang mit Konflikten sowie die Machtverteilung. Der therapeutische Kontrakt hat – neben der Entscheidung des Therapeuten – naturgemäß zwei Seiten, die sich im Ergebnis entsprechend wiederfinden: Einmal die Art des Therapeut-Klient-Systems, d.h. die Frage, ob die Familie mit *diesem* Therapeuten arbeiten möchte, und dann die Frage, ob die Familie selbst an ihrer Problematik gemeinsam arbeiten möchte. So gesehen wären beide Kriterien auch Indikationsentscheidungen der Familie.

Die Kriterien, die von den Therapeuten eigenen Angaben zufolge eher selten in ihre Entscheidungsfindung einbezogen werden, umfassen die religiösen oder ideologischen Wertvorstellungen der Familie, die Aufgabenverteilung sowie spezifische, soziale Kriterien:

- Werte der Familie
- Aufgabenverteilung der Familie
- Soziale Position der Familie
- Größe der Familie
- Schulbildung der Familienmitglieder

Es läßt sich allerdings nicht behaupten, es handele sich dabei um insgesamt »unwichtige« Kriterien. Es ist auch denkbar, daß das Klientel der EBStn so homogen ist, daß die Therapeuten selten mit z. B. divergenten, religiösen Wertvorstellungen konfrontiert werden, oder eine Familie selten mehr als vier Kinder hat. Aus diesem Grunde erscheint die Frage nach einer inhaltlich-statistischen Strukturierung der Diagnosekriterien sinnvoller. Damit kann geklärt werden, welche Dimensionen bei der Familiendiagnose wichtig sind.

b) Dimensionen der Diagnosekriterien

Es wurde versucht, Gruppen von Diagnosekriterien zusammenzufassen, die auch inhaltlich sinnvoll zu interpretieren und später auf Ziel- und Entscheidungsdimensionen zu beziehen sind. Methodisch wurde eine faktorenanalytische Strukturierung der Daten durchgeführt.

Der statistischen Methode wurde demnach keine erklärende, sondern eine strukturierende Funktion zugeschrieben. Als Verfahren wurde die Hauptkomponentenanalyse gewählt, wobei die extrahierten Faktoren – zur besseren Interpretation – varimax rotiert wurden. Die Anzahl der Faktoren wurde nach den statistischen Kriterien einer Gesamtvarianz-Aufklärung von mehr als 5% und eines Eigenwertes von größer als 1 bestimmt. Bei der Interpretation wurden den Faktoren nur solche Variablen zugeordnet, deren Ladungshöhe mehr als 0.5 betrug. Entsprechend wurden Variablen, wenn sie auf mehreren Faktoren Ladungen > 0.5 aufwiesen, bei jedem dieser Faktoren zur Interpretation herangezogen.

Unter den genannten Voraussetzungen wurden fünf Faktoren extrahiert, denen 23 Diagnosekriterien zugeordnet werden konnten. Allein das Kriterium ›Familiäre Lebensphase‹ hatte auf allen Faktoren eine gleichmäßige und relativ niedrige Ladung. Es ist demnach als spezifisches Diagnosekriterium anzusehen.

Zusammenhalt der Familie

Diejenigen Items, die dem Faktor I zugeordnet wurden, zielen inhaltlich ganz offensichtlich auf die Klärung der inneren Bindung der Familie. Er wurde als »Zusammenhalt der Familie« bezeichnet:

- Umgang mit Gefühlen in der Familie
- Emotionale Bindung der Familienmitglieder untereinander
- Freiraum der einzelnen Familienmitglieder
- Grenzen, die die Familienmitglieder gegeneinander setzen
- Grenzen, die die Familie nach außen setzt
- Werte der Familie
- Funktionstüchtigkeit der Ehebeziehung
- Bündnisse und Spaltungen in der Familie
- Aufgabenverteilung in der Familie
- Art und Weise der Kontrollausübung

Der Zusammenhalt einer Familie wird demnach auf drei Ebenen analysiert: Die Qualität der emotionalen Bindung, die Grenzen des Systems nach innen und außen (welche auch Aussagen über den Grad individueller Autonomie, die ein Mitglied in der Familie realisieren kann, erlauben) und die Art von Koalitionen. Die letzten beiden Aussagen (Art der Kontrollausübung und Aufgabenverteilung) zielen dabei eher auf eine verhaltensmäßige Analyse von Koalitionen und Grenzen. Bei ihnen ist zu berücksichtigen, daß sie auch auf dem Faktor II relativ hoch laden. Insgesamt bleibt festzuhalten, daß im Faktor I die wesentlichen Elemente vereinigt sind, welche OLSON et al. (1980a) als Komponenten von Familien-Kohäsion ansehen. Unser Ergebnis macht deutlich, daß auch die Praktiker bei ihren Indikationsentscheidungen die Fähigkeit der Familie, sich als zusammenhängendes Ganzes zu erhalten, als übergeordnetes Kriterium ihrer Familiendiagnostik ansehen.

Anpassungsfähigkeit der Familie

Auch Faktor II hat eine starke Affinität zum OLSON-Modell. Inhaltlich kommen in ihm verschiedene Aspekte von Beziehungsmustern und die Familienziele zum Ausdruck:

- Interaktionsmuster der Familie
- Machtstruktur in der Familie
- Konflikt- und Lösungsmuster der Familie
- Rollenstruktur der Familie
- Bündnisse und Spaltungen in der Familie
- Art und Weise der Kontrollausübung
- Ziele der Familie

Informationen auf dieser Ebene sind wichtig, um die Anpassungsfähigkeit einer Familie abzuschätzen. Die Art und Weise, wie Familien mit Anforderungen oder Streßbedingungen umgehen, wird als entscheidend für den Grad ihrer Funktionalität bzw. Dysfunktionalität angesehen (vgl. SIMON und STIERLIN 1984). Unseren Ergebnissen zufolge sind die Informationen zur Komponente ›Adaptabilität‹ den Praktikern bei ihrer Indikationsentscheidung für eine Familienbehandlung besonders wichtig.

Soziale Merkmale der Familie

Im Faktor III werden Aussagen zur Informationsgewinnung zu sozialen Merkmalen der Familie zusammengefaßt:

- Soziale Position der Familie
- Größe der Familie
- Schulbildung der Familienmitglieder

Alle drei Aussagen werden als »unwichtige« Diagnosekriterien bei der Indikationsentscheidung genannt. Offensichtlich schätzen Therapeuten sie zunächst als formale und nicht als inhaltlich bedeutsame Informationen ein.

Bereitschaft zum therapeutischen Kontrakt

Die Bereitschaft der Familie zum therapeutischen Kontrakt stellt in der Literatur ein wichtiges Kriterium zur Indikationsentscheidung dar. Klienten, die nicht aus eigenem Antrieb oder aufgrund einer eigenen Entscheidung eine Beratung aufzusuchen, wird im allgemeinen eine schlechte Prognose zugeschrieben. Entsprechend haben die Praktiker Informationen zum Faktor IV als sehr wichtig eingeschätzt:

- Motivation der Familie zur Familientherapie
- Bereitschaft der Familie zur Zusammenarbeit mit dem Therapeuten
- Leidensdruck der Familie

In die Indikationsentscheidung fließen demnach sowohl die Veränderungsbereitschaft der Familie als auch die Möglichkeit zur Zusammenarbeit mit dem Therapeuten als wichtige Kriterien ein.

Vorgestellte Symptomatik

Die Art und Schwere der vorgestellten Symptomatik umfaßt den Faktor V der Diagnosekriterien:

- Art der Probleme/Symptome des Identifizierten Klienten
- Schwere der Problematik des Identifizierten Klienten

Auch diese Kriterien werden als wichtige diagnostische Information eingeschätzt:

Da in der bundesweiten Untersuchung in der Erziehungsberatung auf die Befragung zu spezifischen Bereichen individueller Symptomatik verzichtet worden war, sei an dieser Stelle auf frühere Ergebnisse verwiesen: Damals wurde Familientherapie besonders bei Problemen im sozialen Bereich (z.B. Geschwisterrivalität, Weglaufen, Aggressivität) und im psychosomatischen Bereich (z.B. Asthma, Eßstörungen) favorisiert. Bei Problemen im Emotionalen- und Leistungsbereich wurden alternative Behandlungsformen als ebenso effektiv eingeschätzt (vgl. HENNING und WÄLTE 1983).

Über eine faktorenanalytische Strukturierung der Einschätzungen wichtiger, allgemeiner Diagnosekriterien wurden fünf verschiedene Komponenten extrahiert, denen Praktiker bei ihren Indikationsentscheidungen unterschiedliches Gewicht zumessen (vgl. *Tabelle 3.2*). Die gewichteten Mittelwerte der Faktoren zeigen, daß die Analyse der Anpassungsfähigkeit und die Bereitschaft der Familie zum therapeutischen Kontrakt von den Praktikern im Durchschnitt als besonders wichtig angesehen werden. Informationen über den Zusammenhalt der Familie und über die vorgestellte Symptomatik wurden von den Praktikern relativ weniger wichtig genommen, wogegen soziale Merkmale der Familie den Angaben zufolge im Mittel nur geringe Bedeutung bei der Indikationsentscheidung besitzen.

Tab. 3.2: Faktoren der Diagnosekriterien – Einschätzung der Wichtigkeit für Indikationsentscheidungen durch Familientherapeuten in EBStn (n = 204)

Faktoren		gewichtete Mittelwerte
I	Zusammenhalt	1.0
II	Anpassungsfähigkeit	1.7
III	Soziale Merkmale	−0.9
IV	Bereitschaft zum therapeutischen Kontrakt	1.7
V	Vorgestellte Symptomatik	1.3

Die Items der Diagnosekriterien wurden von den Praktikern zwischen −3 (»Bei meiner Indikationsentscheidung zur Familientherapie konzentriere ich mich nie auf dieses Kriterium«) und +3 (»Bei meiner Indikationsentscheidung zur Familientherapie konzentriere ich mich immer auf dieses Kriterium«) eingeschätzt (vgl. *Anhang 3.1*). Zur Berechnung der Faktorwerte wurden alle Einschätzungen der Items, die einem Faktor zugeordnet wurden, mit ihrer Faktorladung multipliziert und durch die Summe der Faktorladungen dividiert. Bei den »gewichteten Mittelwerten« handelt es sich um die Mittelwerte der Faktorwerte.

3.4.2 Therapieziele in der Familientherapie

Im Kapitel 1 wurde begründet, warum auch Therapieziele als ein Element rationaler Indikationsentscheidungen angesehen werden können. Es ist denkbar, daß bestimmte Therapieziele die Indikation zur Familientherapie eher nahelegen als andere. Bei dieser Überlegung ist zu berücksichtigen, daß Therapieziele nicht von Therapeuten allein – normativ – gesetzt werden können, soll eine Intervention erfolgversprechend sein. Von verschiedenen Seiten wird betont, daß die Suche nach gemeinsamen Zielen durch Therapeut und Klient als Voraussetzung effektiver Therapie anzusehen ist (vgl. z.B. GRAWE 1978, LUDWIG 1982). Dennoch ist zu vermuten, daß Therapeuten mit verschiedenen Klienten ähnliche allgemeine Zielsetzungen erarbeiten. Deshalb sollten die Praktiker gefragt werden, wie häufig sie sich von bestimmten Therapiezielen bei ihrer Arbeit mit Familien leiten lassen. Entsprechend wurde den Familientherapeuten ein Satz von Zielen vorgelegt, der aus der einschlägigen familientherapeutischen Literatur abgeleitet worden war (vgl. v.a. GAP 1970, FELDMAN 1976, GURMAN 1979, SPRENKLE und FISHER 1980, HENNING und WÄLTE 1983). Die vorgegebenen Ziele sollten nach drei Leitfragen hin ausgewertet werden:

1. Welche Ziele werden als insgesamt kurzfristige und welche als langfristige beurteilt?
2. Welche Ziele werden von den Therapeuten als die wichtigsten angesehen?
3. Gibt es zwischen verschiedenen Therapiezielen gemeinsame Elemente, die als übergeordnete Ziele in der Familientherapie angesehen werden können?

a) Kurfristige Therapieziele

Die befragten Therapeuten differenzierten die einzelnen Ziele in eher kurz- bzw. langfristige. Es ist zu vermuten, daß die Praktiker zunächst ihr Augenmerk auf die Umsetzung wichtiger kurzfristiger Therapieziele legen. Das Erreichen solcher (Zwischen-)Ziele böte die Voraussetzung effektiver Weiterbehandlung. Von den meisten Therapeuten wurden folgende Ziele als wichtig und eher kurzfristig genannt (vgl. *Anhang 3.2*).

- Klärung/Spezifikation individueller Bedürfnisse und Wünsche in der Beratung.
- Aufbau einer gemeinsamen Arbeitsallianz.
- Erkennen des gemeinsamen Beitrags zum Familienproblem.
- Redefinition der Probleme.
- Milderung von Zwang und Blamage.
- Steigerung von gemeinsamen Aktivitäten, die belohnend und erfreulich sind.

Inhaltlich bewegen sich diese Ziele auf wenigstens drei Ebenen: Zunächst fokussieren die Therapeuten den therapeutischen Kontrakt und klären in diesem Zusammenhang die individuellen Bedürfnisse des Klienten. Für das familientherapeutische Setting sehen sie es in dieser Phase als wichtig an, daß die Mitglieder einen »gemeinsamen Beitrag zum Familienproblem« erkennen und von daher eine Indikationsentscheidung zur gemeinsamen Behandlung nachvollziehen können. Dann wird die Umdeutung des Problems (auch »Reframing« – vgl.

BANDLER und GRINDER 1982 – genannt) aufgeführt. Hier werden bereits explizit therapeutische Veränderungen angesprochen, da davon ausgegangen wird, daß die Modifikation des inneren (Bezugs-)Rahmens einer Familie auch eine Veränderung ihres Befindens und Verhaltens erwarten läßt. Umdeutungen sollen dazu dienen, diesen Prozeß einzuleiten (vgl. z.B. HALEY 1977, WATZLAWICK et al. 1974, GRUNEBAUM und CHESIN 1980). Als weiterer Effekt einer positiven Umdeutung des vorgestellten Problems wird im allgemeinen die Entlastung des »Identifizierten Klienten« von »Zwang und Blamage« gesehen. Entsprechend wurde auch dieses Item den kurzfristigen Zielen zugeordnet. Das letzte Ziel spricht bereits Veränderungen auf der Verhaltensebene an: Vermehrte gemeinsame Aktivitäten. Uns überraschte zunächst, dieses unter den kurzfristigen Zielen zu finden. (So hält z.B. SELVINI-PALAZZOLI dieses Ziel für wesentlich und berichtet, daß es in der Behandlung »psychotischer Familien« äußerst schwer zu erreichen ist – vgl. HENNING 1987). Es kann vermutet werden, daß dahinter therapeutische »Hausaufgaben« stehen könnten, die bereits zu Beginn der Therapie entsprechendem Ziel dienen sollen.

b) Die wichtigsten Therapieziele

In den Katalog der Therapieziele wurden diejenigen aufgenommen, die in der Literatur als wichtig eingeschätzt wurden. Die Ziele, von denen sich die Familientherapeuten in der Praxis leiten lassen, erlauben eine Aussage sowohl über ihre praktische Relevanz als auch über die Werthaltungen der Therapeuten selbst. An dieser Stelle sollen nur die fünf Ziele referiert werden, an denen sich die Therapeuten praktisch durchgängig in den meisten Fällen orientieren (vgl. *Anhang* 3.2).

- Steigerung der Autonomie und Selbstverantwortung.
- Steigerung der Flexibilität der Familienmitglieder.
- Steigerung der Duldung von Differenzen.
- Erkennen des gemeinsamen Beitrags zum Familienproblem.
- Kooperative Problemlösung und Steigerung der Konfliktlösekompetenz.

Die ersten zwei der hier genannten Ziele (Steigerung der Selbstverantwortung und Flexibilität) sind Ziele auf ganz allgemeiner, menschlicher Ebene. Auf das Individuum bezogen sind sie wichtige Konzepte in den »humanistischen« Therapieansätzen. Die Schwierigkeit, die die wissenschaftliche Forschung mit solchen Formulierungen hat, liegt in ihrem Wesen eines übergreifenden, handlungsleitenden Konstruktes, welches aber kaum an vergleichbaren, konkreten Handlungen zu klassifizieren ist. Es sind Merkmale eines Menschenbildes, welches je nach Individualität des Therapeuten spezifische Ausprägungen findet. Konkreter sind die nächsten Ziele formuliert: Duldung von Differenzen zwischen den Angehörigen und Verbesserung der Konfliktlösekompetenz. Allerdings sprechen auch diese beiden Ziele mehrere Ebenen an: Kommunikation, Interaktion und Verhalten. Die therapeutische Arbeit an Differenzierungen wird ganz oft als die Methode in der Behandlung sehr rigider Familien betrachtet (so wird z.B. im »Mailänder Ansatz« versucht, über zirkuläres Befragen Differenzierungen im Familiensystem zu etablieren – vgl. SELVINI-

PALAZZOLI et al. 1981). Sie wird als Voraussetzung funktionaler Konfliktlösung angesehen, da sie die Anpassungsfähigkeit der Familie an veränderte Außen- wie Innenbedingungen über eine Auseinandersetzung der beteiligten Mitglieder verändert. Die Nennung des letzten Ziels – Erkennen des gemeinsamen Beitrags zum Familienproblem – überrascht nicht, wird es doch von den meisten Lehrmeistern als wichtige Voraussetzung effektiver familientherapeutischer Arbeit angesehen. Inhaltlich wurde es bereits im vorangegangenen Abschnitt im Rahmen der kurzfristigen Therapieziele erläutert. Insgesamt wurden – mit der einzigen Ausnahme des Ziels »Veränderung individueller Bedürfnisse« – alle Ziele von den Therapeuten als insgesamt »wichtig« eingeschätzt. Deshalb erscheint es wenig sinnvoll, weiter auf ihre Rangreihe in der Bewertung einzugehen. Statt dessen verspricht der Versuch einer statistisch-inhaltlichen Strukturierung die Extraktion übergeordneter Gruppen von Therapiezielen.

c) Dimensionen der Therapieziele

Die faktorenanalytische Strukturierung ermöglichte unter den oben (vgl. S. 135) genannten Bedingungen die Konstruktion von vier übergeordneten Therapiezielen. Dabei ist zu berücksichtigen, daß die Faktoren relativ hoch miteinander korrelieren. Das Ergebnis läßt den Schluß zu, daß sich die von uns formulierten Therapieziele zwar nicht auf statistisch »reine«, d.h. unabhängige Dimensionen reduzieren, aber vier, in der Zeit stabile, Schwerpunkte erkennen lassen. Diese sind unseres Erachtens als praktisch relevante Zieldimensionen bei der Indikation von Familientherapie zu interpretieren. Die Dimensionen entsprechen weitgehend den von OLSON et al. (1979) formulierten Dimensionen familiärer Systeme: Adaptabilität (Faktoren I und IV), Kohäsion (Faktor II) und Kommunikation (Faktor III). Die Dimension ›Adaptabilität‹ wird demnach von zwei unterschiedlichen Faktoren repräsentiert. Wir werden sehen, daß beide verschiedene Sichtweisen von »Anpassungsfähigkeit« ermöglichen, die von uns als »Erhöhung des Selbstwerts« und »Veränderung der Beziehungsstruktur« bezeichnet wurden.

Erhöhung des Selbstwerts

›Selbstwert‹ ist eine zentrale (Ziel-)Dimension des entwicklungsorientierten Ansatzes nach SATIR (vgl. z.B. SATIR 1975), der als integrativer Ansatz einen zentralen Stellenwert in der Ausbildung bundesdeutscher Familientherapeuten hat. Diese Vorgehensweise versucht, neben den Interaktionen zwischen den Familienmitgliedern auch »wachstumshemmende« Einflüsse innerhalb der einzelnen Individuen zu erarbeiten und zu modifizieren. Diese Einflüsse äußern sich bei jedem Individuum anders; doch scheinen sich auf höherer Ebene allgemeine Muster zu wiederholen, die zu Zielformulierungen führen, wie sie im Faktor I zusammengefaßt sind.

- Steigerung des Selbstbewußtseins des einzelnen.
- Steigerung gegenseitiger Selbstsicherheit bei den Familienmitgliedern.
- Steigerung der Fähigkeit der Familienmitglieder, anderen Mitgliedern zu erlauben, für sie zu sorgen, wenn es angemessen ist.

- Steigerung der Duldung von Differenzen.
- Steigerung des Grades, in dem Familienmitglieder sich gegenseitig in der Erfüllung ihrer physischen Bedürfnisse befriedigen, unterstützen und ergänzen.
- Milderung von Zwang und Blamage.
- Steigerung der Autonomie und Selbstverantwortung.

Es wird deutlich, daß das übergeordnete Ziel: »Erhöhung des Selbstwerts« je nach Problemstruktur auf unterschiedlichem Wege zu erreichen ist. Über Selbstbewußtsein, -sicherheit, und -verantwortung, gegenseitiger Sorge, Duldung von Differenzen (und damit Tolerierung abweichender Meinung), Milderung von Zwang und Blamage (ein Muster, in dem – wie z.B. SATIR (1975) zeigte – beide Interaktionspartner Selbstwertverlust erleiden), zur Steigerung der Autonomie und Selbstverantwortung des einzelnen. Das Selbstwertgefühl des einzelnen kann nun mit den Interaktions- und Kommunikationsstrukturen in der Familie in Beziehung gesetzt werden. Damit stellt es einen zentralen Ansatzpunkt therapeutischer Veränderung dar.

Stärkung des Zusammenhaltes

Unter ›Kohäsion‹ wird die Fähigkeit einer Familie verstanden, sich als zusammenhängendes Ganzes zu erhalten (vgl. SIMON und STIERLIN 1984). OLSON et al. (1980a) betonten zwei Komponenten der Familien-›Kohäsion‹: Die emotionale Bindung, die die Mitglieder der Familie zueinander haben und die eine Person in seinem Familiensystem realisieren kann. Extrem hohe Familien-Kohäsion führt zur Verstrickung, extrem niedrige zum Auseinanderbrechen. Dementsprechend wird in diesem Modell unterstellt, daß ein ausgewogener Grad an Kohäsion für ein effektives Funktionieren der Familie und einer optimalen Entwicklung des Individuums am ehesten förderlich ist; nur so könne ein Zustand größtmöglicher Stabilität erreicht werden (vgl. OLSON 1986). Die Ziele, die auf dem Faktor II am höchsten laden, dienen durchgängig einer solchen Stärkung des familiären Zusammenhalts:

- Steigerung der emotionalen Anziehungskraft der Familienmitglieder zueinander.
- Identifikation mit der Familie.
- Steigerung der Treue und Sorge füreinander.
- Veränderung individueller Bedürfnisse.
- Reduzierung von Konflikten.
- Steigerung des Einfühlungsvermögens.

Verbesserung der Kommunikation

OLSON und Mitarbeiter konzipierten neben ihren zentralen Dimensionen von ›Adaptabilität‹ und ›Kohäsion‹ drei weitere Konzepte, die sie als notwendige, aber nicht hinreichende Bedingungen familiärer Systemveränderung ansahen: Familiäre Unterstützung, Kreativität und Kommunikation. Ihrer Auffassung nach schließt effektive Kommunikation folgende Merkmale ein: Senden klarer und kongruenter Botschaften, Empathie, Bemerkungen mit dem Ziel, den anderen zu unterstützen und zu effektiven Problemlösungsstrategien zu gelangen.

Ineffektive Kommunikation würde entsprechend bedeuten: Senden inkongruenter und disqualifizierender Botschaften, Mangel an Empathie, nichtunterstützende, abwertende Bemerkungen, ineffektive Problemlösestrategien, sich widersprechende, unklare Botschaften. Entsprechend werden Ziele für die therapeutische Behandlung formuliert. In der statistischen Zusammenfassung laden nun diejenigen Ziele besonders hoch auf dem Faktor III, die auf die Vermittlung spezifischer, kommunikativer Kompetenzen gerichtet sind:

- Verbesserung von Ausdruckskompetenzen.
- Verbesserung von Aufmerksamkeitskompetenzen.
- Kooperative Problemlösung und Steigerung der Konfliktlösekompetenz.
- Steigerung der Fähigkeit der Familienmitglieder, sowohl mit positivem als auch mit negativem Feedback umzugehen.
- Erkennen des gemeinsamen Beitrags zum Familienproblem.
- Steigerung der Flexibilität der Familienmitglieder.
- Umgang mit und Fähigkeit zur Metakommunikation.

SATIR (1975) sieht die Dimension ›Kommunikation‹ weniger als zusätzliche Bedingung dysfunktionaler Kohäsion bzw. Adaptabilität sondern als wesentlichen Indikator für ein gestörtes Beziehungssystem. In diesem Rahmen haben bestimmte Formen der Kommunikation, die vor allem in Streßsituationen zu beobachten sind, die Funktion, den eigenen Selbstwert zu schützen, wenn das Individuum diesen bedroht sieht. Indem Veränderungsziele die Verbesserung kommunikativer Kompetenzen anstreben, werden gleichzeitig Selbstwert der einzelnen und gemeinsame Interaktionsregeln modifiziert.

Veränderung dysfunktionaler Beziehungsmuster

Wie Faktor I umfaßt auch Faktor IV Ziele, die der Dimension ›Adaptabilität‹ im Sinne von OLSON et al. (1980a) zuzuschreiben sind:

- Rollenveränderung
- Ausbalancieren der Machtstrukturen
- Veränderung der Familienregeln
- Lösung der präsentierten Symptome

Im Unterschied zu Faktor I zielen diese Ziele nicht auf die Veränderung des Selbstwerts des einzelnen sondern auf strukturelle Veränderungen des familiären Systems: Rollen, Macht, Regeln, Vertrauen und Aktivität. Ziel ist, durch die Modifikation einer dysfunktionalen Struktur die Anpassungsfähigkeit des gesamten Systems an äußere (z.B. soziale Veränderung) oder innere (z.B. Erwachsenwerden der Kinder) Bedingungen wiederherzustellen. Diese Orientierung an der Organisation des Familiensystems und dessen Interaktion wird besonders von der sog. »Strukturellen Familientherapie« betont. Vertreter dieser Richtung (Forschungsgruppe um S. MINUCHIN an der Philadelphia Child Guidance Clinic) gehen davon aus, daß Veränderungen in der familiären Struktur zu Veränderungen im Verhalten und den innerpsychischen Prozessen der Mitglieder beitragen (vgl. z.B. MINUCHIN 1977).

Spezifische Ziele

Es ist nicht verwunderlich, daß mit den beschriebenen Zieldimensionen nicht alle Aspekte familientherapeutischer Behandlung erfaßt sein können. Entsprechend waren eine Reihe von Ziel-Aussagen zu finden, die sich unter den genannten statistischen Bedingungen keinem der Faktoren zuordnen ließen. Interessanterweise sind hier v.a. Ziele vertreten, die die Arbeit an emotionalen Prozessen fokussieren und solche, die für die therapeutische Interaktion selbst wichtig sind, also die Effektivierung des »Therapeut-Klient-Systems« anstreben:

Verbesserung emotionaler und kommunikativer Prozesse
- Steigerung des Einfühlungsvermögens
- Balance zwischen Gefühl und Intellekt
- Steigerung der Kapazität der Familie, Übereinstimmung und Bindung zu honorieren
- Erhöhung der Spontaneität in den Unterhaltungen
- Steigerung der Verantwortung der Familienmitglieder für das Wohlergehen der Familie
- Steigerung von gemeinsamen Aktivitäten, die belohnend oder erfreulich sind

Effektivierung des therapeutischen Prozesses
- Steigerung des Grades, in dem Familienmitglieder sich sicher fühlen, unbesorgt fühlen und auf die Anwesenheit des anderen vertrauen
- Klärung/Spezifikation individueller Bedürfnisse und Wünsche in der Beratung
- Redefinition der Probleme
- Aufbau einer gemeinsamen Arbeitsallianz

Es bleibt festzuhalten, daß durch die faktorenanalytische Strukturierung vier Zieldimensionen extrahiert werden konnten, die inhaltlich aus unterschiedlichen, theoretischen Konzepten ableitbar sind: Erhöhung des Selbstwerts, Stärkung des Zusammenhalts, Verbesserung der Kommunikation und Veränderung dysfunktionaler Beziehungsmuster. Die Mittelwertunterschiede der Faktorwerte zeigen, daß die Familientherapeuten die Verbesserung der Kommunikation am wichtigsten finden und der Stärkung des Zusammenhalts relativ wenig Bedeutung beimessen (vgl. *Tab. 3.3*). Ziele, die die Verbesserung emotionaler und kommunikativer Prozesse und die Effektivierung des therapeutischen Prozesses formulieren, konnten dagegen keinem eigenen Faktor zugeordnet

Tab. 3.3: Faktoren der Therapieziele – Einschätzung der Wichtigkeit im Verlauf von Familienbehandlungen durch Praktiker in EBStn (n = 204)

Faktoren		gewichtete Mittelwerte
I	Erhöhung des Selbstwerts	5.4
II	Stärkung des Zusammenhaltes	4.0
III	Verbesserung der Kommunikation	5.6
IV	Veränderung dysfunktionaler Beziehungsmuster	5.2

Die Items der Therapieziele wurden von den Praktikern zwischen 1 (»Von diesem Ziel lasse ich mich bei meiner Arbeit mit Familien nie leiten«) und 7 (»Von diesem Ziel lasse ich mich bei meiner Arbeit mit Familien immer leiten«) eingeschätzt (vgl. *Anhang 3.2*). Zur Berechnung der Faktorwerte vgl. Anmerkung zu Tab. 3.2.

werden und erhielten den Status »spezifischer« Ziele. Zwei Faktoren stehen in einer klaren inhaltlichen Beziehung zu denen der Diagnosekriterien: Stärkung des Zusammenhalts und Veränderung dysfunktionaler Beziehungsmuster. Es wurde schon erwähnt, daß beide zentrale Dimensionen des OLSON-Modells repräsentieren: Kohäsion und Adaptation. Beide werden also auch von den Praktikern als Diagnose- und Ziel-Dimensionen benutzt.

3.4.3 Indikationsentscheidungen zur Familientherapie nach allgemeinen Entscheidungsregeln

Bisher wurde die Einstellung von Praktikern daraufhin untersucht, auf welche diagnostischen Informationen sie sich bei ihrer Indikationsentscheidung für Familientherapie konzentrieren und von welchen Therapiezielen sie sich bei ihrer Arbeit mit Familien leiten lassen. Jetzt soll beschrieben werden, nach welchen Regeln sie sich für eine gemeinsame Familienbehandlung entscheiden. Dabei werden »Regeln« von uns nicht im Sinne einfacher, linearer Kausalität (im Sinne von: Wenn Bedingung ›A‹ dann Handlung ›X‹) definiert, sondern als heuristische Elemente im Verlauf des therapeutischen Entscheidungsprozesses angesehen (vgl. hierzu Kapitel 1).
Aus der einschlägigen Literatur, die sich mit der Indikationsfrage auseinandersetzt (vgl. Kapitel 2), wurde ein Satz von Aussagen zusammengestellt, der den Experten ebenfalls zur Einschätzung vorgelegt wurde. Es sollte also geklärt werden, inwieweit die diskutierten Kriterien auch in der therapeutischen Praxis der EBStn für die Entscheidungsfindung Relevanz besitzen. Bei der Betrachtung der Experten-Einschätzungen war es ganz offensichtlich, daß sie in der Tendenz mit den Empfehlungen der in der Literatur besprochenen Autoren übereinstimmen. Allerdings war auffällig, daß die befragten Therapeuten Kriterien zur Kontraindikation weniger stark gewichteten als von den Aussagen in der Literatur her gesehen zu erwarten war. Nach ihren Einschätzungen fanden wir keine Kriterien, die klar gegen eine gemeinsame Familienbehandlung sprachen (vgl. *Anhang 3.3*). Im folgenden werden also Aussagen vorgestellt, die von Wissenschaftlern und Praktikern fast einhellig als klare Indikationskriterien angesehen werden und solche, die von Wissenschaftlern als Kontraindikationskriterien und von den Praktikern eher uneinheitlich und im Durchschnitt als Non-Indikationskriterien beurteilt werden. Im Anschluß wird eine statistische Strukturierung des gesamten Datenmaterials durchgeführt, um nach übergeordneten Kriterien von Entscheidungen zu suchen.

a) Entscheidungsregeln für Familientherapie

Zunächst sollen die Kriterien besprochen werden, die sowohl in der Literatur als auch in der Praxis klar für eine gemeinsame Familienbehandlung sprechen. Über drei Viertel der Befragten schätzten sie in diesem Sinne ein – und nur einzelne Therapeuten ($\ll 3\%$) bewerteten sie als Aussage gegen Familientherapie (vgl. *Anhang 3.3*). Obwohl die Aussagen ein unterschiedliches Abstraktionsniveau besitzen, lassen sich bei der näheren Betrachtung eine Reihe inhaltlicher Gemeinsamkeiten erschließen, denen ganz offensichtlich bei der Entscheidung für eine Familientherapie großes Gewicht zukommt. Diese sollen der faktorenanalytischen Strukturierung vorangestellt werden.

Das vorgestellte Symptom des »Identifizierten Klienten« läßt auf Familienprobleme schließen

Diese Aussage erscheint zunächst trivial: Haben doch die meisten therapeutischen Ansätze inzwischen die Wechselwirkung zwischen Symptomatik und (familiärer) Umwelt beschrieben und tragen ihr entsprechend Rechnung. Um so erstaunlicher erscheint es, daß gerade dieses Kriterium – welches in diesem Sinne für jeden Klienten mit Familie zutreffen und somit keine differenzierende Aussage ermöglichen würde – als klares Indikationskriterium für eine Familientherapie bewertet wird. Die Vermutung liegt nahe, daß die Aussage von den Therapeuten in einem anderen Sinne verstanden wird: Dies ist ein allgemeines Kriterium für Familientherapie, welches aber konkreterer Spezifikation bedarf. Die folgende Liste zeigt, daß bereits einzelne Indikationsaussagen in diese Richtung zielen:

- Die Symptome des »Identifizierten Klienten« deuten auf Familienprobleme hin.
- Der primäre und sekundäre Gewinn der Symptome ist ein Ausdruck einer familiären Systempathologie.
- Die Störung eines Mitgliedes wirkt sich auf die Interaktion in der Familie aus.
- Verbesserungen beim »Identifizierten Klienten« haben Verschlechterungen bei einem oder mehreren Familienmitgliedern zur Folge.
- Der Klient ist vom Familienproblem beansprucht.

Der Vergleich macht deutlich, daß durchgehend das Familienproblem als zentrales therapeutisches Problem angesehen wird, obwohl ein einzelnes Mitglied mit seiner Symptomatik vorgestellt wurde. So rückt das Familienproblem dann in den Vordergrund, wenn die Rest-Familie einen Gewinn aus der Symptom-Zuschreibung zieht (was z.B. ganz deutlich wird, wenn sich die Problematik innerhalb der Familie verschiebt), oder die familiäre Interaktion gestört ist. Innerfamiliärer Symptomgewinn und Interaktionsstörung scheinen ganz entscheidende diagnostische Konzepte für die Bearbeitung des Indikationsproblems zu sein, wobei aber unklar bleibt, nach welchen Kriterien sie diagnostiziert oder wahrgenommen werden.

Regelverändernde Fähigkeiten der Familie

WERTHEIM (1973) hat vorgeschlagen, bei der Prognose der Reaktion einer Familie auf die gemeinsame Behandlung auch ihre Veränderungsmechanismen zu bedenken. Sie geht davon aus, daß eine Familie die Fähigkeit zur Regelveränderung hat, wenn sie flexibel erscheint und für neue Wahrnehmungsmöglichkeiten offen ist. Die folgenden Kriterien beziehen sich offensichtlich auf eine potentielle Bereitschaft der Familie, das Problem nicht einem einzelnen, definierten »Symptomträger« zuzuschieben. Statt dessen wird es z.B. als

Familienproblem oder Familienkrise beschrieben. In der familientherapeutischen Literatur wird die Vermittlung dieser Sicht oft als – nicht leichte – Aufgabe des Therapeuten angesehen:

- Die Familie definiert ihr Problem als ein Familienproblem.
- Die Familienmitglieder sind motiviert, an einer Familientherapie/-beratung teilzunehmen.
- Die Familie befindet sich in einer akuten Krise.
- Der Patient besteht auf Familientherapie oder äußert den Wunsch, eine Behandlung mit seiner Familie durchzuführen.

Die Meinung der Therapeuten ist, daß auch diese Kriterien klar für eine Familienbehandlung sprechen. Das läßt vermuten, daß Therapeuten mit Familien, in denen einzelne Mitglieder bereits einen Zusammenhang zwischen verschiedenen Problemen und ihren Beitrag dazu erkennen, eine gemeinsame Behandlung auch tatsächlich als Methode der Wahl ansehen. Als ein weiteres Element ist sicherlich die Motivationsfrage anzusehen. Es kann davon ausgegangen werden, daß diese Familien auch eher die Notwendigkeit einer gemeinsamen Behandlung nachvollziehen können. Unseres Erachtens stellt sich in dieser Gruppe von Entscheidungskriterien die Frage, ob sie tatsächlich häufig vorkommende Familienmerkmale repräsentieren, oder ob sie nicht vielmehr einem Wunschbild der Therapeuten entgegenkommen, die im allgemeinen mit einer anderen Sicht der Klienten von ihrem Problem und mit entsprechenden Erwartungen konfrontiert werden. Sie geben aber den Hinweis, daß der interaktionistischen Sichtweise des Problems und der Motivation der Familie ein bedeutender Stellenwert bei der Indikationsentscheidung zukommt.

Problemzuweisung der Familie als Symptomträger

Aus familientherapeutischer Sicht haben Symptome sowohl eine individuelle als auch eine familiäre Bedeutung. Herrscht dagegen in der Familie ein Konsens darüber, daß bestimmte Mitglieder die Gesamtlast der Familienproblematik zu tragen haben, wird das häufig als Hinweis auf eine eher rigide, einer Veränderung entgegenstehenden, Familienstruktur angesehen. SIMON und STIERLIN (1984, S. 352f.) machten in solchen Fällen auf die Gefahr aufmerksam, daß der Wandel des Symptoms bei einem Mitglied – z.B. als Reaktion auf eine Einzeltherapie – zur Symptombildung bei anderen Mitgliedern führen kann. Entsprechend schätzten die Familientherapeuten die folgenden Entscheidungsregeln als Indikationskriterien für eine Familientherapie ein:

- Der »Identifizierte Klient« ist von einem oder mehreren Familienmitgliedern abhängig.
- Durch eine Einzeltherapie droht eine starke Stigmatisierung des »Identifizierten Klienten«.
- Der »Identifizierte Klient« ist ein Kind.
- Mehrere Familienmitglieder weisen Probleme/Störungen auf.

Demnach spricht eine starke Abhängigkeit des Identifizierten Klienten von der Restfamilie für eine Familientherapie. Dabei ist allerdings nicht klar, welche

Form von Abhängigkeit von den Therapeuten gemeint ist. Eine Möglichkeit scheint die emotionale Abhängigkeit von der Bewertung der familiären Umwelt, die ihren Niederschlag in einer verstärkten Stigmatisierung findet, zu sein. Zu vermuten ist auch die Kombination emotionaler mit materieller Abhängigkeit, wie sie bei Kindern naturgemäß vorauszusetzen ist. Insgesamt scheinen diese Kriterien nicht allein für eine Familientherapie, sondern vor allem auch gegen eine Individualtherapie zu sprechen.

Probleme zwischen oder innerhalb von Subsystemen

Als letztes werden Kriterien genannt, die die Beziehung einzelner Familienmitglieder zueinander als problematisch beschreiben:

- Es bestehen Störungen zwischen den Kindern und ihren Eltern.
- Es bestehen Probleme im Eltern-Kind Subsystem.
- Es bestehen Probleme zwischen den Geschwistern.

Wenn demnach vorherrschend Probleme zwischen der Eltern- und Kinder-Generation (vielleicht ausgelöst durch mangelnde Erziehungskompetenz) bestehen, spricht das klar für eine gemeinsame Behandlung. Entsprechend wird eine problematische Beziehung zwischen einem Elternteil und einem Kind bewertet. In der familientherapeutischen Literatur wird dieses Phänomen als ein Hinweis für »Triangulation« (vgl. HALEY 1980) angesehen, d. h. es ist wenigstens ein drittes Familienmitglied beteiligt, welches von dieser Koalition oder Konfrontation des Eltern-Kind Paares profitiert. Ebenso werden Probleme zwischen Geschwistern als Ausdruck familiärer Schwierigkeiten angesehen. In allen Fällen halten auch die Praktiker eine Familienbehandlung für indiziert. In diesem Zusammenhang ist erwähnenswert, daß Probleme innerhalb des Paar-Subsystems eher als Kriterium gegen eine Behandlung der gesamten Familie angesehen werden. Zu vermuten ist, daß in solchen Fällen häufig die Möglichkeit einer Paarbehandlung vorgezogen wird.

b) Entscheidungsregeln zur Non-Indikation von Familientherapie

Oben wurde bereits angedeutet, daß sich aus der Befragung keine eindeutigen Kriterien für eine Kontraindikation ableiten lassen. Stattdessen kann eine Reihe von Aussagen beschrieben werden, die nach Meinung der Therapeuten im Mittel eher gegen eine Familientherapie sprechen ($\bar{x} < 0$; vgl. *Anhang 3.3*), und wo Familientherapie nicht als Methode der Wahl angesehen wird und alternative Vorgehensweisen berücksichtigt werden müssen. Im folgenden sollen wiederum die Kriterien nach inhaltlichen Gesichtspunkten zusammengefaßt werden.

Die übrigen Familienmitglieder sind oder zeigen sich nicht vom Problem des Identifizierten Klienten betroffen.

Hierunter fallen sowohl die Sichtweise des Therapeuten als auch die der Familie vom vorgestellten Problem:

- Der Konflikt oder das Problem des Klienten ist wesentlich intrapersonell bedingt.
- Die Familienprobleme haben zur Zeit keine Konsequenzen für die einzelnen Familienmitglieder.
- Die meisten der Familienmitglieder verspüren keinen Leidensdruck.
- Die ganze Familie leugnet die Familienschwierigkeit.

Es wird deutlich, daß die Hypothese des Therapeuten in bezug auf die Bedingtheit und Aufrechterhaltung des Problems wesentlich zu seiner Entscheidung beitragen. Sieht er es z. B. hauptsächlich als individuelles Problem des Klienten an oder sieht er keine Konsequenzen für die anderen Familienmitglieder, zieht er andere Vorgehensweisen in Betracht. In der gleichen Richtung findet die Sicht der Familie seine Beachtung, wenn sie z. B. keinen Leidensdruck äußert oder diesen leugnet. An dieser Stelle liegen zwei Fragen nahe: Welches sind eher individuelle Probleme, sowohl aus der Sicht des Therapeuten als auch aus der des Klienten? Und welche Kriterien sind darüber hinaus wichtig, damit die Entscheidung klarer für eine alternative Behandlungsform ausfällt? Bisher müssen beide Fragen noch offen bleiben.

Mangelnde Bereitschaft der Familie zur Mitarbeit.

Familien, die folgende Merkmale aufweisen, wird in der familientherapeutischen Literatur eine eher schlechte Prognose zugestanden – wenigstens solange sie sich im Verlauf der Therapie nicht verändern:

- Die Familie/der »Identifizierte Klient« hat ein starkes Vorurteil gegen die Konzeption der Familientherapie/Familienberatung.
- Die Familienmitglieder zeigen geringe Motivation.
- Die Familienmitglieder können nicht alle ständig gemeinsam anwesend sein.
- Die Familie mißbraucht die Familienberatung.

Diese Kriterien umfassen Einstellungen (Vorurteile), Handlungen (Fehlen einzelner Mitglieder, Mißbrauch) und allgemein die mangelnde Motivation zur Mitarbeit. Es ist zu vermuten, daß diese Kriterien, für sich genommen, zunächst einmal die nächsten Therapieziele des Therapeuten bestimmen können – was auch innerhalb des familientherapeutischen Settings möglich scheint. Als Beispiel wäre etwa die Schaffung eines klaren, therapeutischen Kontraktes anzunehmen. Die Frage aber ist, unter welchen Umständen die Praktiker doch von einer Familienbehandlung Abstand nehmen (z. B.: Wie »hartnäckig« müssen solche Vorurteile geäußert werden?) und wann sie auch eine Einzel- oder Gruppenbehandlung des Identifizierten Klienten für sinnvoller halten. Festzuhalten ist, daß bei fehlender Motivation der Familie einer gemeinsamen Behandlung gegenüber auch alternative therapeutische Möglichkeiten in Betracht kommen (vgl. WÄLTE 1989).

Alternative Indikationsentscheidungen

Die unter diesem letzten Punkt gefaßten Kriterien haben offensichtlich weniger eine inhaltliche als vielmehr eine praktische Gemeinsamkeit: Hinsichtlich der

Einschätzung legen sie am ehesten eine Alternative zur gemeinsamen Familientherapie nahe:

- Erfahrene und kompetente Therapeuten sind zur Zeit nicht verfügbar.
- Der Patient wünscht Individualtherapie oder Gruppentherapie.
- Das Schwergewicht der Störungen liegt beim Ehepaar.
- Ein Familienmitglied befindet sich bereits in einer intensiven Einzeltherapie.
- Die Familientherapie/Familienberatung soll als Vorbereitung für eine Einzeltherapie oder Gruppentherapie eingesetzt werden.

Das erste Kriterium bezieht sich auf die Möglichkeit des therapeutischen Angebotes: Stehen kompetente Familientherapeuten nicht zur Verfügung, gibt es neben der Warteliste die Möglichkeit eines alternativen oder »inkompetenten« Behandlungsangebotes; es wird wiederum deutlich, daß weitere Kriterien zur Entscheidungsfindung hinzugezogen werden müssen. Der Wunsch des Klienten nach einer anderen Therapieform findet ganz offensichtlich ebenso Beachtung wie parallel stattfindende Psychotherapien einzelner Familienmitglieder. In beiden Fällen wundert uns, daß die Ausprägung in Richtung »Kontraindikation« nicht klarer ist. Es wäre interessant zu erfahren, unter welchen Umständen eine Familientherapie ins Auge gefaßt wird, wenn z. B. die Partnerin eine Einzelbehandlung wünscht oder ihr Partner eine solche bereits durchführt. Auch bei diesen Aussagen wird klar, daß offenbar mehrere Kriterien zusammengefaßt werden müssen, bis eine eindeutige Entscheidung gegen eine Familientherapie möglich ist.

c) Dimensionen der Entscheidungsregeln

Bisher betrachteten wir die Entscheidungsregeln, die von den Therapeuten im Durchschnitt am eindeutigsten beurteilt worden waren. Ihre Zusammenfassung geschah dann zur besseren Übersicht nach inhaltlichen Kriterien. In diesem Abschnitt wird gezeigt, daß auch auf dem Wege einer faktorenanalytischen Strukturierung allgemeinere Entscheidungsdimensionen zu finden sind, die inhaltlich sinnvoll benannt werden können.

Bei der Konstruktion der Items zu den Entscheidungsregeln wurde darauf geachtet, ein möglichst breites Spektrum therapeutischer Entscheidungsdimensionen abzudecken (vgl. Kapitel 2). So war es nicht verwunderlich, daß die Varianzaufklärung der extrahierten Faktoren unter den auf Seite 135 genannten statistischen Bedingungen relativ geringer ausfiel als bei den Diagnosekriterien und den Therapiezielen. Aus diesem Grunde erschien eine vier-Faktoren-Lösung sinnvoller, auch wenn der Faktor IV nur zu 4.5% an der Aufklärung zur Gesamtvarianz beteiligt ist. Bei der Interpretation wurden den Faktoren alle Items zugeordnet, deren Ladungshöhe mehr als 0.5 betrug.

Unter den genannten Voraussetzungen wurden vier Faktoren extrahiert, die zu 40 Prozent an der Aufklärung der Gesamtvarianz beitragen. Ihnen wurden 24 der insgesamt 41 Entscheidungsregeln zugeordnet.

Interaktionsstörungen in der Familie

Die Aussagen des Faktor I beschreiben verschiedene Aspekte von Interaktionsstörungen zwischen mehreren Familienmitgliedern. Die meisten beziehen sich auf Störungen, die, quasi symptomatisch, offen von der Familie gezeigt werden. Die Aussagen beschränken sich, von zwei Ausnahmen abgesehen, auf die Beschreibung und Benennung der beteiligten Familienmitglieder, ohne die Bedeutung des Beziehungsproblems zu interpretieren. Interaktionsstörungen können einmal zwischen oder innerhalb der Generationsgrenze demonstriert werden (Kinder < > Eltern; Kinder < > Kinder) – wobei Störungen innerhalb der Elterngeneration interessanterweise nicht zu diesem Faktor gehören (vgl. Seite 152f.). Und dann werden sie als Interaktionsstörung zwischen dem Identifizierten Klienten und seiner Restfamilie oder als krisenhafte Situation von mehreren Familienmitgliedern benannt. Insgesamt wurden alle Items des Faktors I relativ homogen ($0.5 < s < 0.8$) als klare Indikationskriterien ($\bar{x} \gg 1$) für Familientherapie genannt (vgl. *Anhang 3.3*).

- Die Störung eines Mitgliedes wirkt sich auf die Interaktion in der Familie aus.
- Der Klient ist vom Familienproblem beansprucht.
- Es bestehen Störungen zwischen den Kindern und ihren Eltern.
- Es bestehen Probleme im Eltern-Kind Subsystem.
- Es bestehen Probleme zwischen den Geschwistern.
- Mehrere Mitglieder weisen Probleme/Störungen auf.
- Der IK ist ein Kind.
- Der IK ist von einem oder mehreren Familienmitgliedern abhängig.
- Der primäre und sekundäre Gewinn der Symptome ist ein Ausdruck einer familiären Störung.
- Die Familie befindet sich in einer akuten Krise.

Die ersten beiden Aussagen werden viele familienorientiert arbeitende Therapeuten als trivial disqualifizieren: Wirkt sich doch ein Problem eines Familienmitglieds notwendigerweise in irgendeiner Art auf seine Beziehung zu den anderen Mitgliedern aus – und ist umgekehrt seine Symptomatik die Reaktion auf eine dysfunktionale familiäre Interaktion. Der Zusammenhang mit den folgenden Aussagen legt die Vermutung nahe, daß hier die beziehungsmäßige Wechselwirkung zwischen bestimmten Mitgliedern des Familiensystems impliziert wurde: Die zwischen Eltern und Kindern bzw. einem Elternteil und einem Kind und die zwischen Geschwistern. Alle weisen eine ähnliche Struktur der Faktor-Ladungen auf und sprechen nach der Therapeuteneinschätzung für die Einbeziehung der ganzen Familie. Ist der Identifizierte Klient ein Kind oder zeigen mehrere Familienmitglieder Probleme, liegt die Hypothese einer bedeutsamen Interaktionsstörung offenbar ebenfalls nahe, auch wenn sie auf der Ebene der Beschreibung von der Famililie als isolierte Phänomene wahrgenommen werden. Ein solcher Bezug wird über das nächste Item hergestellt: Die Abhängigkeit zwischen Identifiziertem Klienten und einzelnen Familienmitgliedern. Hier wird auf eine bestimmte Interaktionsstörung Bezug genommen, die STIERLIN (1977) als »Dominanz zentripetaler Kräfte« (Bindung) bezeichnete, die die phasengerechte Individuation des heranwachsenden Kindes behindert. Bei der Betrachtung der letzten beiden Items – Symptomgewinn des Familiensystems und Familienkrise – könnte eingewendet werden, daß sie nicht direkt, wie die anderen Aussagen, Interaktionsstörungen beschreiben. Systemtheoretische Überlegungen rücken sie aber in unmittelbare Nähe zu dysfunktionaler Interaktion: Symptomgewinn läßt auf ein rigides Beziehungsgleichgewicht schließen, wobei die Veränderung des Einzelnen Widerstände des Gesamtsystems erwarten läßt. Erst krisenhafte Entwicklungen bieten dann die Möglichkeit der Veränderung. Diese werden von vielen als ein Zeichen verstanden, daß bislang bewährte Anpassungsmechanismen nicht mehr ausreichen, um das Überleben der Familie zu sichern. Dann sind neue Bewältigungsstrategien und entsprechende innere Umstrukturierungen gefordert (vgl. z.B. LINDEMANN 1944, der schon früh auf solche Muster aufmerksam machte). Eine solche Sichtweise bildet die Grundlage der sogenannten »Kurztherapien« mit Familien, die einen »Wandel zweiter Ordnung« über die Initiierung von Krisen anzielen (vgl. z.B. EVERSTINE und EVERSTINE 1985). Insgesamt ist festzuhalten, daß die beschriebenen Interaktionsstörungen von der Mehrzahl der Therapeuten als ganz klare Entscheidungsregeln für Familientherapie eingeschätzt wurden. Damit soll aber nicht unterstellt werden, daß sie Indikationsentscheidungen hinreichend begründen können. Stattdessen sind sie als ein offenbar wichtiges Entscheidungselement anzusehen.

Widerstände des Systems gegen eine gemeinsame Behandlung

Auf dem Faktor II laden solche Items am höchsten, die Schwierigkeiten des Therapeuten bei der Verhandlung eines Kontraktes mit der Familie erwarten lassen. Bei ihrer Beurteilung bestehen unter den Experten relativ große Differenzen ($0.9 < = s < = 1.2$). Ihre Bedeutung als Indikationskriterien wird im Mittel mit Tendenz zur Kontraindikation ($-0.5 < = \bar{x} < = 0.0$) eingeschätzt, d.h. nach Meinung der meisten Praktiker sprechen sie eher gegen eine Familientherapie (vgl. *Anhang 3.3*).

- Die ganze Familie leugnet die Familienschwierigkeit.
- Die meisten der Familienmitglieder verspüren keinen Leidensdruck.
- Die Familienprobleme haben zur Zeit keine Konsequenzen für die einzelnen Familienmitglieder.
- Die Familie/der IK hat ein starkes Vorurteil gegen die Konzeption ›Familienbehandlung‹.
- Die Familienmitglieder zeigen geringe Motivation.
- Die Familie hat eine Geschichte gemeinsamer Behandlungssabotagen.

In der familientherapeutischen Theorie werden Widerstände anders definiert als in Ansätzen individualtherapeutischen Zugangs (vgl. z.B. ACKERMANN 1967). SIMON und STIERLIN (1984) definieren sie wie folgt:

> »In der Familientherapie läßt sich am ehesten als Widerstand jegliches Verhalten einzelner oder aller Familienmitglieder bezeichnen, das einer fälligen Entwicklung in Richtung eines höheren Niveaus der bezogenen Individuation entgegenwirkt.« (SIMON und STIERLIN 1984, S. 386)

Wir sehen bei dieser Definition die Schwierigkeit, daß damit sowohl innerfamiliäre Prozesse (z.B. die Suche nach einem Sündenbock) als auch Prozesse im Verlauf der Therapie beschrieben werden. Bei der Analyse des Indikationsprozesses erscheint es sinnvoll, Widerstand als bestimmte Interaktion zwischen Therapeut und Familiensystem anzusehen.

Im Faktor II werden auf drei verschiedenen Ebenen Widerstände der Familie benannt: der emotionalen, kognitiven und verhaltensmäßigen. Die ersten drei Aussagen zielen auf das Phänomen gemeinsamer Vermeidung bzw. Verleugnung offenbar bestehender emotionaler Konflikte. Ist an dieser Vermeidung die ganze Familie beteiligt, liegt die Vermutung nahe, daß sie von äußeren Instanzen geschickt wurde. Die nächsten beiden Aussagen beziehen sich auf die Abspaltung eines Familienmitglieds als »Identifizierter Klient« oder »Sündenbock«. Die Restfamilie gibt an, keinen Leidensdruck oder Konsequenzen zu verspüren. In allen Fällen kann der Therapeut zu dem Ergebnis kommen, daß außer dem Identifizierten Klienten die Familienmitglieder am Problem emotional zu wenig beteiligt sind, um eine Familientherapie erfolgreich durchführen zu können. Die nächste Aussage bezieht sich auf die Ebene des kognitiv gezeigten oder geäußerten Widerstandes. Bei einem gemeinsamen und starken Vorurteil gegen eine Familienbehandlung kann es sich z.B. um stark gebundene Familien handeln, die schon in der Einladung zu einem gemeinsamen Gespräch eine Bedrohung sehen und eine solidargemeinschaftliche Abwehrfront entwickeln. Auf der Verhaltensebene werden geringe Motivation – die kann z.B. über ständiges Verschieben von Terminen oder die Nichteinhaltung von Absprachen mit dem Therapeuten deutlich werden – und zurückliegende »Behandlungssabotagen« genannt. In allen Fällen schätzen die Therapeuten die Effektivität gemeinsamer Behandlungen relativ gering ein. Unserer Meinung nach wäre es einmal interessant, die Gründe dieser Einstellung näher zu untersuchen.

Störungen in Subsystemen

Dem Faktor III sind Items zugeordnet, die Störungen in Subsystemen benennen, die sich aus älteren Familienmitgliedern zusammensetzen: Dem Paar, einem Erwachsenen oder Jugendlichen.

- Das Schwergewicht der Störungen liegt beim Ehepaar.
- Der IK ist ein Erwachsener.
- Der IK ist ein Jugendlicher.
- Der IK ist ein Jugendlicher, der sich im Ablösungsprozeß von der Familie befindet.

Die Frage nach inhaltlicher Gemeinsamkeit ist nur im Zusammenhang mit theoretischen Überlegungen zu beantworten. Diese hatten uns auch veranlaßt, die Aussagen in unseren Kriterienkatalog mit aufzunehmen (vgl. hierzu auch Kapitel 2): Ältere Klienten sind in einen anderen Lebenszyklus eingebettet, in dem Konflikte entstehen, wenn die Betroffenen es nicht schaffen, neue Grade der Individualität zu entwickeln (vgl. STIERLIN 1977). »Individuation« bedeutet dabei die Differenzierung der eigenen Innenwelt (Gefühle, Bedürfnisse) und die Abgrenzung einer solchen differenzierten Innenwelt von der Außenwelt, insbesondere von den Ideen, Bedürfnissen, Erwartungen der anderen (vgl. SIMON und STIERLIN 1984, S. 160f.). Das Problem unserer Fragestellung ist, ob die Aufgabe der Individuation im einzel-, (paar-) oder familientherapeutischen Setting besser zu lösen ist. Unsere Ergebnisse legen die Vermutung nahe, daß die endgültige Indikationsentscheidung auch hier von weiteren Bedingungen abhängig gemacht wird. Die genannten Aussagen wurden recht unterschiedlich eingeschätzt ($0.9 < = s < = 1.1$) und sprechen im Mittel weder für noch gegen eine Familienbehandlung ($-0.3 < = \bar{x} < = 0.6$).

Offene Bereitschaft der Familie zur gemeinsamen Behandlung

Im Faktor IV sind die Items zusammengefaßt, die vor allem eine positive Einstellung der Familie für eine gemeinsame Behandlung implizieren. Sie werden von den Experten relativ homogen ($0.9 > = s > = 0.6$) als klare Entscheidungsregeln für eine Familientherapie ($\bar{x} \gg 1$) bewertet (vgl. *Anhang 3.3*).

- Die Familienmitglieder sind motivert, an einer Familientherapie/-beratung teilzunehmen.
- Der Patient besteht auf Familientherapie oder äußert den Wunsch, eine Behandlung mit seiner Familie durchzuführen.
- Die Familie definiert ihr Problem als ein Familienproblem.
- Die einzelnen Mitglieder sind in der Lage, ihre Wünsche und Meinungen zu äußern.

Im Vordergrund der inhaltlichen Bedeutung dieses Faktors stehen die Motivation und der Wunsch der Familie zu einer gemeinsamen Behandlung. Die Definition des Problems als Familienproblem wird in der familientherapeutischen Literatur als ein zentrales Ziel der ersten therapeutischen Phase genannt (vgl. z.B. STIERLIN et al. 1980). Sie ist eine wichtige Etappe auf dem Weg zum Ziel, das Problem für die Betroffenen in einen neuen Rahmen zu stellen, es umzudeuten. Zwar ist diese Methode nicht auf die familientherapeutische Vorgehensweise beschränkt und auch nicht allein aus ihr entstanden (vgl. z.B. BANDLER und GRINDER 1982), doch wurde sie hier systematisch auf den familientheoretischen Bezugsrahmen weiterentwickelt. Nun scheint eine Familie, die auf diesem Wege schon selbst ein Stück vorangekommen ist, die Einschätzung des Therapeuten für eine günstige Prognose einer gemeinsamen Behandlung positiv zu beeinflussen. Insgesamt beschreiben die Aussagen des Faktor IV Familien, die die Voraussetzung für einen gemeinsamen therapeutischen Kontrakt selbst geschaffen haben und diesen dem Therapeuten entsprechend erleichtern.

Zusammenfassend kann festgehalten werden, daß die Einschätzung der Indikationsregeln durch die Praktiker tendenziell mit den theoretischen Empfehlungen übereinstimmte. Es war jedoch auffällig, daß sie Kriterien zur Kontraindikation weniger stark gewichteten als von den Aussagen in der Literatur her gesehen zu erwarten war. Eindeutig für eine Familientherapie spricht ein diagnostizierter Zusammenhang des vorgestellten Problems mit Familienproblemen, das Bestehen weiterer Störungen im Familiensystem, die Tendenz der Familie, eine therapeutische Entwicklung zu verhindern und Beziehungsstörungen zwischen oder innerhalb von familiären Subsystemen. Die Möglichkeit alternativer Behandlungsformen wird u.a. in Betracht gezogen, wenn die übrigen Familienangehörigen sich vom Problem nicht betroffen zeigen oder die Mitarbeit behindern oder verweigern. Der Versuch, auf statistischem Wege inhaltlich definierbare Faktoren zu extrahieren, zeigte, daß es sich bei den von uns formulierten Kriterien bereits um relativ spezifische Aussagen handelt. Dennoch konnten über eine faktorenanalytische Strukturierung vier verschiedene Komponenten gefunden werden, die inhaltlich sinnvoll zu interpretieren sind. Es handelt sich offenbar um zentrale Beurteilungsdimensionen von Praktikern gegenüber den aus der Literatur abgeleiteten Entscheidungsregeln zur Indikation von Familientherapie. Die Mittelwertanalyse der Faktorwerte zeigte, daß die Experten Familientherapie bei bestimmten familiären Interaktionsstörungen und dann, wenn die Familie eine offene Bereitschaft zu einer gemeinsamen Behandlung hat, für besonders effektiv halten (vgl. *Tab. 3.4*). Unentschieden bzw. für tendenziell kontraindiziert halten sie Familientherapie, wenn die vorgestellten Störungen Subsysteme mit älteren Personen betreffen oder die Familie Widerstand gegen eine gemeinsame Behandlung zeigt.

Tab. 3.4: Faktoren der Entscheidungsregeln – Einschätzung der Bedeutung für oder gegen Familientherapie durch Praktiker in EBStn (n = 204)

Faktoren		gewichtete Mittelwerte
I	Interaktionsstörungen in der Familie	1.5
II	Widerstände des Systems gegen eine gemeinsame Behandlung	−0.2
III	Störungen in Subsystemen	0.2
IV	Offene Bereitschaft der Familie zur gemeinsamen Behandlung	1.4

Die Items der Entscheidungsregeln wurden von den Praktikern zwischen −2 (»Dieses Kriterium spricht nach meiner ganz persönlichen Erfahrung ganz klar gegen den Einsatz einer Familientherapie«) und +2 (»Dieses Kriterium spricht nach meiner ganz persönlichen Erfahrung ganz klar für den Einsatz einer Familientherapie«) eingeschätzt (vgl. *Anhang 3.3*). Zur Berechnung der Faktorwerte vgl. Anmerkung zu Tab. 3.2.

3.5 Einschätzung der Indikationskriterien in verschiedenen Therapeutengruppen

In diesem Abschnitt wird geklärt, inwieweit verschiedene Therapeutengruppen die Diagnosekriterien, Entscheidungsregeln und Therapieziele zur Indikation von Familientherapie unterschiedlich bewerten. Bisher wurden unsere Ergebnisse aus der durchschnittlichen Ausprägung der Bewertung durch die Gesamtstichprobe, also aller beteiligten Familientherapeuten, abgeleitet. Jetzt wollen wir fragen, ob über diese Mittelung tatsächlich eine allgemeingültige Regelhaftigkeit unserer Erhebung zum Ausdruck kommt. Das wäre der Fall, wenn die Einschätzungen über alle Therapeutengruppen vergleichbar bleiben. Wenn es dagegen bestimmte Therapeutengruppen gibt, die sich in ihren Einschätzungen statistisch signifikant unterscheiden, soll untersucht werden, welche der Faktoren, die in den letzten Abschnitten beschrieben worden sind, am meisten an den Differenzen beteiligt sind.

3.5.1 Die Bildung von Therapeutengruppen

Es wurden insgesamt zehn Paare von Therapeutengruppen gebildet. Für die Gruppierungen wurden solche Merkmale (im folgenden Differenzierungskriterien genannt) ausgewählt, die eine Varianz der Expertengruppen vermuten ließen. In den meisten Fällen handelt es sich bei den Paaren um »Extremgruppen«, das heißt, es wurde eine vergleichbare Anzahl von Therapeuten mit der stärksten und schwächsten Ausprägung des jeweiligen Merkmals zusammengefaßt. In Abschnitt 1.1.2 wurde dargestellt, daß der therapeutische Indikationsprozeß verschiedene Dimensionen des situativen Kontextes, in dem die Therapie stattfindet, berührt. Dabei ist neben der personalen Ebene insbesondere die Bedeutung der institutionellen Ebene betont worden. Entsprechend wurden auch für die Differenzierungskriterien der Subpopulationsanalyse drei Gruppen von Merkmalen gebildet: Institutionelle Merkmale (Wartezeit, therapeutisches Konzept der EBSt), demographische Merkmale des Therapeuten (Geschlecht, Beruf, Dauer der Berufstätigkeit) und Merkmale berufsspezifischer Erfahrungen des Therapeuten (Umfang einzel- und familientherapeutischer Tätigkeit, Dauer einzel-bzw. familientherapeutischer Ausbildungen, Umfang familientherapeutischer Supervision, Erfahrung in Familientherapie). In den folgenden Abschnitten werden die verschiedenen Subpopulationen genauer beschrieben und die folgenden drei Untersuchungsfragen überprüft.

1. Unterscheiden sich die Subpopulationen hinsichtlich ihrer Gesamteinschätzung von Diagnosekriterien, Entscheidungsregeln und Therapiezielen?

   Zur Beantwortung dieser Frage wurde für jeden Therapeuten seine mittlere Einschätzung der Diagnosekriterien, Entscheidungsregeln und Therapieziele errechnet. Dann wurde mit dem t-Test für unabhängige Stichproben bei allen Differenzierungskriterien die Nullhypothese geprüft, daß die beiden Subpopulationen aufgrund ihrer Mittelwerte aus Populationen mit identischem Mittelwert stammen. Das Signifikanzniveau wurde mit $p = 0.05$ festgelegt. Eine Übersicht der statistischen Ergebnisse findet sich im Anhang 3.4.

2. Unterscheiden sich die Subpopulationen hinsichtlich ihrer Faktorwerte bei den Diagnosekriterien (fünf Faktoren), Entscheidungsregeln (vier Faktoren) und Therapiezielen (vier Faktoren)?

   Zunächst wurden die Faktorwerte der Therapeuten für alle 13 Faktoren errechnet. Alle Items, die aufgrund ihrer Ladungshöhe einem Faktor zugeordnet worden waren (vgl. S. 135), wurden mit ihrer Faktorladung multipliziert und durch die Summe der Faktorenladung dividiert. Mit dem t-Test für unabhängige Stichproben wurde überprüft, ob sich die Subpopulationen aufgrund ihrer gewichteten Faktor-Mittelwerte (Faktorwerte) signifikant unterscheiden ($p = 0.05$).

3. Welche Faktorwerte tragen am meisten zu den Gruppenunterschieden der Subpopulationen bei Diagnosekriterien, Entscheidungsregeln und Therapiezielen bei?

   Bei der Durchführung des zweiten Untersuchungsschrittes waren eine Vielzahl von t-Tests notwendig. Vom statistischen Standpunkt her kann gegen diese Auswertungsmethode eingewandt werden, daß dadurch der Alpha-Fehler in unzulässiger Weise erhöht wurde. Deshalb wurde zu jedem Differenzierungskriterium eine Diskriminanzanalyse der jeweiligen Faktorwerte von Diagnosekriterien, Entscheidungsregeln und Therapiezielen berechnet. Durch dieses Verfahren ist es möglich, die Gruppenunterschiede hinsichtlich der Faktorwerte simultan zu überprüfen und die wichtigsten Unterschiede zu erkennen. Jeweils wurde eine schrittweise Diskriminanzanalyse nach dem Kriterium »WILKS« durchgeführt. Dabei wird bei jedem Schritt diejenige Variable ausgewählt, für die das multivariate Wilk's Lambda minimiert wird. Dieses Kriterium ordnet die Variablen in die gewünschte Rangfolge ihrer Wichtigkeit. Um die Aufnahme von unwichtigen Merkmalsvariablen, die wenig zur Trennung der Gruppen beitragen, zu verhindern, wurde das Signifikanzniveau des F-to-enter mit 0.1 festgelegt (vgl. die ausführliche Beschreibung des Verfahrens in BACKHAUS et al. 1987, 161 ff.).

3.5.2 Institutionelle Merkmale

Die von uns erfaßten Beratungsstellen wurden oben nach Landes-Zugehörigkeit, therapeutischer Konzeption, ihrer personalen Zusammensetzung und der Wartezeit beschrieben. Wir haben zeigen können, daß Praktiker in familientherapeutisch orientierten EBStn erheblich häufiger Familientherapie indizieren als in Beratungsstellen anderer Orientierung. Hier soll gefragt werden, ob institutionelle Bedingungen im Zusammenhang mit der Einschätzung der Therapeuten stehen. Als Differenzierungskriterien wurden die Wartezeit und das therapeutische Konzept der EBSt gewählt.

Wartezeit:

Der ersten Gruppe wurden die Therapeuten zugeordnet, an deren EBSt keine Wartezeit besteht ($n_1 = 42$). Die zweite Gruppe besteht aus denjenigen, an denen EBSt die Wartezeit mehr als vier Wochen beträgt ($n_2 = 56$). Bei der durchschnittlichen Einschätzung der *Diagnosekriterien* ergab sich ein signifikanter Unterschied zwischen beiden Gruppen (vgl. *Anhang 3.4*). Die differenzierte Analyse der Faktorwerte weist darauf hin, daß der Faktor III »Soziale Merkmale der Familie) von beiden Gruppen unterschiedlich bewertet wird. Auch bei den *Entscheidungsregeln* erbrachte die allgemeine Einschätzung einen bedeutsamen Unterschied. Der Faktor IV »Offene Bereitschaft der Familie zur gemeinsamen Behandlung« wird von der Gruppe ohne Wartezeit höher bewertet. Bei der durchschnittlichen Einschätzung der *Therapieziele* ergab sich dagegen kein signifikanter Unterschied. Dennoch zeigt die differenzierte Analyse, daß sich beide Gruppen in ihrer Bewertung der Items des Faktors III »Verbesserung der Kommunikation« signifikant unterscheiden.

Therapeutisches Konzept der Erziehungsberatungsstelle:

Die Familientherapeuten unserer Erhebung wurden dahingehend differenziert, ob ihre EBSt nach einem familientherapeutisch orientierten Konzept arbeitet oder nicht. Bei den *Diagnosekriterien* erbrachte nur die differenzierte Analyse einen Unterschied im Faktor II »Soziale Merkmale der Familie«, die Therapeuten aus familienorientierten EBStn weniger stark gewichteten. Die *Entscheidungsregeln* wurden zwar insgesamt von beiden Gruppen signifikant unterschiedlich beurteilt (vgl. *Anhang 3.4*), doch war die Differenz nicht auf bestimmte Faktoren zurückzuführen. Bei den *Therapiezielen* waren keine signifikanten Unterschiede festzustellen.

Hauptunterschiede in Subpopulationen, die nach institutionellen Merkmalen gebildet wurden:

Bei der Subpopulationsanalyse nach institutionellen Merkmalen war auffallend, daß die meisten Faktorwerte keinen signifikanten Unterschied aufwiesen. Bei den Diagnosekriterien wurden in allen Untergruppen nur die sozialen Merkmale der Familie unterschiedlich beurteilt. Das ist ein Hinweis darauf, daß die Bewertung der Therapeuten von Kriterien wie die soziale Herkunft der Familie oder ihre Schulbildung mit ihren institutionellen Arbeitsbedingungen in Zusammenhang steht. In *Abb. 3.7* sind noch einmal die Faktoren zusammengestellt, deren Faktorwerte zu den Gruppenunterschieden institutioneller Merkmale am meisten beitragen.

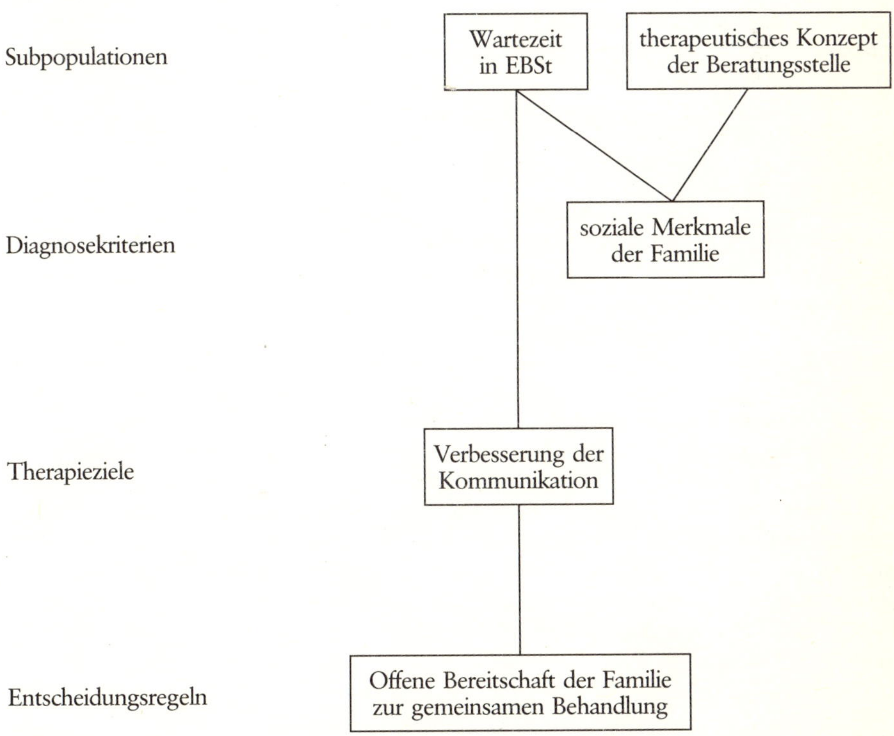

Abb. 3.7: Subpopulationsanalyse nach institutionellen Merkmalen · Faktoren, die zu den Gruppenunterschieden am meisten beitragen. Die dichotomisierten Therapeutengruppen wurden aus der Gesamtstichprobe (n = 204) gezogen.

3.5.3 Demographische Therapeutenmerkmale

In diesem Abschnitt wird untersucht, ob biographische Merkmale der Therapeuten im Zusammenhang mit unterschiedlichen Beurteilungen zu den verschiedenen Indikationskriterien im Zusammenhang stehen. Als Differenzierungskriterien wurden das Geschlecht, der Beruf und die Dauer der Berufstätigkeit in EBStn gewählt.

Geschlecht:

Es soll geprüft werden, ob sich die Einschätzungen zwischen weiblichen ($n_1 = 82$) und männlichen ($n_2 = 122$) Praktikern bedeutsam unterscheiden. Bei den *Diagnosekriterien* war in allen Analysen kein Unterschied festzustellen. Zwar wies die mittlere Einschätzung der *Entscheidungsregeln* auf keinen signifikanten Unterschied hin, doch zeigt die Untersuchung der Faktorwerte, daß sich beide Gruppen im Faktor IV »Offene Bereitschaft der Familie zur gemeinsamen Behandlung« unterscheiden. Die Items dieses Faktors sprachen nach Auffassung der weiblichen Therapeuten klarer für eine Familientherapie. Die differenzierte Analyse der *Therapieziele* führt die Differenzen auf die unterschiedliche Bewertung des Faktors III »Verbesserung der Kommunikation« zurück. Auch diesen gewichteten die Familientherapeutinnen stärker als ihre männlichen Kollegen.

Beruf:

Hier bilden die erste Untergruppe die Psychologen ($n_1 = 120$), die zweite die übrigen Berufsgruppen ($n_2 = 80$), die aus Sozialpädagogen/-arbeitern, Erziehern, Pädagogen und Ärzten zusammengesetzt sind. Beide Subpopulationen unterschieden sich nicht in ihrer Einschätzung der *Diagnosekriterien.* Ihre mittlere Einschätzung der *Entscheidungsregeln* unterschied sich dagegen signifikant voneinander (vgl. *Anhang 3.4*). Wir konnten mit Hilfe unserer Analysen herausbekommen, daß an diesem Unterschied vor allem zwei Faktoren beteiligt sind: Faktor II »Widerstände des Systems« und Faktor IV »Offene Bereitschaft der Familie zur gemeinsamen Behandlung«. Nach Meinung der Psychologen sprechen Widerstände der Familie eher gegen und die positive Bereitschaft der Familie weniger stark für eine Familientherapie als nach Meinung der anderen Berufsgruppen. Bei den *Therapiezielen* erbrachte nur die differenzierte Analyse einen Unterschied im Faktor II »Erhöhung der Stabilität«. Psychologen messen dem Ziel, dem Familiensystem zu mehr Stabilität zu verhelfen, in ihrer therapeutischen Arbeit geringere Bedeutung zu als die übrigen Berufsgruppen.

Dauer der Berufstätigkeit in Erziehungsberatungsstellen:

Zu diesem Kriterium wurden zwei extreme Therapeutengruppen gebildet. Die Praktiker der ersten Gruppe arbeiteten zwischen einem und fünf Jahren in

EBStn ($n_1 = 50$), die der zweiten Gruppe seit mehr als zehn Jahren ($n_2 = 64$). Beide Gruppen unterscheiden sich nicht signifikant in ihrer durchschnittlichen Einschätzung der *Diagnosekriterien*. Die genauere Analyse zeigt aber, daß die Therapeuten mit längerer Berufserfahrung die ›der Familie zum therapeutischen Kontrakt‹ (Faktor IV) stärker in ihre Indikationsentscheidung einbeziehen als ihre weniger berufserfahrenen Kollegen. Bei den *Entscheidungsregeln* erbrachte die allgemeine Analyse einen signifikanten Unterschied (vgl. *Anhang 3.4*), der sich hauptsächlich auf die unterschiedliche Bewertung der Items des Faktors II »Widerstände des Systems gegen eine gemeinsame Behandlung« zurückführen läßt. Für die berufserfahrenen Therapeuten sind das Kriterien, die eher gegen eine Familientherapie sprechen. Die Analyse der *Therapieziele* erbrachte durchgängig keine signifikanten Unterschiede zwischen den beiden Subpopulationen.

Hauptunterschiede in Subpopulationen, die nach demographischen Merkmalen der Therapeuten gebildet wurden:

Auch bei der Subpopulationsanalyse nach demographischen Merkmalen wiesen die meisten Faktorwerte keine signifikanten Unterschiede auf. In *Abb. 3.8* sind die Faktoren zusammengestellt, deren Faktorwerte zu den Gruppenunterschieden demographischer Therapeutenmerkmale am meisten beitragen. Bei den Diagnosekriterien ist dies das verstärkte Achten auf die Bereitschaft der Familie zum therapeutischen Kontrakt durch die berufserfahrenen Kollegen. Die Entscheidungsregeln werden von allen drei Subpopulationen unterschiedlich beurteilt. Dabei standen Geschlecht und Beruf im Zusammenhang mit der Bewertung der Bereitschaft der Familie zur gemeinsamen Behandlung, Beruf

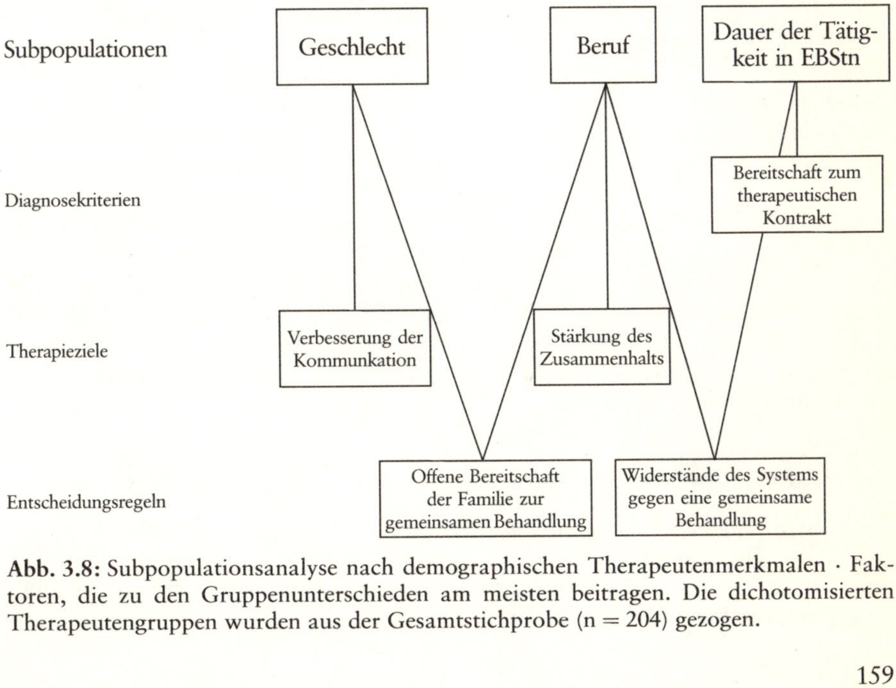

Abb. 3.8: Subpopulationsanalyse nach demographischen Therapeutenmerkmalen · Faktoren, die zu den Gruppenunterschieden am meisten beitragen. Die dichotomisierten Therapeutengruppen wurden aus der Gesamtstichprobe ($n = 204$) gezogen.

und Berufsdauer mit der Einschätzung von Widerständen der Familie gegen eine gemeinsame Behandlung. Bei den Therapiezielen wurde nur der Faktor »Verbesserung der Kommunikation« von den Geschlechtern und der Faktor »Stärkung des Zusammenhaltes« von den Berufsgruppen unterschiedlich beurteilt.

3.5.4 Berufsspezifische Therapeutenmerkmale

Die folgenden Subpopulationen wurden nach verschiedenen Kriterien berufsbezogener Erfahrung gebildet. Es wird untersucht, ob unterschiedlicher Umfang einzel- und familientherapeutischer Tätigkeit, unterschiedliche Dauer einzel- bzw. familientherapeutischer Ausbildung, unterschiedlicher Umfang familientherapeutischer Supervision und unterschiedliche Erfahrung der Therapeuten in Familientherapie im Zusammenhang mit ihrer Einschätzung der Diagnosekriterien, Entscheidungsregeln und Therapieziele stehen.

Umfang einzel- und familientherapeutischer Tätigkeit:

Unter diesem Kriterium wurden zwei Extremgruppen konstruiert. Die erste Stichprobe setzt sich aus den Therapeuten zusammen, die relativ wenig einzeltherapeutisch (< = 15% der therapeutischen Tätigkeit) und gleichzeitig relativ viel familientherapeutisch (> = 40% der therapeutischen Tätigkeit) arbeiten ($n_1 = 32$). Zur zweiten Gruppe gehören die Therapeuten, die entsprechend viel einzeltherapeutisch (> = 40%) und wenig familientherapeutich (< = 15%) arbeiten ($n_2 = 33$). In der allgemeinen Einschätzung der *Diagnosekriterien* unterscheiden sich beide Gruppen nicht signifikant voneinander (vgl. *Anhang 3.4*). Trotzdem weist die Untersuchung der Faktorwerte auf einen Unterschied bei der Bewertung des Faktors IV »Bereitschaft der Familie zum therapeutischen Kontrakt« hin. Die erste Gruppe (wenig ET, viel FT) mißt diesen Kriterien weniger Bedeutung bei ihren Indikationsentscheidungen zu. Bei der Einschätzung der *Entscheidungsregeln* ergeben sich zwischen beiden Gruppen große Differenzen, an denen drei Faktoren beteiligt sind: Faktor I »Interaktionsstörung«, Faktor II »Widerstände der Familie« und Faktor III »Störungen in Subsystemen«. Für die Praktiker, die wenig einzel- und viel familientherapeutisch arbeiten, sprechen die Items dieser Faktoren erwartungsgemäß sehr viel stärker für Familientherapie als für die Praktiker der anderen Extremgruppe. Bei den *Therapiezielen* waren durchgängig keine bedeutsamen Unterschiede festzustellen.

Dauer der familientherapeutischen Ausbildungen:

Auch zu diesem Differenzierungskriterium wurden zwei Extremgruppen gebildet.Die Therapeuten der ersten Gruppe gaben an, an keiner familientherapeutischen Ausbildung teilgenommen zu haben ($n_1 = 59$), die der zweiten Gruppe hatten bereits mehr als zwei Jahre familientherapeutische Ausbildungen besucht ($n_2 = 97$). Die *Diagnosekriterien* wurden von beiden Gruppen nicht signifikant unterschiedlich eingeschätzt. Die allgemeine Bewertung der *Entscheidungsregeln* wies auf einen Unterschied hin, der sich vor allem auf die Bewertung des Faktors I »Interaktionsstörungen in der Familie« und auf Faktor III »Störungen in Subsystemen« zurückführen läßt. Dabei sprachen für Therapeuten ohne familientherapeutische Ausbildung Interaktionsstörungen weniger stark für und Störungen in Subsystemen tendenziell gegen eine Familientherapie. Zum Unterschied in der Einschätzung der *Therapieziele* trägt am meisten der Faktor I »Erhöhung des Selbstwerts« bei. Dessen Items wurden von Therapeuten mit längerer familientherapeutischer Ausbildung stärker gewichtet.

Dauer der einzeltherapeutischen Ausbildungen:

Hier besteht die erste Extremgruppe aus den Therapeuten, die an keiner einzeltherapeutischen Ausbildung teilgenommen haben ($n_1 = 77$). Die zweite Gruppe setzt sich aus den Therapeuten zusammen, die mehr als fünf Jahre verschiedene einzeltherapeutische Ausbildungen besuchten ($n_2 = 58$). In der durchschnittlichen Bewertung der *Diagnosekriterien* unterscheiden sich beide Gruppen signifikant (vgl. *Anhang 3.4*). Der Unterschied ist vor allem auf den Faktor IV »Bereitschaft zum Therapeutischen Kontrakt« zurückzuführen, den Therapeuten ohne Einzeltherapie-Ausbildung angeblich stärker in die Indikationsentscheidung einbeziehen. Die Bewertung der *Entscheidungsregeln* unterscheidet sich in beiden Gruppen nicht signifikant. Die differenzierte Analyse der Faktorwerte der *Therapieziele* zeigt, daß dem Faktor IV »Veränderung dysfunktionaler Beziehungsmuster« von den Therapeuten ohne einzeltherapeutische Ausbildung eine größere Bedeutung beigemessen wird.

Umfang familientherapeutischer Supervision:

Die erste Gruppe setzt sich aus Therapeuten zusammen, die an keiner familientherapeutischen Supervision teilnehmen ($n_1 = 68$), die zweite Gruppe aus denen, die monatlich mehr als vier familientherapeutische Supervisionsstunden erhalten ($n_2 = 82$). Zwar unterscheiden sich die Subpopulationen in ihrer durchschnittlichen Einschätzung der *Diagnosekriterien* (vgl. *Anhang 3.4*), doch weist die Analyse der Faktorwerte keinen signifikanten Unterschied auf. An dem signifikanten Unterschied bei der Bewertung der *Entscheidungsregeln* sind vor allem der Faktor I »Interaktionsstörung in der Familie« und Faktor IV »Offene Bereitschaft in der Familie zur gemeinsamen Behandlung« beteiligt. Die Items beider Faktorwerte werden von den Therapeuten ohne Supervision weniger stark als Indikationskriterien gewichtet. Bei den *Therapiezielen* konnten keine bedeutsamen Unterschiede festgestellt werden.

Erfahrung in der Familientherapie:

Da die therapeutische Erfahrung nicht direkt gemessen werden konnte, stellten wir dieses Kriterium als Kombination aus folgenden sechs Variablen zusammen:

- Dauer der Berufstätigkeit in EBStn
- Umfang therapeutischer Familienarbeit
- Ausbildung in Familientherapie
- Dauer familientherapeutischer Ausbildungen
- Teilnahme an familientherapeutischen Workshops
- Supervision in Familientherapie

Die beiden Extremgruppen setzten sich aus den 35 Prozent der relativ gesehen »unerfahrensten« ($n_1 = 78$) und »erfahrensten« ($n_2 = 70$) Therapeuten zusammen. Die beiden Subpopulationen unterscheiden sich nicht signifikant in ihrer Einschätzung der *Diagnosekriterien.* Der signifikante Unterschied in der Einschätzung der *Entscheidungsregeln* schlägt sich in der Bewertung aller vier Faktoren nieder. Dabei tragen Faktor I »Interaktionsstörung in der Familie« und Faktor IV »Offene Bereitschaft der Familie zur gemeinsamen Behandlung« am stärksten zur Differenz der Gruppen bei. Die Items aller Faktoren sprechen nach Meinung der »erfahrenen« Therapeutengruppen stärker für die Indikation von Familientherapie. Unterschiede in der Einschätzung der *Therapieziele* zeigen sich nur im Faktor I »Erhöhung des Selbstwerts«, den die »erfahreneren« Therapeuten wiederum stärker gewichten als die alternative Gruppe.

Hauptunterschiede zwischen Subpopulationen, die nach berufsspezifischen Therapeutenmerkmalen gebildet wurden:

In *Abb. 3.9* wurden die Faktoren zusammengestellt, deren Faktorwerte zu den Gruppenunterschieden berufsspezifischer Therapeutenmerkmale am meisten beitragen. Die Subpopulationsanalyse der Diagnosekriterien ergab, daß der Faktor I »Zusammenhalt der Familie«, Faktor II »Anpassungsfähigkeit der Familie«, Faktor III »Soziale Merkmale der Familie« und Faktor V »Vorgestellte Symptomatik« von allen Untergruppen statistisch übereinstimmend beurteilt wurden. Allein Faktor IV »Therapeutischer Kontrakt« wurde von den Gruppen mit unterschiedlichem Umfang einzel- und familientherapeutischer Tätigkeit und einzeltherapeutischer Zusatzausbildung unterschiedlich bewertet. Wie bei den demographischen Therapeutenmerkmalen fanden wir auch hier die größten Unterschiede bei der Einschätzung der Entscheidungsregeln. Alle Differenzierungskriterien, die familientherapeutische Erfahrungsmerkmale betrafen – das waren alle außer die der Dauer einzeltherapeutischer Zusatzausbildung – führten zu Subpopulationen, die die Bedeutung von Interaktionsstörungen in der Familie unterschiedlich gewichteten. Die Einschätzung von Widerständen durch die Familie steht im Zusammenhang mit Gruppen unterschiedlichen Umfangs einzel-und familientherapeutischer Tätigkeit. Diese Gruppen differenzieren auch – wie die mit unterschiedlicher Dauer familientherapeutischer Ausbildung – Störungen in Subsystemen. Die Bedeutung offener Bereitschaft der Familie zu einer gemeinsamen Behandlung wird von Untergruppen mit unterschiedlichem Umfang familientherapeutischer Supervision und Erfahrung in Familientherapie verschieden eingeschätzt. Die Items aller vier Faktoren werden von den Therapeuten, die viel mit Familien arbeiten und entsprechend erfahren sind, durchgehend stärker für eine Indikation zur Familientherapie gewichtet. Bei den Therapiezielen ergeben sich bei der Analyse kaum Unterschiede. So wurden Faktor II »Stärkung des Zuammenhalts« und Faktor IV »Verbesserung

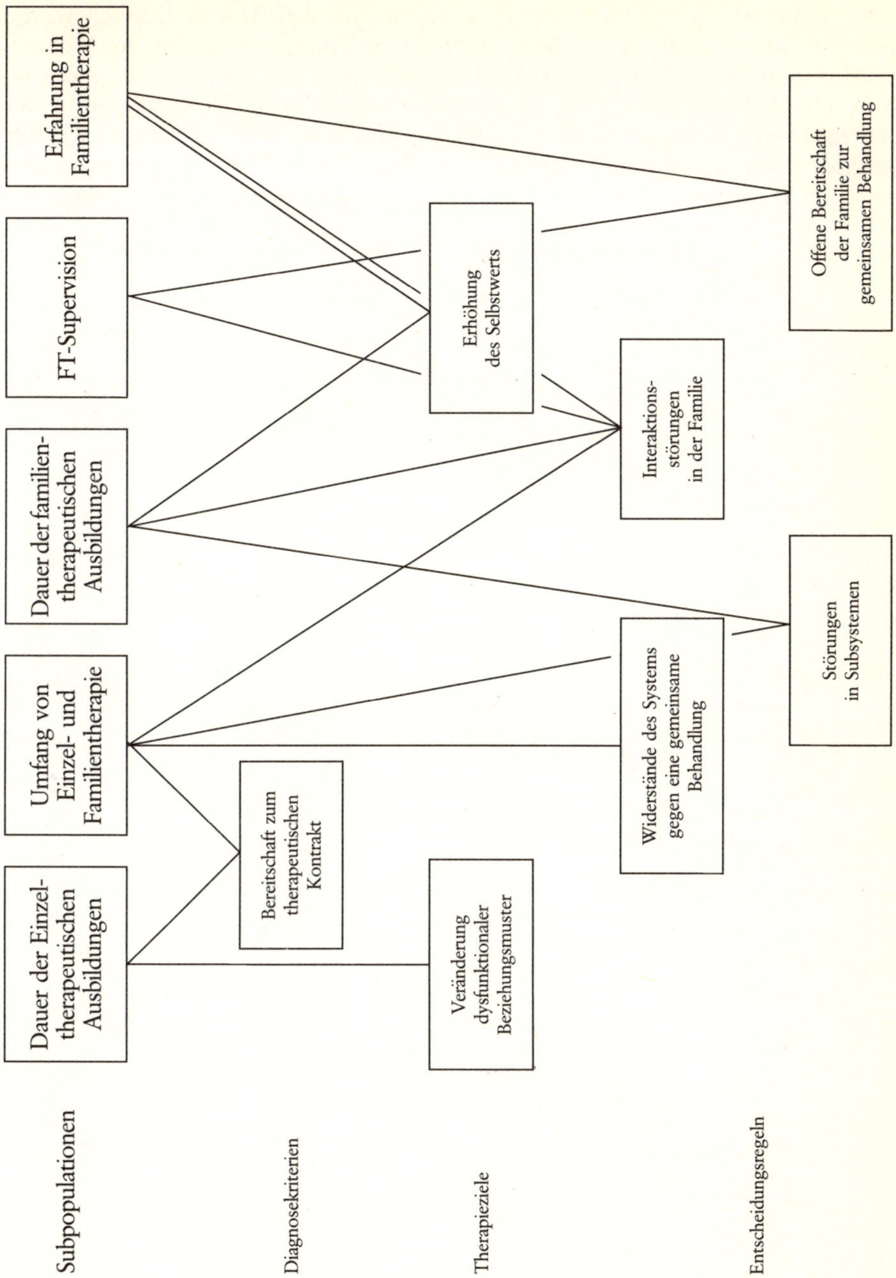

Abb. 3.9: Subpopulationsanalyse nach berufsspezifischen Therapeutenmerkmalen · Faktoren, die zu den Gruppenunterschieden am meisten beitragen. Die dichotomisierten Therapeutengruppen wurden aus der Gesamtstichprobe (n = 204) gezogen.

der Kommunikation« durchgehend stabil eingeschätzt. Unterschiedlich wurde der Faktor I »Erhöhung des Selbstwerts« von Untergruppen mit unterschiedlichem familientherapeutischen Ausbildungsstand und Erfahrung eingeschätzt. In beiden Fällen schätzten die erfahreneren Therapeuten die Bedeutung dieser Therapieziele höher ein. Die Veränderung dysfunktionaler Beziehungsmuster (Faktor IV) wurde von Therapeuten mit längerer einzeltherapeutischen Erfahrung nicht so stark gewichtet wie von denen, die keine einzeltherapeutische Zusatzausbildung haten.

4 Diskussion und Perspektiven

In den vorangegangenen Kapiteln erfolgte zunächst eine kritische Analyse der derzeitigen Grundlagen und Methoden der Indikationsforschung sowohl bezogen auf den Gesamtbereich der Psychotherapie als auch – darauf aufbauend – speziell im Hinblick auf die Familientherapie. Es schloß sich eine umfassende und detaillierte Bestandsaufnahme theoretischer und experimenteller Ergebnisse der Indikationsforschung in der Familientherapie an. Die Ergebnisse dieser Analysen lassen sich – stark vereinfacht – so zusammenfassen, daß systematische empirische und theoretische Gültigkeitsbegründungen für Indikationsregeln fast vollständig fehlen oder weitgehend unbrauchbar sind, und daß die »Indikationsforschung« in der Familientherapie vornehmlich in der Zusammenstellung mehr oder weniger gut begründeter Regeln von individuell-subjektiver Plausibilität besteht.

Sieht man einmal von dem fehlenden Interesse vieler Familientherapeuten ab, sich überhaupt mit der Indikationsfrage ernsthaft zu beschäftigen, so dürfte es derzeit auch grundsätzlich schwierig sein, lediglich durch die Einbeziehung von Theorie-und Experimentalwissen zu systematischen und halbwegs gesicherten Regeln für die Anwendung (oder Nicht-Anwendung) von Familientherapie zu kommen: der derzeitige Forschungsstand, die bisher durchgeführten Experimentalstudien zur Familientherapie lassen nicht viel mehr zu als eine unverbindliche und globale Legitimation des Einsatzes von Familientherapie. Auch die gängigen Theorien zur Familientherapie sind noch bei weitem nicht so weit ausgereift, als daß aus ihnen Handlungsempfehlungen in bezug auf die Indikation deduziert werden könnten.

Vor diesem Hintergrund erschien der dritte Weg zur Gültigkeitsbegründung von Handlungsregeln (vgl. Abschnitt 1.1.5), nämlich die Gültigkeitsbegründung durch die empirische Analyse der Tätigkeit von Praktikern als gleichermaßen naheliegend und informationsträchtig. Dem gesammelten Erfahrungswissen von Praktikern, die beim Vorliegen bestimmter Voraussetzungen für ihren Tätigkeitsbereich als Experten anzusehen sind, wird hier also ein wesentlicher Stellenwert bei der Klärung der Indikationsfrage zugewiesen. Dieser Gedanke mündete in eine aufeinander abgestimmte Serie von Erhebungen, in denen mit Familientherapie arbeitende Praktiker sowohl nach ihrer Indikationspraxis als auch nach ihren Einschätzungen zu den Einsatzmöglichkeiten der Familientherapie befragt wurden. Mit diesen Untersuchungen sollte zum einen ein Beitrag zur Klärung des Ist-Zustandes familientherapeutischer Indikationspraxis geleistet werden und zum anderen eine fachliche Einschätzung von Diagnosekriterien, Therapiezielen und speziell der in der Literatur diskutierten Entscheidungsregeln ermittelt werden (vgl. Kapitel 3).

Die Auswertung der Ergebnisse bezüglich des Ist-Zustandes familientherapeutischer Indikationspraxis ließ u.a. erkennen, daß Familientherapie umfangmäßig offenbar ein ebenso großer Stellenwert zukommt wie der Einzeltherapie. Familientherapeuten arbeiten bei ca. einem Drittel der Fälle mit der Familie. Dabei wird in der Regel die Indikationsentscheidung für ein familientherapeutisches Setting bereits zu Beginn der Behandlung getroffen, auch wenn das Setting im Behandlungsverlauf modifiziert werden kann. Die Tendenz, daß Therapeuten in Beratungsstellen häufig mit ganzen Familien arbeiten, ist offensichtlich unabhängig von Alter, Beruf und Berufserfahrung der einzelnen Mitarbeiter. Sie hängt vielmehr mit ihren eigenen ausbildungsbezogenen Lernprozessen zusammen. In den letzten Jahren hat sich bei den familientherapeutisch arbeitenden Praktikern die Ausbildungssituation gebessert. Im Verhältnis zu früheren Untersuchungen ist der Anteil von Therapeuten ohne Ausbildung geringer geworden. Er dürfte aber noch immer als zu hoch bewertet werden.

Die Auswertung der Einschätzungsdaten konzentrierte sich hauptsächlich darauf, welche Bedeutung Diagnosekriterien, Therapieziele und Entscheidungsregeln für die Indikationsentscheidung in der Praxis haben.

Die Untersuchung der *Diagnosekriterien* sollte klären, welche Merkmale Familientherapeuten bei der Problemerkennung zu Beginn einer Therapie einbeziehen, um zu einer Indikationsentscheidung zu kommen. Dabei stellte sich heraus, daß sich die Therapeuten in der überwiegenden Anzahl auf zwei wesentliche Bereiche beziehen: die Interaktionsstruktur innerhalb der Familie und die Motivation der Familie zum therapeutischen Kontrakt. Demgegenüber werden Informationen über den Zusammenhalt der Familie, über die vorgestellte Symptomatik sowie zu sozialen Merkmalen der Familie nur geringe Bedeutung beigemessen.

Um einen Überblick über wichtige, praxisrelevante *Zielaussagen* zu bekommen, wurde den Praktikern ein Satz von Zielen vorgelegt, der aus der einschlägigen familientherapeutischen Literatur abgeleitet worden war. Durch eine faktorenanalytische Strukturierung der Einschätzungen der Experten zu den Zielaussagen kristallisierten sich vier übergeordnete Metaziele heraus: Erhöhung des Selbstwertes, Stärkung des familiären Zusammenhalts, Verbesserung der Kommunikation und Veränderung dysfunktionaler Beziehungsmuster. Obgleich alle Ziele von den Therapeuten insgesamt als wichtig eingeschätzt wurden, wird die Verbesserung der Kommunikation als am wichtigsten eingestuft.

Die Auswertung der Einschätzungen zu den *Entscheidungsregeln* ergab, daß sie in der Tendenz mit den Empfehlungen der Autoren übereinstimmen, die sich explizit mit der Indikationsfrage zur Familientherapie beschäftigt haben. Der Versuch, auf statistischem Wege inhaltlich definierbare Faktoren zu extrahieren, zeigte, daß es sich bei den aus der Literatur abgeleiteten Regeln bereits um relativ unabhängige Aussagen handelt. Dennoch konnten über eine faktorenanalytische Strukturierung vier verschiedene Komponenten gefunden werden, die als zentrale Beurteilungsdimensionen von Praktikern interpretierbar sind. Während Experten bei familiären Interaktionsstörungen und dann, wenn eine Familie bereits eine offene Bereitschaft zu einer gemeinsamen Behandlung hat, Familientherapie für besonders effektiv halten, ist nach ihrer Ansicht Familientherapie nicht besonders geeignet bzw. tendenziell kontraindiziert, wenn die vorgestellten Störungen Subsysteme mit älteren Personen betreffen oder die Familie Widerstand gegen eine gemeinsame Behandlung zeigt.

Vertiefende Subpopulationsanalysen, bei denen die Einschätzungen verschiedener Expertengruppen miteinander verglichen wurden, belegten insgesamt eine relativ hohe Übereinstimmung bei der Indikation in der Familientherapie, auch wenn die Meinungen bei Einzelfragen auseinandergingen.

Ausgangsüberlegung war, daß vor dem Hintergrund derzeitiger Indikationsforschung den Einschätzungen der Experten eine besondere Bedeutung für die systematische Begründung von Indikationsempfehlungen zukomme. Dieses Expertenwissen ist wertvoll. Eine Grundvoraussetzung für die Einbeziehung der Expertenurteile in den Gesamtkanon von Informationsquellen zur Indikation ist allerdings, daß nicht bei einer bloßen Beschreibung der Einschätzungen von Experten stehengeblieben wird, sondern daß die Expertenaussagen auch daraufhin bewertet werden, ob sie im konkreten Fall als Begründung für Indikationsempfehlungen *akzeptierbar* sind. Die vorliegenden Daten wurden daher unter verschiedenen Blickwinkeln mit Hilfe unterschiedlicher Ansätze umfassend daraufhin untersucht, inwieweit die Expertenaussagen als angemessene Informationsquelle für die Fundierung von Indikationsempfehlungen zu interpretieren sind. Im Mittelpunkt stand dabei zum einen eine *kritische Prüfung der Einschätzungsdaten aus den postalischen Befragungen* und zum anderen der *Reproduktionsversuch der Experteneinschätzungen durch mündliche Befragungstechniken.*

Kritische Prüfung der Einschätzungsdaten aus den postalischen Befragungen

Für eine erste umfangreiche Analyse entwickelte WÄLTE (1989) einen Ansatz, mit dem Einschätzungsdaten aus postalischen Befragungen einem dreistufigen Filterprozeß unterzogen werden können. Neben den Einschätzungen zu den Regeln bezog WÄLTE auch die Urteile der Experten über die Indikation der Familientherapie und alternative Hilfeformen bei spezifischen Problemlagen in der Familie ein.

Die Zielsetzung der *Konsistenzanalyse,* die als den beiden anderen Analyseschritten im Rahmen des Expertenansatzes vorgeschaltet zu sehen ist, besteht darin, zu klären, ob die Einschätzungen der Experten in sich stimmig sind oder ob sie inhaltliche Widersprüche implizieren. Zu diesem Zweck werden die Einschätzungen der Experten auf ihre Beständigkeit im Antwortverhalten hin überprüft. Sofern sich dabei herausstellt, daß die Experten in sich widersprüchliche Einschätzungen geben, ist die Ableitung von Indikationsempfehlungen aus diesen Einschätzungen nicht sinnvoll. Widerspruchsvolle Urteile bei Experten sind dann nicht zu erwarten, wenn das Problem entscheidbar ist und der untersuchte Problembereich in den Fragen deutlich zum Ausdruck kommt.

Bei einer schriftlichen Befragung ist jedoch immer damit zu rechnen, daß einige Experten entweder teilweise unkonzentriert antworten oder daß sie fälschlicherweise als Experten bezeichnet werden, weil ihr Antwortverhalten unfachlich erscheint. Mit den der Konsistenzanalyse zugeordneten Methoden ist es nun insbesondere möglich, einzelne inkonsistente Einschätzer herauszufiltern, um sie für weitere Analyseschritte auszuschließen. Insgesamt dient die Konsistenzanalyse der Überprüfung der Genauigkeit des Urteilsverhaltens der Experten. Weitergehende Schritte, wie die Überprüfung des Konsensus unter den Experten und der Konvergenz der Urteile mit anderen Informationsquellen, sind nur dann sinnvoll, wenn das Urteilsverhalten der Experten konsistent ist. Im Unterschied zur Konsistenzanalyse wird in der *Konsensusanalyse* die Übereinstimmung bzw. Unterschiedlichkeit der Einschätzungen von Experten behandelt. Hier wird eine Antwort auf die Frage gesucht, ob sich die Experten in ihren Einschätzungen einig sind. Während bei der Konsistenzanalyse das intraindividuelle Urteilsverhalten im Mittelpunkt steht, wird in der Konsensusanalyse nach der interindividuellen Urteilsübereinstimmung gefragt. Da erwartet werden kann, daß soziale oder fachliche Merkmale das Urteilsverhalten von Experten beeinflussen, ist es angemessen, darüber hinaus Einschätzungen verschiedener Experten*gruppen* miteinander zu vergleichen. Dieser Vergleich wird mit sogenannten Subpopulationsanalysen realisiert, bei denen Einschätzungen definierter Teilgruppen von Experten kontrastiert werden.

Bei der *Konvergenzanalyse* wird das Urteil der Experten mit Ergebnissen konfrontiert, die aus theoretischen, experimentellen oder anderen empirischen Untersuchungen gewonnen wurden. Darüber hinaus kann ein Vergleich mit Daten über das Indikations*verhalten* von Experten hergestellt werden. Die Konvergenzanalyse hat somit auch die Aufgabe, das Urteil der Experten vor dem Hintergrund anderer Informationsquellen zu hinterfragen.

Die wesentlichen Ergebnisse der Untersuchung lassen sich wie folgt skizzieren: Die Konsistenzanalyse ergab anhand einer Reihe unterschiedlicher Überprüfungsansätze, daß die Einstellungen der Experten zur Indikation zur Familientherapie reliabel gemessen werden konnten und daß die Experten insgesamt logisch konsistent urteilen. Die auf dieser Analyse aufbauenden weiteren Analyseschritte sind deshalb als gerechtfertigt und sinnvoll anzusehen.

Im Rahmen der Konsensusanalyse wurden Ergebnisse zu drei verschiedenen Teilfragen erarbeitet: Die erste Analyse bezog sich auf Einschätzungsunterschiede im gesamten Expertensample. Hierbei zeigte sich, daß unter den Experten ein hoher Konsens bezüglich der Regeln und Problemlagen festzustellen war, die eine positive Indikationsentscheidung zur Familientherapie nahelegen. Trotz der insgesamt positiven Einstellung zur Familientherapie wurden die Familienmerkmale als Indikatoren für den Einsatz einer gemeinsamen Familientherapie differentiell beurteilt: Bei Familien mit bestimmten Problemen ist nach Auffassung der Praktiker Familientherapie nicht die Methode der Wahl, sondern hier wird eher auf alternative Hilfeformen gesetzt. Der zweite Analyseschritt im Rahmen der Konsensusanalyse bezog sich auf die Untersuchung von Einschätzungsunterschieden zwischen Subpopulationen aus dem Gesamtsample. Dabei wurde die Gesamtgruppe der Experten nach verschiedenen soziodemographischen Merkmalen, Merkmalen der Profession und des Arbeitsplatzes unterteilt und geprüft, ob zwischen diesen Subpopulationen wesentliche Einschätzungsunterschiede festzustellen sind. Es zeigte sich, daß zwischen den Subpopulationen keine generellen Einschätzungsdifferenzen zur Indikation der Familientherapie vorhanden sind. Es lassen sich lediglich graduelle Unterschiede in den Einschätzungsprofilen feststellen. Durch die Variablen, nach denen die Subpopulationen unterteilt wurden, konnten insgesamt nur rd. 18% der Einschätzungsvarianz aufgeklärt werden. Dabei kommt, wie nach dem Konzept des Expertenansatzes zu erwarten ist, offensichtlich den Merkmalen der Professionalität (z.B. Ausmaß der Berufserfahrung) die größte Bedeutung zu. Zum dritten wurde geprüft, ob der Konsens auch zeitlich stabil ist und ob er auch zwischen Experten besteht, die in unterschiedlichen Institutionen (Erziehungsberatungsstellen bzw. Kinder- und Jugendpsychiatrien) tätig sind. Beide Untersuchungsfragen konnten im Sinne der Erwartung beantwortet werden: Die Einschätzungen können so als zeitlich überdauernd angesehen werden und sind darüber hinaus offenbar auch überinstitutionell verallgemeinerbar.

Im Rahmen der Konvergenzanalyse wurden die Einschätzungen der Experten schließlich als Hypothesen aufgefaßt und vor dem Hintergrund theoretischer, experimenteller und anderer empirischer Befunde einer kritischen Prüfung unterzogen. Insgesamt wiesen dabei die Einschätzungen der Experten eine hohe Affinität mit Ergebnissen aus theoretischen und empirischen Befunden auf. Jedoch zeigten sich auch einzelne Divergenzen zwischen Experteneinschätzungen einerseits und den Erkenntnissen aus anderen Informationsquellen andererseits. Z.B. wurden von den Experten Defizite in der Motivation weniger in Richtung Kontraindikation eingestuft, als das aus der Sicht der theoretischen Beiträge zu erwarten gewesen wäre.

Bewertet man die Ergebnisse dieser Untersuchung zusammenfassend, so läßt sich dies bei analytischer Trennung zum einen aus der Perspektive der Wissenschaft, zum anderen aus der Perspektive der Praxis vornehmen: Konfrontiert man die Einschätzungen der Experten mit wissenschaftlichen Standards, so sprechen entscheidende Argumente für die Gültigkeit der Experteneinschätzungen. Zunächst genügen die Einschätzungen dem Kriterium der logischen Konsistenz. Im Rahmen der Konsistenzanalyse konnten den Experten im wesentlichen keine Widersprüche nachgewiesen werden. Die Konsensusanalyse zeigte darüber hinaus ein hohes Maß an intersubjektiver Übereinstimmung zwischen den Experten. Bei den meisten Fragen ergab sich zudem ein Konsens, der offenbar zeitlich stabil und überinstitutionell verallgemeinerbar ist. Darüber hinaus konnten die meisten Experteneinschätzungen – als Hypothesen reformuliert – durch externe Informationen aus Theorie und Experiment nicht falisfiziert werden; nur wenige Expertenempfehlungen fanden keine Bewährung. Aus wissenschaftlicher Sicht sind demnach die meisten Experteneinschätzungen vorläufig akzeptierbar, weil sie konsistent sind, eine hohe Konvergenz aufweisen und durch derzeitiges Wissen nicht falsifiziert werden können. Allerdings zeigte sich besonders im Rahmen der Konvergenzanalyse auch, daß einzelne Experteneinschätzungen aus dem Blickwinkel von Theorie und Experiment in ihrer Gültigkeit angezweifelt werden müssen, was einmal mehr darauf hindeutet, daß Experteneinschätzungen experimentelle und theoretische Forschungen nicht ersetzen können.

Aus der Sicht der Praxis lassen sich Argumente für die Akzeptanz der Einschätzungen anführen, die vor allem Relevanzkriterien tangieren. Grundsätzlich spricht die unmittelbar Praxisnähe für die Indikationsempfehlungen: Es wurden Fachleute befragt, die aus dem Blickwinkel konkreter Erfahrungen mit Familientherapie ihr Urteil abgegeben haben. Somit können bei zukünftigen Indikationsentscheidungen die aus diesen Einschätzungen abgeleiteten Empfehlungen als Referenz einbezogen werden. In gewisser Hinsicht haben diese Referenzempfehlungen den Charakter kollegialer Supervision, wenngleich sie den fallbezogenen Austausch unter Kollegen nicht ersetzen können. Die Empfehlungen berücksichtigen dabei das in der Praxis anzutreffende Entscheidungsspektrum, indem sie sich nicht nur auf eine positive oder negative Indikation zur Familientherapie beschränken, sondern auch alternative Interventionsmöglichkeiten mitbedenken. In der bisherigen experimentellen und theoretischen Forschung wurde den in der Praxis grundsätzlich möglichen Handlungsspielräumen zu wenig Beachtung geschenkt.

Mit der Konvergenzanalyse zur Prüfung der Akzeptanz der Experteneinschätzungen wurden bereits erste Ansätze zu einer externen Validierung der Experteneinschätzungen vorgenommen. Dieser Überprüfungsprozeß wurde anhand eines weiteren Untersuchungsansatzes fortgeführt. In diesem Ansatz wurde geprüft, ob die Einschätzungen der Experten sich auch in konkreten Handlungsvollzügen widerspiegeln (vgl. WÄLTE 1989). Die Grundüberlegung dabei war, daß die Einschätzungen der Experten in sinnvollem Zusammenhang mit ihren eigenen auf die Indikation zur Familientherapie bezogenen Handlungen stehen müßten, wenn die Einschätzungen als Empfehlungen eine gewisse Gültigkeit haben sollten. Überprüft wurde deshalb der Zusammenhang zwischen der Einstellung der Experten zur Indikation einer gemeinsamen Familientherapie und verschiedenen Kriterien der tatsächlichen Alltagspraxis der Experten (relativer Arbeitsanteil, der für Einzeltherapie bzw. für Familientherapie aufgewendet wird; Prozentsatz der Fälle, bei denen eine Beratung mit der gesamten Familie bzw. mit dem »Identifizierten Klienten« durchgeführt wird).
Tab. 4.1 faßt die Ergebnisse zusammen: Wenn auch der Anteil der aufgeklärten Varianz nicht besonders hoch ist, so lassen sich die korrelativen Beziehungen doch dahingehend interpretieren, daß die Einschätzungen der Experten zumindest teilweise mit ihrem tatsächlichen Verhalten einhergehen.
Vertiefende Hinweise über die Zusammenhänge zwischen den Einschätzungen der Experten und ihrem Praxisverhalten erhält man durch die Einbeziehung des Ausmaßes der Erfahrung des Experten mit Familientherapie. Wie aus *Abb. 4.1* entnehmbar ist, geht ein hohes Maß an Erfahrung in Familientherapie tendenziell mit einer positiven Einstellung zur Familientherapie und mit einem Indikationsverhalten einher, das durch häufige Anwendung familientherapeutischer Interventionen gekennzeichnet ist.

Tab. 4.1: Hinweise über den Zusammenhang zwischen Experteneinschätzungen und Expertenverhalten bei der Indikation zur Familientherapie

Therapeutische Praxis (gemessen mit)	Einschätzung zur Familientherapie*)
Relativer Arbeitsanteil, der für Einzeltherapie aufgewendet wird (1)	−.42
Relativer Arbeitsanteil, der für Familientherapie aufgewendet wird (2)	.34
Prozentsatz der Fälle, bei denen eine Beratung oder Therapie mit der ganzen Familie durchgeführt wird (3)	.32
Prozentsatz der Fälle, bei denen eine Beratung oder Therapie mit dem » identifizierten Klienten « durchgeführt wird (4)	−.20

*) = Die Praxisdaten wurden korreliert mit einem Index, der die Einstellung eines Experten zur Familientherapie repräsentiert. Der Index ist definiert als der Mittelwert aller z-transformierten Einschätzungen eines Experten zu den Items der Fragen 20 und 23 des Expertenfragenbogens.

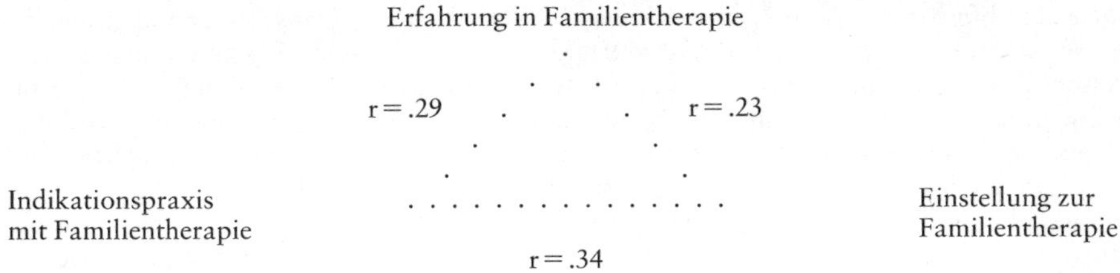

Abb. 4.1: Korrelative Beziehung zwischen der Erfahrung in Familientherapie, der Einstellung zur Familientherapie und der Indikationspraxis mit Familientherapie.

Insgesamt machen diese Ergebnisse deutlich, daß zwischen den Einschätzungen der Experten zu den Einsatzmöglichkeiten der Familientherapie einerseits und ihrem tatsächlichen Indikationsverhalten andererseits bedeutsame Zusammenhänge bestehen, die – auch angesichts der relativ niedrigen Varianzanteile – insgesamt als ein weiterer positiver Mosaikstein bei der Bewertung der Akzeptanz der Experteneinschätzungen als Basis für Indikationsempfehlungen zu interpretieren sind.

Reproduktionsversuch der Experteneinschätzungen durch mündliche Befragungstechniken

Für die weitere Beurteilung der Akzeptanz der Experteneinschätzungen wählten LUTHE und WEBER-VOSS (1988) sowie HENNING (1989) einen Zugangsweg, mit dem geklärt werden konnte, ob sich die Expertenurteile im Rahmen anderer Erhebungsmethoden als der postalischen Befragung reproduzieren lassen.
In einer mündlichen Befragung von Familientherapeuten lautete die allgemeine Fragestellung der Untersuchung von LUTHE und WEBER-VOSS (1988): Wie werden die Indikationskriterien eingeschätzt (bezüglich der Frage, ob und wie stark sie für oder gegen den Einsatz einer gemeinsamen Familientherapie sprechen), wenn sie den Experten nicht isoliert voneinander, sondern kontextgebunden vorgelegt werden? Dazu wurden die Experten in eine praxisähnliche Situation hineinversetzt, in der ihnen einerseits eine konkrete Indikationsentscheidung abverlangt wurde, ihnen andererseits dazu nicht nur einzelne Regeln und Kriterien zur Verfügung standen, die zu bewerten waren, sondern sie diese Regeln und Kriterien gemeinsam zu bewerten hatten.

Dazu wurde in der Untersuchung von LUTHE und WEBER-VOSS (1988) bei 38 Experten (19 weiblich, 19 männlich; Alter zwischen 27 und 50 Jahren; durchschnittliche Berufserfahrung 11 Jahre) in einer zweiteiligen Untersuchung geprüft, welchen Stellenwert und welche Bedeutung die in der Stichprobe von 1983 (Experten aus Familienberatungsstellen [vgl. HENNING und WÄLTE 1983]) erhobenen Einzeleinschätzungen dann einnehmen, wenn sie kontextgebunden im Hinblick auf eine Indikationsentscheidung zu bewerten sind. Den Experten wurden im ersten Teil der Untersuchung acht Familienprofile zur Einschätzung vorgelegt; dabei wurde nach der jeweiligen Indikationsstellung sowie nach der Bedeutung und der Gewichtung der Items gefragt, die die jeweiligen Familienprofile konstitutierten. Im zweiten Teil der Untersuchung wurden die Experten aufgefordert, aus der Gesamtmenge der Einzelitems insgesamt drei Familienprofile selbst zu konstruieren: 1. eine Familie, bei der sie eine gemeinsame Familientherapie für indiziert hielten und auch durchführen wollten; 2. eine Familie, bei der sie eine gemeinsame Familientherapie zwar für indiziert hielten, jedoch aufgrund situativ gegebener Beschränkungen nicht durchführen würden; 3. eine Familie, bei der sie eine gemeinsame Familientherapie für nicht indiziert hielten und auch nicht durchführen wollten. Bei der Konstruktion dieser Familienprofile konnten die Experten jeweils bis zu 10 Items auswählen, wobei 2 der Items zusätzlich von den Experten selbst formuliert werden konnten, wodurch sie die Möglichkeit erhielten, für sie wichtige Kriterien für die Indikationsstellung hinzuzufügen, auch wenn diese als Einzelitems in den vorangegangenen Untersuchungen keine bedeutsame Rolle gespielt hatten.

Eine weitere Aufgabe für die Experten bestand in diesem Zusammenhang darin, sowohl im ersten als auch im zweiten Teil der Untersuchung anzugeben, wie sicher sie sich in ihren jeweils getroffenen Indikationsentscheidungen bzw. Familienkonstruktionen waren.

Die Ergebnisse dieser Untersuchung zeigen, daß die meisten Befunde, die auf der Basis der Einzelitems gewonnen waren, bestätigt werden können. Darüber hinaus erweist sich der modifizierte methodische Zugang zur Erhebung der Indikationseinschätzungen der Experten als fruchtbar. Auf diese Weise kann zusätzlich berücksichtigt werden, daß nicht einzelne Informationen allein die Indikationsentscheidung der Praktiker begründen, sondern daß es in der Praxis auf die Kombination und das Zusammenspiel von Bedingungen innerhalb der Familie ankommt, also auf die jeweilige Familienkonstellation. So konnte auch erhoben werden, welche Bedeutung das gemeinsame Auftreten verschiedener diagnostischer Merkmale für die Indikationsentscheidung hat. Es zeigte sich z.B., daß die Motivation der Familie, die als Einzelmerkmal in allen Untersuchungen einen erheblichen Stellenwert hatte, einen sehr starken Einfluß auch auf die Bewertung anderer Familienvariablen im Hinblick auf die Indikationsentscheidung hat. Bei motivierten Familien halten die Experten eine gemeinsame Familienbehandlung auch dann sehr oft für indiziert und durchführbar, wenn zusätzlich andere Kriterien vorhanden sind, die bei weniger motivierten Familien gegen die Durchführung einer gemeinsamen Familientherapie sprechen würden. Es wurde weiterhin deutlich, daß oft erst das gemeinsame Auftreten von Kriterien, die einzeln betrachtet noch keine Grenzen für die Anwendbarkeit einer gemeinsamen Familientherapie für die befragten Experten darstellen, die Nichtdurchführung einer Familientherapie nahelegt. Des weiteren zeigte sich, daß Entscheidungen der Indikation einer gemeinsamen Familientherapie von den Experten auch bei der Einbettung der Einzelitems in einen Gesamtkontext häufiger und eindeutiger getroffen werden als Entscheidungen gegen den Einsatz einer Familienbehandlung (situative Beschränkung und Kontraindikation), was den Ergebnissen bei der Befragung auf der Basis von Einzelitems entspricht.

Die Einführung einer Entscheidungsdimension der »situativen Beschränkung« in dieser Untersuchung hatte sich dabei als sinnvoll erwiesen. Diesem Konzept liegt eine These ZUKS (1978, 1984) zugrunde, der z.B. eine niedrige Therapiemotivation der Familie nicht als kontraindikatives Moment betrachtet, sondern ihr vielmehr die Bedeutung einer situativen Beschränkung in dem Sinne zuweist, daß sie den Spielraum der Anwendbarkeit von Familientherapie einengt. Auf diese Weise kann differenziert werden zwischen Kontraindikationskriterien und Begrenzungen, die ebenfalls gegen den Einsatz einer gemeinsamen Familientherapie sprechen. Nach Aussagen vieler der befragten Experten handelt es sich bei dem Konzept der »situativen Beschränkung« um eine Entscheidungsalternative, die auch in der täglichen therapeutischen Indikationspraxis von großer Bedeutung ist – wenn sie dort auch nicht als solche benannt würde. Gerade beim gemeinsamen Auftreten von Familienmerkmalen, die Begrenzungen darstellen, erweise es sich oft als schwierig abzuwägen, ob die Durchführung einer gemeinsamen Familientherapie noch sinnvoll möglich sei oder ob die Arbeit mit einzelnen Klienten mehr Erfolg verspreche. So stellt beispielsweise die fehlende Motivation für die meisten der befragten Experten eine solche situative Beschränkung dar, die den effektiven Einsatz einer gemeinsamen Familientherapie in Frage stellt und von daher die Nichtdurchführung nahelegt, wenngleich der Einsatz einer Familienbehandlung aufgrund der Störungen oder des restlichen Familienbildes für indiziert gehalten wird. Insgesamt bleibt festzuhalten, daß die Einzeleinschätzungen der Items offensichtlich ihre Entsprechung auch in der Situation finden, die der originalen Entscheidungssituation der Experten noch näherkommt.

Bereits in der Untersuchung von LUTHE und WEBER-VOSS (1988) zeigte sich, daß der methodische Zugang zu den Experteneinschätzungen und ihren Entscheidungen mit Hilfe des Interviews im Gegensatz zur postalischen Befragung mit Hilfe des Fragebogens wesentliche Zusatzinformationen liefern konnte. So äußerten nicht nur viele Experten, daß sie im Gegensatz zu einer postalischen Befragung an einem Interview eher interessiert seien, sondern sie konnten darüber hinaus Indikationsüberlegungen und Gedanken zu einzelnen Items sofort mitteilen; hier zeigte sich, daß gerade diese Kommentare als sehr wichtige und aufschlußreiche zusätzliche Informationen zu begreifen sind, die Erklärungsansätze für die Indikationsentscheidungen von Experten liefern können. Dieser Untersuchungsaspekt wurde daher als zweiter Ansatz im Sinne einer Reproduzierung der Ergebnisse und weiteren Ausdifferenzierung der bisher bewerteten Regeln, Kriterien und Ziele herangezogen.

Methodisch wurde dies in Form von Gruppendiskussionen mit Experten realisiert (vgl. dazu HENNING 1989). Es wurde geprüft, in welchen Alltagssituationen die Entscheidungsregeln von Familientherapeuten für die Begründung ihrer Indikationsentscheidungen herangezogen werden. Im Rahmen des Expertenansatzes erscheint die Berücksichtigung der Alltagssituation der Experten von großer Bedeutung, denn es ist denkbar, daß hier die Meinungen und Einstellungen auch durch »Wechselbeziehungen miteinander kommunizierender und handelnder Individuen« (MANGOLD 1961, S. 210) bedingt sind. Bezogen auf das Indikationsproblem zur Familientherapie bedeutet das, daß Therapeuten ihre Kriterien von Indikationsentscheidungen auch in Arbeitsgruppen oder fachlichen Weiterbildungsgruppen finden, entwickeln und diskutieren. Einer solchen Alltagssituation kann sich das Gruppendiskussionsverfahren nähern. Damit konnten die Einstellungen der Familientherapeuten zu einigen Entscheidungsregeln detaillierter erfaßt und analysiert werden, als dies auf der Basis der Fragebogenerhebung möglich war.

In die Untersuchung von HENNING (1989) wurden 14 Teams von EBStn. einbezogen. Die größte Gruppe bestand aus sechs, die kleinste aus drei Teilnehmern; insgesamt beteiligten sich 56 Therapeuten. Im Vergleich zu den Teilnehmern an der Fragebogenuntersuchung nahmen an der Gruppendiskussionsuntersuchung prozentual gesehen mehr Therapeutinnen (50%) und weniger Fachkräfte teil, die eine familientherapeutische Weiterbildung besucht (25%) oder abgeschlossen (35%) hatten. Die Verteilung der Berufe und der Berufserfahrung war in beiden Untersuchungen fast gleich (vgl. Abschnitt 3.2.1). Um die inhaltliche Vergleichbarkeit zu gewährleisten, wurde ein Diskussionsleitfaden erstellt. Den Gruppen wurden – bei einer vorgegebenen Gesprächsdauer von einer Stunde – jeweils sieben Entscheidungsregeln vorgelegt. Die Items waren aus drei der vier errechneten Faktoren (vgl. Abschnitt 3.4.3) entnommen worden: Interaktionsstörungen in der Familie, Widerstände gegen eine gemeinsame Behandlung und Störungen in Subsystemen. Aus den Items dieser Faktoren wurden insgesamt 14 Regeln ausgewählt und zwei verschiedenen Diskussionsleitfäden zugeordnet. Jeder Leitfaden wurde bei sieben Diskussionen zugrunde gelegt. Somit wurde es möglich, eine größere Anzahl von Entscheidungsregeln zu berücksichtigen, ohne große Einschränkungen bei der Vergleichbarkeit der Gruppendiskussionen in Kauf nehmen zu müssen. Die Diskussionen wurden auf Tonband aufgezeichnet und dann schriftlich protokolliert.

Die Diskussion von *Interaktionsstörungen in der Familie* bestätigte das Fragebogenergebnis, daß die Experten diese Entscheidungsregeln im Prinzip als Indikatoren für die Indikation von Familientherapie ansehen. Viele Therapeuten kritisierten allerdings die zu allgemeine Formulierung der Regeln oder machten darauf aufmerksam, daß es sich zwar um notwendige, aber keineswegs um hinreichende Bedingungen zur Lösung ihres Entscheidungsproblems handele. Im Verlauf der kritischen Auseinandersetzungen konnten zwei zentrale Argumentationsmuster von Familientherapeuten analysiert werden: Eine Reihe von Therapeuten kritisierte die »lineare Formulierung« einiger Items, z. B.: »Die Störung eines Mitglieds wirkt sich auf die Interaktion in der Familie aus.« Sie betonten, daß es ihnen um die Analyse von Wechselwirkungen, im Sinne einer systemischen Sichtweise von Störungen, ankomme. Einige Therapeuten betonten, daß für sie jedes Symptom mit familiären Interaktionsstörungen wechselseitig verknüpft sei und entsprechend Interaktionsstörungen kein differentielles Indikationskriterium darstellten. Doch auch diese Therapeuten wollten die praktische Bedeutung von Interaktionsstörungen bei ihrer Entscheidungsfindung nicht ausschließen. Für sie komme es zusätzlich darauf an, die *Schwere* der Interaktionsstörung zu diagnostizieren: Je schwerer solche Störungen bewertet werden, desto stärker sprächen sie für eine gemeinsame Familienbehandlung. Im zweiten Argumentationsmuster wurde auf die zentrale Bedeutung von Interaktionsstörungen für Indikationsentscheidungen hingewiesen. Die Therapeuten machten allerdings darauf aufmerksam, daß ihre Entscheidungen erst im Kontext zusätzlicher Kriterien gefällt werden. Besonders häufig wurde das Alter des Identifizierten Klienten genannt. Ist der Klient altersmäßig zwischen Grundschulalter und Pubertät, so werden Interaktionsstörungen eine starke Bedeutung für eine positive Indikation zur Familientherapie zugeschrieben. Jüngere Symptomträger werden dann eher nicht in das Setting einbezogen – in diesem Falle scheint die Einbeziehung der Eltern favorisiert zu werden – und bei älteren Identifizierten Klienten stehen, wie weiter unten beschrieben, andere Entscheidungskriterien im Mittelpunkt. Die Einbeziehung der Ursprungsfamilie bei erwachsenen Identifizierten Klienten scheint in EBStn. eher die Ausnahme zu sein.

Die Diskussion von *Widerständen des Systems gegen eine gemeinsame Behandlung* – zeigt Gründe dafür auf, warum die Familientherapeuten, entgegen unserer Erwartung, diese Items bei der schriftlichen Befragung kaum als Kontraindikationskriterium eingeschätzt hatten. Im Zentrum der Diskussionen stand fast immer die Analyse der *Funktion* des Widerstands. Erst danach würden von den Experten Identifikationsentscheidungen getroffen. Als differentielles Kriterium wurde in den meisten Fällen die Zahl der Familienmitglieder angegeben, welche Widerstände gegen eine Familientherapie zeigen: Je größer ihre Anzahl, desto stärker spricht ihr Widerstand gegen eine gemeinsame Behandlung. Ist dies bei allen Familienangehörigen der Fall, handelt es sich nach Meinung der Therapeuten meistens um Familien, die von dritter Seite zur Therapie geschickt wurden. In solchen Fällen wird der Widerstand als klares Kontraindikationskriterium angesehen, und die meisten Therapeuten beenden die Behandlung, wenn die Familie bei ihrem Widerstand bleibt. Einige berichten aber auch von Versuchen, dann die überweisenden Personen (z.B. aus Jugendamt oder Schule) in das therapeutische Setting einzubeziehen, um mit einem erweiterten System zu arbeiten; dieses Vorgehen scheint aber eher die Ausnahme zu sein. Nach den Erfahrungen der Familientherapeuten wird in den meisten Fällen Widerstand aber nicht von der ganzen Familie, sondern von einem oder mehreren Mitgliedern gezeigt. Die Beiträge lassen vermuten, daß es dann in bezug auf die Indikationsfrage verschiedene Entscheidungsmuster gibt. Dabei bilden das eine Extrem Experten, die jegliche Konfrontation mit ihren Klienten vermeiden möchten und deshalb immer nur die Familienmitglieder einladen, die ein Interesse an therapeutischer Arbeit äußern. Das andere Extrem bilden die Therapeuten, die im Therapieverlauf versuchen, die nicht motivierten Familienmitglieder einzubeziehen. Die in der Literatur manchmal zu findende Einschätzung, daß eine Familienbehandlung nur mit allen Angehörigen oder gar nicht möglich sei, wurde in den vorliegenden Diskussionen nie vertreten. Schließlich wurden Widerstände häufig als adaptives Indikationskriterium im Behandlungsverlauf diskutiert. So wurde beispielsweise die Weigerung älterer Kinder nach einer Reihe gemeinsamer Familiengespräche als Hinweis gedeutet, von nun an mit dem Eltern-Subsystem allein weiterzuarbeiten.

Die Diskussion von *Störungen in Subsystemen* fokussierte die Indikationsentscheidung, wenn Jugendliche, junge Erwachsene oder Ehepaare als symptomatisch vorgestellt werden. In diesen Fällen waren sich die Experten am wenigsten sicher, ob diese Regeln eher pro oder contra Familientherapie sprechen. Zwar sprächen sie tendenziell um so stärker gegen Familientherapie, je älter die Symptomträger sind, doch seien insgesamt weitere Kriterien zu berücksichtigen. Von den meisten Therapeuten wurden als erstes die anmeldende Person und der Behandlungswunsch als diagnostische Entscheidungskriterien genannt. So spreche z.B. die Tatsache, daß sich ein Jugendlicher selbst zur Therapie anmeldet und eine Einzelbehandlung wünscht, in den meisten Fällen gegen eine Familientherapie. Weiterhin wurde die Art der vorgestellten Symptomatik als differentielles Indikationskriterium genannt. Sobald das Problem mehr die Symptomträger betreffe als ihre Familie (z.B. Probleme des Jugendlichen mit der Freundin, Kommunikationsstörung des Paares), wird meist die Arbeit mit dem Subsystem allein favorisiert. Anders bei offensichtlicher, starker

Verstrickung zwischen Familienmitgliedern. Werden etwa symbiotische Beziehungen zwischen Jugendlichen und einem Elternteil oder eine starke Einbindung der Kinder in einen Paarkonflikt angenommen, sprechen sich viele Therapeuten für eine gemeinsame Behandlung aus. Schließlich wurde diesen Entscheidungsregeln auch eine Bedeutung für adaptive Indikationsentscheidungen beigemessen. So arbeiten einige Therapeuten bei einer Ablösungsproblematik von Jugendlichen zunächst mit der ganzen Familie, um die Therapie später mit dem Jugendlichen allein weiterzuführen. Oder es tritt im Verlauf einer Familientherapie ein Paarkonflikt an die Oberfläche, der dann mit dem Paar allein bearbeitet wird. Als Grund für dieses Vorgehen wurde angegeben, daß so einzelne Subsysteme und damit innerfamiliäre Grenzen gestärkt würden. Dies sei besonders bei verstrickten Familienverhältnissen ein effektives Vorgehen.
Insgesamt zeigen die qualitativen Ergebnisse der Gruppendiskussionen, daß es sich bei den Faktoren, die aus den Fragebogenergebnissen errechnet worden waren, tatsächlich um zentrale und in der therapeutischen Praxis relevante, allgemeine Entscheidungsdimensionen bei der Indikation einer Familientherapie handelt. Dabei gibt es aber innerhalb der globalen Regeln weitere Entscheidungskriterien. Mit ihrer Hilfe wird der praktische Indikationsprozeß erheblich ausdifferenziert und zu einem Gesamtprozeß kombiniert.

Die dargelegten Ergebnisse zur Indikationsfrage in der Familientherapie stellen ein gutes Fundament für weitere Forschungsaufgaben dar. Es lassen sich mit Hilfe der Aussagen von Experten offensichtlich sinnvolle und brauchbare Kriterien für die therapeutische Praxis ableiten. Dennoch bedarf es offensichtlich umfassender weiterer Bemühungen, um die Indikationsfrage in der Familientherapie angemessen klären zu können. Dabei sei noch einmal daran erinnert, daß es sich bei dem Expertenansatz – wie bereits ausführlich erörtert – nur um *einen* Zugangsweg zur Klärung der Indikationsfrage handelt. Jedoch auch innerhalb dieses Ansatzes gibt es über die hier dargelegten und diskutierten Untersuchungsansätze und Befunde hinaus weitere Möglichkeiten, die es zukünftig zu nutzen gilt, um zu präziseren Kenntnissen im Indikationsbereich zur Familientherapie zu kommen.
Ein erster Schritt von der Meinung und Einschätzung der Experten hin zu ihrem konkreten Verhalten ist bereits mit der Untersuchung von LUTHE und WEBER-VOSS (1988) vorgenommen worden. Es erscheint sinnvoll und notwendig, diesen Weg konsequent weiter zu verfolgen, und zwar im Hinblick auf das konkrete Entscheidungsverhalten der Experten im Umgang mit ihren tatsächlichen Klienten. In der genannten Untersuchung hatten die Experten zwar auch eine Entscheidung zu treffen, diese bezog sich jedoch lediglich auf eine fiktive Familie, wenn auch mit detailliert dargelegten indikationsrelevanten Merkmalen. Es gilt also darüber hinausgehend das tatsächliche Entscheidungsverhalten in einer praktischen Situation in Beziehung zu setzen zu den tatsächlich vorhandenen Familienmerkmalen und zu deren spezifischen Einschätzungen durch die Therapeuten. Methodisch läßt sich dies z.B. mit Hilfe des Ansatzes des lauten Denkens angehen, bei dem die Therapeuten die bei ihnen im Kopf ablaufenden Bewertungs- und Entscheidungsprozesse zum Indikationsprozeß laut äußern. Diese Bewertungs- und Entscheidungsabläufe sind sodann zu systematisieren und einer Bewährungskontrolle zu unterziehen.

Betrachtet man die weitere Entwicklung der Indikationsforschung in der Familientherapie über den Rahmen des Ansatzes der »Einbeziehung von Expertenerfahrungen« hinausgehend unter grundsätzlichem Blickwinkel, so ist davon auszugehen, daß zwei Faktoren wesentlich beeinflussend sein werden: Zum einen der Gesichtspunkt, inwieweit Vertreter der Familientherapie selbst vermehrt Bereitschaft zeigen, sich mit der Indikationsfrage intensiver als bisher auseinanderzusetzen, zum anderen die weitere Entwicklung im Gesamtkontext der Psychotherapieforschung, in die die Indikationsforschung eingebettet ist.

Was den Willen der Familientherapeuten angeht, die Indikationsfrage für »ihre« Therapieform weiter zu klären, wurde bereits mehrfach darauf hingewiesen, daß es manchen Vertretern der Familientherapie durchaus nicht notwendig zu sein scheint, dieser Frage weiter nachzugehen. Die Anwendbarkeit der Familientherapie und die oftmals nur individuelle und subjektive Einschätzung der Wirksamkeit und Wirkungsweise – ohne Vergleich mit anderen Alternativen – wird oftmals als ausreichende Legitimation zur Indikation der Familientherapie postuliert. Ein weiterer gleichgerichteter Argumentationsstrang leitet sich vom Verständnis der Familientherapie als einem neuen Paradigma der Psychotherapieforschung ab, mit dem bisherige Evaluationsstrategien (und somit auch die Frage der Optimierung des Einsatzes der Familientherapie) als nicht mehr sinnvoll proklamiert werden. In diesem Zusammenhang ist besonders das Fehlen von Effektivitätsnachweisen der systemischen Familientherapie (etwa im Gegensatz zu Ansätzen mit verhaltenstherapeutischer Orientierung) auffällig. HEEKERENS (1988) führt diesen Sachverhalt dabei nicht auf die grundsätzliche Unmöglichkeit, einen solchen Effektivitätsnachweis zu liefern, zurück, sondern – unter Bezugnahme auf L'ABATE und COLONDIER (1987) – eher auf eine »anti-empirische« Haltung von Vertretern der systemischen Familientheorie und -therapie.

HEEKERENS (1988) zeigt anhand von Effektivitätsstudien zur Functional Family Therapy (eine »Spielart« systemischer Familientherapie), daß eine Evaluation der systemischen Familientherapie durchaus möglich ist und daß diese sowohl den üblichen Anforderungen der Psychotherapieforschung als auch den spezifischen Besonderheiten des systemischen Ansatzes gerecht werden kann.

Daher ist insbesondere von dem im deutschsprachigen Raum tätigen Familientherapeuten (die im Vergleich etwa mit den amerikanischen Familientherapeuten grundsätzlich noch einen erheblichen Nachholbedarf an empirischer Forschung aufzuweisen haben) zu fordern, daß sie ihre Abstinenzhaltung in bezug auf den Versuch einer Indikationsklärung aufgeben. Die Beschreibung globaler Veränderungen, die einzelne Familientherapeuten bei ihren Klienten feststellen bzw. glauben feststellen zu können, kann kein Ersatz für direkte Vergleichsuntersuchungen unter der Perspektive der Indikationsklärung sein.

An dieser Stelle kommen allerdings erschwerend auch Punkte zum Tragen, die kein Spezifikum der Familientherapie und der dort durchgeführten (bzw. unterlassenen) Indikationsforschung darstellen, sondern sich vielmehr aus der Verzahnung der Indikationsforschung mit anderen Bereichen der allgemeinen Psychotherapieforschung ergeben. Bezogen auf die Klärung der differentiellen Auswirkungen und Wirkungsweisen unterschiedlicher therapeutischer Interventionen ist davon auszugehen, daß diese prinzipiell nur aus Forschungsansätzen zu gewinnen ist, die bereits vom Ansatz auf einen direkten Vergleich ausgerichtet sind. Die wenigen derartigen Untersuchungen konnten jedoch bisher keine grundsätzlichen Unterschiede im Hinblick auf einzelne Therapiemethoden nachweisen. Es darf vermutet werden, daß die allseits konstatierte Unzufriedenheit von Praktikern mit der bisherigen Psychotherapieforschung (vgl. z.B. BECKMANN et al. 1978, COHEN et al. 1986, MORROW-BRADLEY und ELLIOTT 1986) zumindest z.T. auf diesen Punkt zurückzuführen ist: Kaum ein Praktiker glaubt diesen Untersuchungen, die ja nahelegen, daß es ziemlich egal sei, welche Art der Intervention ein Therapeut realisiere, die Interventionen würden alle vergleichbare Wirkungen haben. In der Tat dürften diese aus der Mehrzahl der bisherigen Untersuchungen nahegelegten Schlußfolgerungen auch eher methodische Artefakte als eine Widerspiegelung der tatsächlichen Gegebenheiten sein.

Ein Hinweis darauf läßt sich z.B. aus einer Untersuchung von GRAWE (1989) ableiten: Beim Vergleich dreier Psychotherapieformen (Gesprächspsychotherapie, interaktionelle Verhaltenstherapie, Breit-Spektrum-Verhaltenstherapie) mit Hilfe der üblichen Meß- und Auswertungsmethoden resultierte das bekannte Ergebnis, daß nämlich keine Unterschiede in der Wirkung der untersuchten Therapieformen aufschienen. Bei der Fokussierung des therapeutischen *Prozesses* dagegen unterschieden sich die drei Therapieformen deutlich und konsistent voneinander. Wurden darüber hinaus die Prozeßmerkmale der Interventionen mit ihrem Ergebnis in Zusammenhang gebracht, so zeigte sich, daß die in der bloßen Ergebnismessung festgestellte Wirkungsgleichheit de facto eine falsche Schlußfolgerung ist.

Daß diese neuen Anstöße zur Betrachtung der Wirkungen und Wirkungsweisen einzelner therapeutischer Ansätze aus der vergleichenden *Prozeß*forschung abgeleitet sind, ist dabei sicherlich kein Zufall: Etwa seit dem Beginn der 80er Jahre steht die psychotherapeutische Prozeßforschung wieder im Mittelpunkt der Forschungsbemühungen, GREENBERG und PINSOF (1986) sprechen dabei sogar von einer neuen Prozeßperspektive in der Psychotherapie. Kennzeichnend ist dabei, daß das psychotherapeutische Geschehen nicht mehr als uniformer und eindimenisionaler Ablauf betrachtet wird, sondern es liegt die (sinnvollere) Sichtweise zugrunde, daß psychotherapeutische Veränderungen in einzelnen Stufen und Phasen ablaufen, die – unter ausdrücklicher Berücksichtigung der jeweiligen Rahmenbedingungen – mit unterschiedlichen Teilzielen einhergehen und somit auch mit unterschiedlichen Interventionsmethoden zu verknüpfen sind. Bezogen auf die Indikationsfrage bedeutet dies auch eine Abkehr von einer einmaligen Klärung einer optimalen Interventionsform am Beginn der Therapie hin zu einer fortlaufenden Klärung der Indikationsfrage im Hinblick auf einen jeweils erreichten Stand im Verlauf der Psychotherapie.

Allerdings kann diese Hinwendung zur Prozeßforschung nicht darüber hinwegtäuschen, daß es in diesem Zusammenhang eine Reihe gravierender Probleme gibt, die bisher nicht auch nur ansatzweise geklärt sind und die sich nachhaltig und blockierend auf die weitere Entwicklung der Indikationsklärung auswirken. Genannt seien an dieser Stelle lediglich die Frage nach der »Interventionseinheit« und die Frage nach den diagnostischen Kriterien, auf deren Grundlage eine bestimmte Interventionseinheit zur Anwendung gebracht wird. Die Frage nach der »Interventionseinheit« spielt dabei im Bereich der Familientherapie eine besondere Rolle, da – wie ausführlich dargelegt – die einzelnen Ansätze familientherapeutischer Interventionen keine klaren Konturen zeigen. Damit ist zum einen eine verläßliche Abgrenzung verschiedener familientherapeutischer Konzepte untereinander kaum möglich, zum anderen sind bisher keine einzelnen familientherapeutischen Interventionselemente formuliert, geschweige denn überprüft.

Daß eine derartige Aufgliederung eines gesamten Interventionskonzepts (wie etwa dem der Familientherapie) möglich und sinnvoll ist, läßt sich am Beispiel der gesprächspsychotherapeutischen Einzeltherapie verdeutlichen (vgl. dazu BOMMERT 1987): Auch bei dieser Therapieform ist von einzelnen Vertretern die These formuliert worden, daß eine Aufgliederung der Gesprächspsychotherapie in Einzelelemente nicht sinnvoll und wünschenswert sei. Es ließ sich nun zeigen (vgl. BOMMERT 1987, S. 188), daß sogar in den Überlegungen der Vertreter dieser Sichtweise selbst implizit durchaus einzelne isolierbare Verhaltenselemente enthalten sind. Eine derartige Aufgliederung eines umfassenden therapeutischen Gesamtkonzepts ist dabei nicht nur unter Forschungsgesichtspunkten notwendig, sondern auch unter dem Aspekt der Lehr- und Lernbarkeit.

Die Frage nach der Indikationsstellung einer bestimmten Intervention setzt darüber hinaus eine genauere Kenntnis der Kriterien voraus, bei deren Vorhandensein eine bestimmte Intervention zur Anwendung kommen soll. Wesentlich ist dabei, daß es sich bei diesen Kriterien – sofern sie eine rationale und sinnvolle Indikationsentscheidung begründen sollen – um mehrdimensionale Kriterien handeln muß, da die Entscheidung für oder gegen die Anwendung einer bestimmten Interventionsform von unterschiedlichen Informationsquellen abzuleiten ist. Bei grober Klassifikation läßt sich hier von einer Personen- und einer Situationskomponente sprechen: Bei der Personenkomponente wäre beispielsweise zu klären, beim Vorliegen welcher (im weitesten Sinne) Persönlichkeitsvariablen (einschließlich demographischer Variablen, psychischer Störungen etc.) eine Therapieform bzw. ein psychotherapeutisches Interventionselement angezeigt wäre; bei der Situationskomponente wäre z.B. zu klären, bei welchem Stand, in welcher Phase einer Psychotherapie welche Intervention angemessen wäre. Die Entscheidung über eine Indikation hätte dabei beide Komponenten gleichzeitig zu berücksichtigen. Die bisher vorliegenden Taxonomien psychischer Störungen sind jedoch für die Frage einer Indikationsstellung psychotherapeutischer Interventionen weitgehend unbrauchbar (vgl. z.B. NELSON 1987; SCHULTE und WITTCHEN 1988; WITTCHEN und SCHULTE 1988), und die Forschung zu einzelnen Phasen des psychotherapeutischen Prozesses (etwa die Bestimmung änderungssensitiver Abschnitte des gesamten Therapieprozesses) steht erst am Anfang.
Mit diesen hier nur beispielhaft skizzierten Hinweisen auf ungelöste Probleme der allgemeinen Psychotherapieforschung sollte verdeutlicht werden, daß die Klärung der Indikationsfrage allgemein und der Indikationsfrage zur Familientherapie speziell von einer befriedigenden Lösung weit entfernt ist und daß allzu große Erwartungen im Hinblick auf eine widerspruchsfreie Klärung der Indikationsfrage in absehbarer Zeit nicht realistisch sind. Die Psychotherapieforschung allgemein und damit auch die Indikationsforschung ist vor Anforderungen gestellt, die mit den bisherigen Mitteln und Methoden kaum abschließend zu bewältigen sein werden. Es ist jedoch bereits im Zusammenhang mit der ausführlichen Diskussion um die differentielle Indikationsfrage darauf hingewiesen worden, daß trotz dieser nicht zu leugnenden Schwierigkeiten die

Schlußfolgerung nicht in dem bloßen Beklagen dieser Situation bestehen darf, sondern daß eine Arbeit in Richtung auf weniger optimale Lösungen notwendig sein wird. Grundsätzlich ist dabei noch einmal zu betonen, daß ein valider Erkenntnisfortschritt (auch im Hinblick auf suboptimale Lösungen) nur aus der Kombination mehrerer Forschungsansätze zu gewinnen sein wird. Theoretische Konzeptionen, Experimentalstudien sowie empirische Untersuchungen in der Praxis müssen gemeinsam herangezogen werden, die Berücksichtigung nur eines dieser Ansätze kann dem Untersuchungsgegenstand nicht gerecht werden. Sich dieser Tatsache zu erinnern scheint gerade in einer Zeit notwendig zu sein, in der die Erforschung des psychotherapeutischen Prozesses zur »Königsdisziplin« erhoben wird. Dabei wird leicht übersehen, daß gerade aus der *Kombination* aller Forschungsansätze Erkenntnisse möglich werden, die bei Beschreiten nur eines dieser Wege nicht zu gewinnen sind.

Literatur

Ackerman, N W (1966) Treating the troubled family. New York

Ackerman, N W (1967) Family psychotherapy and psychoanalysis: Implications of difference. Family Process, 1, 30–43

Ackerman, N W und *Behrens, M L* (1968) The family approach and levels of intervention. American Journal of Psychotherapy, 22, 5–14

Ammann, A (1983) Familientherapie – ein Überblick. In: *H Ernst* (Hrsg.): Neue Formen der Psychotherapie. Weinheim, 193–208

Aponte, H J und *VanDeusen, J M* (1981) Structural family therapy. In: *A S Gurman* und *D P Kniskern* (Eds.): Handboock of family therapy. New York, 310–360

Avallone, S, Aron, R, Starr, P und *Breetz, S* (1973) How Therapists assign families to treatment modalities. American Journal of Orthopsychiatry, 43, 767–773

Bach, O (1980) Familienorientierte Therapie psychiatrischer Erkrankungen. In: *O Bach* und *M Scholz* (Hrsg.): Familientherapie und Familienforschung. Leipzig, 24–71

Backhaus, K, Erichson, B, Plinke, W, Schuchard-Ficher, Chr. und *Weiber, R* (1987) Multivariate Analysemethoden (4. Aufl.). Berlin usw.

Baethge, G (1981) Kindertherapie oder Familientherapie? Überlegungen zu Fragen der Indikation. Praxis der Kinderpsychologie und Kinderpsychiatrie, 30, 159–165

Bandler, R und *Grinder, J* (1982) Reframing. Neurolinguistic programming and the transformation of meaning. Moab, Utah

Barton, C und *Alexander, J F* (1981) Functional family therapy. In: *A S Gurman* und *D P Kniskern* (Eds.): Handbook of family therapy. New York, 403–443

Bastine, R (1981) Adaptive Indikationen in der zielorientierten Psychotherapie. In: *U Baumann* (Hrsg.): Indikation zur Psychotherapie. München, Wien, Baltimore, 158–168

Bastine, R, Fiedler, P und *Kommer, D* (1989) (Hrsg.): Psychotherapeutische Prozeßforschung. Z f. klin. Psychol., XVIII

Bauers, W (1983) Familientherapie bei stationärer Psychotherapie von Kindern und Jugendlichen. Praxis der Kinderpsychologie und Kinderpsychiatrie, 32, 224–233

Baumann, U (1981) Differentielle Therapiestudien und Indikation. In: *U Baumann* (Hrsg.): Indikation zur Psychotherapie. München, Wien, Baltimore, 199–209

Baumann, U (1982) Patientenbezogene Differentialindikation psychotherapeutischer Verfahren aus psychologischer Sicht. In: *H Helmchen* et al. (Hrsg.): Psychotherapie in der Psychiatrie. Berlin, Heidelberg, New York, 55–61

Baumann, U und *v. Wedel, B* (1981) Stellenwert der Indikationsfrage im Psychotherapiebereich. In: *U Baumann* (Hrsg.): Indikation zur Psychotherapie. Perspektiven für Praxis und Forschung. München, 1–36

Baumann, U, Seidenstücker, G und *Köhnken, G* (1978) Entwicklung und empirische Analyse eines Beurteilungsrasters für indikationsorientierte Psychotherapiestudien. DFG-Bericht. Kiel

Baumgärtel, F (1983) Konzepte, Methoden und Ergebnisse der Familiendiagnostik. In: *W-R Minsel* (Hrsg.): Brennpunkte der Klinischen Psychologie. Band V: Diagnostik. München, 35–61

Beach, S R und *O'Leary, K D* (1985) The current status of outcome research in marital therapy. In: *L L'Abate* (Ed.): Handbook of family psychology and psychotherapy. Homewood

Beck, D F (1975) Research findings on the outcomes of marital counseling. Social Casework, 56, 153–181

Beck, R (1985) Familientherapie. Modelle zur Veränderung familialer Beziehungspunkte. Bad Heilbronn: Klinkhardt

Beckmann, D, Scheer, J und *Zenz, H* (1978) Methodenprobleme in der Psychotherapieforschung. In: *C Pongratz* (Hrsg.): Handbuch der Psychologie. Band 8.2: Klinische Psychologie. Göttingen, 1085–1124

Beels, C C und *Ferber, A* (1969) Family therapy: A view. Family Process, 8, 280–318.

Bergin, A E und *Lambert, M J* (1978) The evaluation of therapeutic outcomes. In: *A E Bergin* und *S L Garfield* (Eds.): Handbook of psychotherapy and behavior change. New York, 139–189

Berkovitz, I H und *Sugar, M* (1975) Indications and contraindications for adolescent group psychotherapy. In: *M Sugar* (Ed.): The adolescent in group and family therapy. New York, 3–26

Bertalanffy, L v (1950, 1968) General Systems Theory: Foundations, development, applications. New York

Blaser, A (1977) Der Urteilsprozeß bei der Indikationsstellung zur Psychotherapie. Bern

Blechman, E A (1981) Toward comprehensive behavioral family intervention. An algorithm for matching families and interventions. Behavior Modification, 5, 221–236

Bommert, H (1980) Erziehungsberatung zwischen Beratung und Therapie. Jugendwohl, 11, 424–430

Bommert, H (1981) Problemschwerpunkte klinisch-psychologischer Diagnostik. In: *H Bommert* und *U Hockel* (Hrsg.): Therapie-orientierte Diagnostik. Stuttgart: Kohlhammer, 17–33

Bommert, H (1982) Determination of Psychotherapy Outcome. Paper presented at the XII. International Congress of Psychotherapy, Rio de Janeiro

Bommert, H (1984) Evaluation of intervention in client-centered psychotherapy: The role of cognition and emotion. Paper presented at XXII International Congress of Psychology, Acapulco

Bommert, H (1986) Gesprächspsychotherapie, psychiatrische Aspekte. In: *H P Kisker, H Lauter, J E Meyer, C Müller* und *E Strömgren* (Hrsg.): Psychiatrie der Gegenwart. Band 1. Berlin, Heidelberg, 307–329

Bommert, H (1987) Grundlagen der Gesprächspsychotherapie. Stuttgart (4. Aufl.)

Bommert, H (1988) The influence of therapists variables on the decision of indication for family therapy. Paper presented at XXIV International Congress of Psychology, Sidney/Australia

Bommert, H und *Plessen, U* (1978) Psychologische Erziehungsberatung. Stuttgart und Berlin

Bommert, H, Henning, T und *Wälte, D* (1985) Überlegungen zur Neuformulierung der Indikationsentscheidung. In: *F J Hehl, V Ebel, W Ruch* (Hrsg.): Psychotherapeutische Diagnostik – Kinder, Familie, Schule, Sport. Bonn, 31–39

Bond, G R und *Lieberman, M A* (1978) Selection criteria for group therapy. In: *J P Brady* und H K Brodie, Controversy in Psychiatry. Philadelphia, 679–702

Borduin, C, Henggeler, S, Hanson C und *Harbin, F* (1982) Treating the family of the adolescent: A review of the empirical literature. In: *S W Henggeler* (Ed.): Delinquency and adolescent psychopathology: a familiy-ecological systems approach. Boston, 205–222

Boszormenyi-Nagy, I und *Spark, G* (1981) Unsichtbare Bindungen. Die Dynamik familiärer Systeme. Stuttgart

Böttger, P, Bastine, R, Kirchner, F-Th und *Kissel, E* (1977) Zum Informationsgehalt verhaltenstherapeutischer Veröffentlichungen – Eine empirische Analyse. In: *F Petermann* (Hrsg.): Psychotherapieforschung. Ein Überblick über Ansätze, Forschungsergebnisse und methodische Probleme. Weinheim, 103–140

Brunner, E J (1986) Grundfragen der Familientherapie. Systemische Theorie und Methodologie. Berlin

Buddeberg, B (1980) Indikation zur Familientherapie in der Kinderpsychiatrie. Familiendynamik, 6, 125–139

Buddeberg, C (1979) Indikation zur Familientherapie. Praxis der Psychotherapie und Psychosomatik, 24, 185–194

Buddeberg, C (1981) Familien- und Partnertherapie. In: *H-J Möller* (Hrsg.): Kritische Stichwörter. München, 101–106

Bundeskonferenz für Erziehungsberatung e. V. (1973) Grundsätze für die einheitliche Gestaltung der Richtlinien der Länder für die Förderung von EBStn. Fürth

Campbell, D T und *Stanley, J C* (1970) Experimentelle und quasiexperimentelle Anordnungen in der Unterrichtsforschung. Deutsche Bearbeitung von *E. Schwarz* in: *K Ingenkamp* und *E Parey* (Hrsg.): Handbuch der Unterrichtsforschung. Teil 1. Weinheim, 445–632

Cierpka, M (1987) Überblick über familiendiagnostische Fragebogeninventare. ZPP, 6, 155–166

Clarkin, J F, Frances, A J und *Moodie, J L* (1979) Selection criteria for family therapy. Family Process, 18, 391–403

Clauß, G (1976) Wörterbuch der Psychologie. Leipzig

Cohen, L H, Sargent, M M und *Sechrest, L B* (1986) Use of psychotherapy research by professional psychologists. American Psychologist, 41, 198–206

Cromwell, R E, Olson, D H und *Fournier, D G* (1976) Tools and techniques for diagnosis and evaluation in marital and family therapy. Family Process, 15, 1–49

Degkwitz, R, Helmchen, H, Kockott, G und *Mombour, W* (1980) (Hrsg.): Diagnoseschlüssel und Glossar psychiatrischer Krankheiten. Berlin

Deutsche Arbeitsgemeinschaft für Familientherapie (1985) (Hrsg.): Ausbildungsinstitute für Familientherapie. Kontext, Sonderausgabe Nr. 8

DeWitt, K N (1980) Die Wirksamkeit von Familientherapie. In: Familiendynamik 6, 73–103 (Übersetzung des Originals: *DeWitt, K N:* The effectiveness of family therapy: a review of outcome research. Archives of General Psychiatry, 1978, 35, 549–561)

Dierking, W (1980) (Hrsg.): Analytische Familientherapie und Gesellschaft. Weinheim

DiGiuseppe, R und *Wilner, R S* (1980) An eclectic view of family therapy: when is family therapy the treatment of choice? When is it not? Journal of Clinical Child Psychology, 9, 70–72

Ertle, Ch (1971) Erziehungsberatung. Stuttgart

Everstine, D und *Everstine, L* (1983) People in crisis. New York

Eysenck, H J (1952) The effects of psychotherapy: An evaluation. Journal of Consulting Psychology, 16, 319–324

Feldmann, L (1976) Goals of family therapy. Joural of Marriage and Family Counseling, 2, 103–113

Fisher, L, Anderson, A und *Jones, J* (1981) Types of paradoxical intervention and indications – contraindications for use in clinical practice. Family Process, 20, 25–35

Fleck, S (1965) Some general and specific indications for family therapy. Confin. psychiat., 8, 27–36

Foley, V D (1974) An introduction to family therapy. New York

Frank, J (1979) The present status of outcomes studies. Journal of Consulting and Clinical Psychology, 47, 310–316

Frohburg, I (1976) Zur Indikation von Psychotherapiegesprächen. In: *J Helm, E Kasielke, J Mehl* und *E H Strauß* (Hrsg.): Neurosenpsychologie, Berlin (Ost), 75–89

Gadenne, V (1976) Die Gültigkeit psychologischer Untersuchungen. Stuttgart

Gale, A (1979) Problems of outcome research in familiy therapy. In: *Walrond-Skinner, S* (Ed.): Family and marital psychotherapy: a critical approach. London, 225–244

Gastager, H und *Gastager, S* (1979) Familientherapie – Möglichkeiten und Grenzen. In: *M Perrez* (Hrsg.): Krise der Kleinfamilie? 153–163

Gerhardt, U (1981) Familientherapie – Theoretische Konzeptionen und praktische Wirklichkeit. Ergebnisse einer Umfrage. Praxis der Kinderpsychologie und Kinderpsychiatrie, 30, 274–285

Glass, G, McGaw, B und *Smith, M* (1981) Meta-analysis in social research. Beverly Hills

Glick, I D und *Kessler, D R* (1980) Marital and Family Therapy. New York, 298–310

Goldenberg, I und *Goldenberg, H* (1980) Family therapy: an overview. Belmont (California), 135–139

Goldstein, A P und *Stein, N* (1976) (Eds.): Prescriptive psychotherapies. New York

Grawe, K (1976) Differentielle Psychotherapie I. Bern, Stuttgart, Wien

Grawe, K (1978) Indikation in der Psychotherapie. In: *L Pongratz* (Hrsg.): Handbuch der Psychologie. Bd. 8.2: Klinische Psychologie. Göttingen, 1849–1883

Grawe, K (1980) Der gegenwärtige Stand der Indikationsfrage in der Psychotherapie. In: DGVT und GWG (Hrsg.): Klinische Psychologie und Psychotherapie. Kongreßbericht Berlin 1980. Band 2: Indikation, Diagnostik, Psychotherapieforschung. München, 15–23

Grawe, K (1981 a) Vergleichende Psychotherapieforschung. In: *W-R Minsel* und *R Scheller* (Hrsg.): Brennpunkte der klinischen Psychologie. München, 149–183

Grawe, K (1981 b) Überlegungen zu möglichen Strategien der Indikationsforschung. In: *U Baumann* (Hrsg.): Indikation zur Psychotherapie. München, 221–236

Grawe, K (1982) Indikation in der Psychotherapie. In: *R Bastine, P Fiedler, K Grawe, S Sommer* und *S Schmidtchen* (Hrsg.): Grundbegriffe der Psychotherapie. Weinheim, 171–178

Grawe, K (1982) Soll psychotherapeutische Praxis für die Wissenschaft tabu bleiben? Psychologische Rundschau, XXXIII, 127–135

Grawe, K (1987) Die Effekte der Psychotherapie. In: *M Amelang* (Hrsg.): Bericht über den 35. Kongreß der Deutschen Gesellschaft für Psychologie in Heidelberg 1986. Band 2. Göttingen, 515–534

Grawe, K (1989) Von der psychotherapeutischen Outcome-Forschung zur differentiellen Prozeßanalyse. Z. f. Klin. Psychol., XVIII, 23–34

Grawe, K und *Mezenen, U* (1985) Therapeutische Mißerfolge im Spiegel der empirischen Psychotherapieforschung. Z. f. personenzentrierte Psychologie und Psychotherapie, 4, 355–377

Green, R G und *Kolevzon, M S* (1982) Three approaches to family therapy: a study of convergence and divergence. Journal of Marital and Family Therapy, 8, 39–50

Greenberg, L S und *Pinsof, W M* (1986) (Eds.): The therapeutic process: A research handbook. New York: Guilford

Greenberg, I, Glick, I, Match, S, Riback, S und *Oaks, G* (1964) Family therapy: indications and rationale. Archives of General Psychiatry, 10, 7–24

Greer, S E und *D'Zurilla, T J* (1975) Behavioral approaches to marital discord and conflict. Journal of Marriage and Family Counseling, 1, 299–315

Group for the Advancement of Psychiatry, GAP (1970) (Hrsg.): The field of family therapy. (Volume VII, Report no. 78). New York

Grunebaum, H und *Chasin, R* (1980) Kritisches zu Untersuchungen oder: die Vorteile eines pathologischen Begriffssystems. Familiendynamik, 5, 106–117

Grunebaum, H und *Chasin,* R (1982) Thinking like a family therapist: a model for integrating the theories and methods of family therapy. Journal of Marital and Family Therapy, 8, 403–416

Guerin, P J (1976) (Ed.): Family therapy: The first twenty-five years. In: *P J Guerin* (Ed.): Family therapy. Theory and practice. New York, Toronto, Sidney, London, 2–22

Guerney, B (1985) Family therapy research: what are the most important variables? International Journal of Family Therapy, 7, 40–49

Gurman, A S (1973 a), Marital therapy: emerging trends in research and practice. Familiy Process, 12, 45–54

Gurman, A S (1973 b) The effects and effectiveness of marital therapy: A review of outcome research. Family Process, 12, 145–170

Gurman, A S (1975) Some therapeutic implications of marital therapy research. In: *A S Gurman* und *D G Rice* (Eds.): Couples in conflict: new directions in marital therapy. New York

Gurman, A S (1978) Contemporary marital therapies: A critique and comparative analysis of psychoanalytic, behavioral and systems theory approaches. In: *T J Paolino* und *B S McCrady* (Eds.): Marriage and Marital Therapy. New York, 445–566

Gurman, A S (1979) Dimensions of marital therapy: A comparative analysis. Journal of Marital and Family Therapy, 5, 5–16

Gurman, A S und *Kniskern, D P* (1978 a) Research on marital and family therapy: progress, perspective and prospect. In: *S Garfield* und *A Bergin* (Eds.): Handbook of psychotherapy and behavior change. New York, 817–901

Gurman, A S und *Kniskern, D P* (1978 b) Behavioral marriage therapy: II. Empirical perspective. Family Process, 17, 139–148

Gurman, A S und *Kniskern, D P* (1978 c) Deterioration in marital and family therapy: empirical, clinical and conceptual issues. Familiy Process, 17, 3–20

Gurman, A S und *Kniskern, D P* (1981) Family therapy outcome research: knows and unknows. In: *A S Gurman* und *D P Kniskern* (Eds.): Handbook of Family Therapy. New York, 742–775

Gurman, A S und *Knudson, R M* (1978) Behavioral marriage therapy: I. a psychodynamic-systems analysis and critique. Family Process, 17, 121–138

Gurman, A S, Kniskern, D P und *Pinsof, W M* (1986) Research on the process and outcome of marital and family therapy. In: *S L Garfield* und *A E Bergin:* Handbook of psychotherapy and behavior change. New York, 565–624

Gurman, A S, Knudson, R M und *Kniskern, D P* (1978) Behavioral marriage therapy: IV. take two aspirin and call us in the morning. Family Process, 17, 165–180

Guttman, H A (1973) A contraindication for family therapy: the prepsychotic or postpsychotic young adult and his parents. Archives of General Psychiatry, 29, 352–355

Guttman, H A (1986) Epistemology, systems theories and the theory of family therapy. American Journal of Family Therapy, 14, 13–22

Hadley, S W und *Strupp, H H* (1976) Contemporary views of negative effects in psychotherapy. Archives of General Psychiatry, 33, 1291–1302

Haley, J (1971) Family therapy. International Journal of Psychiatry, 9, 233–242

Haley, J (1977) Direktive Familientherapie. München

Haley, J (1978) Die Psychotherapie Milton H. Ericksons. München

Haley, J (1980) Ansätze zu einer Theorie pathologischer Systeme. In: *P Watzlawick, J H Weakland* (Hrsg.): Interaktion. Stuttgart

Hallowitz, D (1972) Family psychotherapy. Areas of agreement and controversy. Jornal of Medicine, 3, 52–64

Hampson, R B, Beavers, W R und *Hulgus, Y F* (1988) Comentary: Comparing the beavers and circumplex models of family functioning. Family Process, 27, 85–92

Hawkins, D M und *White, E* (1978) Indications for group therapy. In: *J P Brady* und *H K Brodie,* Controversy in psychiatry. Philadelphia, 703–722

Hazelrigg, M D, Cooper, H M und *Borduin, C M* (1987) Evaluating the effectiveness of family therapies: an integrative review and analysis. Psychological Bulletin, 101, 428–442
Heekerens, H-P (1985) Effektivität Klientenzentrierter Familientherapie. Z. f. personenzentrierte Psychologie und Psychotherapie, 4, 53–70
Heekerens, H-P (1988) Systemische Familientherapie auf dem Prüfstand. Überblickartikel. Z. f. klin. Psychol., XVII, 93–105
Heigl, F (1981) Psychotherapeutischer Gesamtbehandlungsplan. In: *U Baumann*, Indikation zur Psychotherapie. München, 41–51
Henning, T (1987) Indikation zur Familientherapie: ein Interview mit Mara Selvini Palazzoli. Sys-Thema, 1, (1), 2–19
Henning, T (1989) Indikationskriterien zur Familientherapie: Empirische Analyse therapeutischer Entscheidungen in der Praxis. Unveröffentl. Dissertation, Universität Münster
Henning, T und *Wälte, D* (1983) Indikation zur Familientherapie. Eine empirische Analyse der Erziehungsberatung in Nordrhein-Westfalen. Unveröffentl. Diplomarbeit, Universität Münster
Henning, T, Wälte, D und *Bommert, H* (1985) Indikations»regeln« zur Familientherapie aus der Sicht von Experten. In: *A. Schorr* (Hg.): Bericht über den 13. Kongreß für Angewandte Psychologie. Bonn, (Bd. 2). Bonn 1986, 60–63
Hess, T (1982) Einzelpsychotherapie von Kindern und Jugendlichen und Familientherapie: Kombinierbar oder sich ausschließend? Praxis der Kinderpsychologie und Kinderpsychiatrie, 31, 253–260
Höger, Ch, Quistorp, S, Bahr, J und *Breull, A* (1984) Inanspruchnahme von Erziehungsberatungsstellen und kinderpsychiatrischen Polikliniken im Vergleich. Praxis der Kinderpsychologie und Kinderpsychiatrie, 33, 264–271
Holmes, J (1985) Family and individual therapy: comparisons and contrasts. British Journal of Psychiatry, 147, 668–676
Hölzel, S (1981) Erziehungsberatung. München
Howard, K I, Kopta, S M, Krause, M S und Orlinsky, D E (1986) The dose-effect relationship in psychotherapy. American Psychologist, 41, 159–164
Howard, K I und *Orlinsky, D E* (1972) Psychotherpeutic processes. Annual Review of Psychology, 23, 615–668
Jackson, D (1959) Family interaction, family homeostasis and some implications for conjoint family therapy. In: *J Masserman* (Ed.): Individual and family dynamics. New York, 122–141
Jacobson, N S (1978) A review of the research on the effectiveness of marital therapy. In: *T L Paolino* und *B S McCrady* (Eds.): Marriage and marital therapy. New York, 395–444
Jacobson, N S (1979) Behavioral treatments for marital discord: a critical appraisal. In: *M Hersen, R M Eisler* und P M Miller (Eds.): Progress in Behavior Modification. Vol. 8. New York, 169–205
Jacobson, N S und *Martin, B* (1976) Behavioral marriage therapy: current status. Psychological Bulletin, 83, 540–556
Jacobson, N S und *Weiss, R L* (1978) Behavioral marriage therapy: III. The contents of Gurman et al. may be hazardous to our health. Family Process, 17, 149–163

Johnson, H C (1986) Emerging concerns in family therapy. Social Work, 31, 299–306

Jürgens, G (1983) Überblick zur Familientherapie: Ausbildung, berufliche Situation, Supervision. In: *K Schneider:* Familientherapie in der Sicht psychotherapeutischer Schulen. Paderborn, 438–462

Kaslow, F W (1981) A dialectic approach to family therapy and practice: Selectivity and synthesis. Journal of Marital and Family Therapy, 7, 345–351

Kaufmann, L (1975) Familientherapie. In: *K P Kisker* u. a. (Hrsg.): Psychiatrie der Gegenwart. Forschung und Praxis. Band III: Soziale und angewandte Psychiatrie. Berlin, 669–710

Kaufmann, L (1985) Systemische Familientherapie. Schweizer Archiv für Neurologie, Neurochirurgie und Psychiatrie, 136, 127–137

Kazdin, A E (1978) Evaluating the generality of findings in analogue therapy research. Journal of Consulting and Clinical Psychotherapy, 46, 673–686

Kazdin, A E und *Wilson G T* (1978) Criteria for evaluating psychotherapy. Archives of General Psychiatry, 35, 407–416

Kempler, W (1975) Grundzüge der Gestalt-Familientherapie. Stuttgart, 11–25

Kendall, P C und *Norton-Ford, J D* (1982) Therapy outcome research methods. In: *P C Kendall* und *J N Butcher* (Eds.): Handbook of research methods in clinical psychology. New York, 429–460

Keßler, E und *Bommert, H* (1986) Effekte von Verhaltenstraining und kognitiver Umstrukturierung bei der Behandlung unterschiedlicher Problemstellungen der Selbstunsicherheit. Zeitschrift für Klinische Psychologie, Band XV, Heft 2, 133–147

Kiesler, D J (1969) A grid model for theory and research in psychotherapies. In: *L D Eron* und *R Callahan* (Eds.): The relation of theory to practice in psychotherapy. Chicago, 115–145

Kiesler, D J (1977a) Die Myhten der Psychotherapieforschung und ein Ansatz für ein neues Forschungsparadigma. In: *F Petermann* (Hrsg.): Psychotherapieforschung. Weinheim, Basel, 7–50. (Original: Some myths of psychotherapy research and the search for a paradigm. Psychological Bulletin, 1966, 65, 110–136)

Kiesler, D J (1977b) Experimentelle Untersuchungspläne in der Psychotherapieforschung. In: *F Petermann* und *C Schmook* (Hrsg.): Grundlagentexte der Klinischen Psychologie, Band I: Forschungsfragen der Klinischen Psychologie. Bern, Stuttgart, Wien, 106–147. (Original: *Kiesler, D J:* Experimental design in psychotherapy research. In: *A E Bergin* und *S L Garfield* (Eds.): Handbook of psychotherapy and behavior change: an empirical analysis, New York 1971)

Kleinmuntz, B (1968) The processing of clinical information by man and machine. In: *B. Kleinmuntz* (Ed.): Formal representation of human judgement. New York: Wiley, 149–186

Koschorke, M (1985) Indikation für Familientherapie. In: Brennpunkte Sozialer Arbeit, 7–26

Kovel, J (1977) Kritischer Leitfaden der Psychotherapie. Frankfurt, 198–213

Kramer, C H (1970) Psychoanalytically oriented family therapy: ten years evolution in a private child psychiatry practice. Family Institute of Chicago Publications. No 1, 1–42

Kreische, R (1983) Familienpsychotherapie in der klinischen Psychotherapie Erwachsener. Zeitschrift für psychosomatische Medizin, 29, 37–48

L'Abate, L und *Colondier, G* (1987) The emperor has no clothes! Long live the emperor! A critique of family systems thinking and a reductionistic proposal. American Journal of Family Therapy 15 (1), 19–33

Landesarbeitsgemeinschaft hessischer Erziehungsberatungsstellen (1978) (Hrsg.): Familientherapie in der Erziehungsberatung. E.B.-Kurier, Sonderheft 1

Lebow, J (1981) Issues in the assessment of outcome in family therapy. Family Process, 20, 167–188

Lemberg-Lichterfeld, K (1982) Familientherapie – therapeutischer Superlativ oder reale Möglichkeit für Veränderung bei kinder-und jugendpsychiatrischen Erkrankungen. In: *H Remschmidt* (Hrsg.): Psychotherapie mit Kindern, Jugendlichen und Familien. Band 1, 79–84

Levant, R F (1980) A classification of the field of family therapy: A review of prior attempts and a new paradigmatic model. American Journal of Family Therapy, 8, 3–16

Levitt, E E (1971) Research on psychotherapy with children. In: *A E Bergin* und *S L Garfield* (Eds.): Handbook of psychotherapy and behavior change. New York, 174–194

Liberman, R P et al. (1981) Handbook of marital therapy: a positive approach to treating troubled relationship. New York

Lindemann, E (1944) Symptomatology and management of acute grief. American Journal of Psychiatry, 101, 141–148

Luborsky, L et al. (1971) Factors influencing the outcome of psychotherapy. Psychological Bulletin, 75, 145–185

Luborsky, L et al. (1980) Predicting the outcome of psychotherapy. Archives of General Psychiatry, 37, 471–481

Luborsky, L et al. (1985) Therapist success and its determinants. Archives of General Psychiatry, 42, 602–611

Luborsky, L et al. (1986) Do therapists very much in their success? Findings from four outcome studies. American Journal of Orthopsychiatry, 56, 501–512

Luborsky, L, Singer, B und Luborsky, L (1975) Comparative studies of psychotherapies. Archives of General Psychiatry, 995–1008

Ludwig, G (1982) Technologische und ethische Implikationen von Therapiezielen. In: *M Zielke* (Hrsg.): Diagnostik in der Psychotherapie. Stuttgart, 12–14

Luthe, H und *Weber-Voss, M* (1988) Eine empirische Analyse der Indikationsentscheidungen von Praktikern anhand konstruierter Familienprofile. Unveröff. Diplom-Arbeit Universität Münster

Luthman, S und *Kirschenbaum, M* (1977) Familiensysteme. München

Madanes, C und *Haley, J* (1977) Dimensions of family therapy. Journal of Nervous and Mental Disease, 165, 88–98

Malone, C (1979) Child psychiatry and family therapy. Journal of the American Academy of Child Psychiatry, 2, 4–21

Mangold, W (1962) Gruppendiskussionen. In: *R König* (Hrsg.): Handbuch der empirischen Sozialforschung. Band 1, Stuttgart

Margraf, J und *Baumann, U* (1968) Welche Bedeutung schreiben Psychotherapeuten der Erfahrung zu? Z. f. Klin. Psychol., XV., 248–253
Marmon, E (1979) Konzepte der Erziehungsberatung. Weinheim und Basel
Masten, A S (1979) Family therapy as a treatment for children: a critical review of outcome research. Family Process, 18, 323–335
Matt, G E und *Wittmann, W W* (1985) Zum Status Quo kontrollierter deutschsprachiger Psychotherapieeffektforschung aus dem Blickwinkel einer Meta-Analyse. Z. f. Klin. Psychol., XIV, 293–312
Mattejat, F (1984) Psychische Störungen von Kindern und Jugendlichen als Ausdrucksformen familiärer Beziehungsmuster und Systemmerkmale: Zur empirischen Fundierung familientherapeutischer Kategorien. In: *H. Remschmidt* (Hrsg.): Psychotherapie mit Kindern, Jugendlichen und Familien. Band 1. Stuttgart, 29–43
Mattejat, F (1987) Ordnung und Integration familientherapeutischer Konzepte. Z. f. Klin. Psychol., XVI, 448–449
Mattejat, F und *Remschmidt, H* (1985) Interaktionsstörungen in Familien. In: *H Remschmidt* und *M H Schmidt,* Kinder- und Jugendpsychiatrie in Klinik und Praxis, Band III, Stuttgart, New York. 377–406
McDermott, J F (1981) Indications for family therapy. question or non-question? Journal of the American Academy of Child Psychiatry, 20, 409–419
Merl, H (1983) Das Problem der Indikationsstellung in der Familientherapie. Materialien Psychoanalyse, 9, 167–241
Metsch, H (1985) Familientherapie. In: *D Revenstorf* (Hrsg.): Psychotherapeutische Verfahren IV. Stuttgart, 64–116
Minister für Arbeit, Gesundheit und Soziales des Landes Nordrhein-Westfalen (1980) (Hrsg.): Bericht der Landesregierung über die Situation des Kindes in Nordrhein-Westfalen. Landes-Kinderbericht. Neuss
Minuchin, S (1977) Familien und Familientherapie. Freiburg
Möller, H J (1981) Indikation zur Psychotherapie. In: *H J Möller* (Hrsg.): Kritische Stichwörter. München, 172–178
Morrow-Bradley, C und *Elliot, R* (1986) Utilization of psychotherapy research by practicing psychotherapists. American Psychologist, 41, 188–197
Nelson, R O (1987) DSM-III and behavioral assessment. In: *C G Last* und *M Hersen* (Eds.) Issues in diagnostic research. New York: Plenum
Nestmann, F (1984) Beratung in der Erziehungsberatung. In: *H Zygowski* (Hrsg.): Erziehungsberatung in der Krise. Tübingen, 74–98
Neumann, J v und *Morgenstern, O* (1947) Theory of games and economic behavior. Princeton Univ. Press
Nicholson, R A und *Berman, J S* (1983) Is follow-up necessary in evaluating psychotherapy? Psychological Bulletin, 93, 261–278
Offer, D und *Van der Stoep, E* (1975) Indications and contraindications for family therapy. In: *M Sugar* (Hrsg.): The adolescent in group and family therapy. New York, 145–160
Olson, D H (1986) Circumplex model VII: Validation studies and FACES III. Family Process, 25, 337–351
Olson, D H, Sprenkle, D H und *Russell, C S* (1979) Circumplex model of marital and family systems I: Cohesion and adaptability dimensions, family types and clinical applications. Family Process, 18, 3–28

Olson, D H, Russell, C S und *Sprenkle, D H* (1980 a) Circumplex model of marital and family systems II: Empirical studies and clinical intervention. In: *J P Vincent* (Hrsg.): Advances in family intervention, assessment and theory. (Band 1). Greenwich, 129–179
Olson, D H, Russell, C S und *Sprenkle, D H* (1980 b) Marital and family therapy: A decade review. Journal of Marriage and the Family, 42, 973–993
Paquin, M (1977) The status of family and marital therapy outcomes. Canadian psychological Review, 18, 221–232
Parloff, M B (1961) The family in psychotherapy
Parloff, M B (1979) Can psychotherapy research guide the policy-maker? American Psychologist, 34, 296–306
Paul, G L (1967) Strategy of outcome research in psychotherapy. Journal of Consulting Psychology, 31, 109–118
Perrez, M (1982) Was nützt die Psychotherapie? Psychologische Rundschau, XXXIII, 121–126
Petermann, F (1981) Kontrollelemente im Prozeß psychologischer Behandlung. In: *M Hockel* und *F J Feldhege* (Hrsg.): Handbuch der Angewandten Psychologie, Band 2: Behandlung und Gesundheit. Landsberg a. Lech, 1285–1307
Petermann, F (1981) Verhaltenstherapeutische Familienberatung und Familienbehandlung. Versuch einer Standortbestimmung. Mitteilung der DGVT, Verhaltenstherapie und psychosoziale Praxis, 3, 386–396
Petermann, F (1982) Einzelfalldiagnose und klinische Praxis, Stuttgart
Pinsof, W M (1981)Family therapy process research. In: *A S Gurman* und *D P Kniskern* (Eds.): Handbook of family therapy. New York, 699–741
Plog, U (1976) Differentielle Psychotherapie II: Der Zusammenhang von Lebensbedingungen und spezifischen Therapieeffekten im Vergleich von Gesprächspsychotherapie und Verhaltenstherapie. Bern
Poggenpohl, U und *Wiesmann, P* (1985) Indikation zur Familientherapie in kinder- und jugendpsychiatrischen Einrichtungen in der Bundesrepublik Deutschland. Eine empirische Analyse. Unveröffentl. Diplomarbeit, Universität Münster
Probst, P (1982) Psychotherapie in der Familie. In: *R Bastine, P Fiedler, K Grawe, S Schmidtchen* und *G Sommer* (Hrsg.): Grundbgriffe der Psychotherapie. Weinheim, 95–97
Pschyrembel, W (1977) Klinisches Wörterbuch, Berlin, New York
Rabin, C (1981) The single-case design in family therapy evaluation research. Family Process, 20, 351–366
Reiter, L (1978) Partnerschafts- und Familientherapie. In: *C R Schmidt* (Hrsg.): Lehrbuch der klinischen Psychologie. Stuttgart, 492–501
Reiter, L und *Strotzka, H* (1984) Indikationen und Kontraindikationen zur Familientherapie. In: *W Datler* (Hrsg.): Psychotherapie als Hilfe für das Kind. München 11, 133–144
Richter, H-E (1968) Familientherapie. Psychotherapie und Psychosomatik, 16, 303–318
Richter, H-E (1970) Patient Familie. Reinbek
Richter, H-E (1976) Familienberatung. In: *H E Richter, H Strotzka* und *J Willi* (Hrsg.): Familie und seelische Krankheit. Reinbek b. Hamburg

Richter, H-E, Rücker-Embden, I und *Wegener, U* (1976) Die Familientherapie in der Bundesrepublik Deutschland. In: *H-E Richter, H Strotzka* und *J Willi* (Hrsg.): Familie und seelische Krankheit. Reinbek, 365–375

Ritterman, M K (1979) Paradigmatic classification of family therapy theories. Family Process, 16, 29–48

Rohrbaugh, M (1986) Q-sort comparison of the structural, strategic and systemic family therapies. The American Journal of Family Therapy, 14, 40–48

Russell, A (1976) Limitations of family therapy. Clinical Social Work Journal, 4, 83–92

Russell, C, Olson, D, Sprenkle, D und *Atilano, R* (1983) From family symptom to family system: review of family therapy research. American Journal of Family Therapy, 11, 3–14

Satir, V (1975) Selbstwert und Kommunikation. München

Schlechter, M D und *Lief, H I* (1980) Indications and contraindications for family and marital therapy: an illustrative case. In: *Ch K Hofling* und *J M Lewis* (Eds.): The family, evaluation and treatment. New York, 240–270

Schmidtchen, S (1980a) Probleme einer Indikation und Integration pychotherapeutischer Verfahren. In: *S Schmidtchen* und *F Baumgärtel* (Hrsg.): Methoden der Kinderpsychotherapie. Stuttgart, 162–182

Schmidtchen, S (1980b) Indikation in der Kinderspychotherapie. In: *W Schulz* und *M Hautzinger* (Hrsg.): Klinische Psychologie und Psychotherapie, 2. Indikation, Diagnostik, Psychotherapieforschung (Kongreßbericht Berlin 1980). Tübingen, Köln, 67–76

Schmidtchen, S und *Schlüter, A* (1980) Kinderpsychotherapie. In: *U Baumann, H Berbalk* und *S Seidenstücker:* Klinische Psychologie. Trends in Forschung und Praxis 3, Bern, 251–288

Schomer, J (1978) Family therapy. In: *B Wolman* et al. (Eds.): Handbook of treatment of mental disorders in childhood and adolescence. Englewood, 91–101

Schubert, F C und *Scheulen-Schubert, D* (1981) 2. Familie, Familienfürsorge, Familienberatung und -therapie. In: *E Kerkhoff* (Hrsg.): Handbuch. Praxis der Sozialarbeit und Sozialpädagogik. Band 1. Düsseldorf, 256–285

Schulte, D und *Wittchen H U* (1988) Wert und Nutzen klassifikatorischer Diagnostik für die Psychotherapie. Diagnostica 34, 85–98

Schweitzer, J und *Schlippe, A v* (1987) Das Circumplex-Model-of-Marital- and Family-Systems. Erfahrung und Kritik. Osnabrück, im Manuskript

Seidenstücker, G und *Baumann, U* (1979) Zur Situation der Indikationsforschung. In: *L H Eckensberger* (Hrsg.): Bericht über den 31. Kongreß der Deutschen Gesellschaft für Psychologie in Mannheim. Band 2. Göttingen, 379–386

Selvini Palazzoli, M (1982) Die Bedeutung des Interaktionskontextes in der Psychotherapie. In: *K Gaertner* (Hrsg.): Sozialtherapie. Neuwied, 45–57

Selvini Palazzoli, M, Boscolo, L, Cecchin, G und *Prata, G* (1981) Hypothetisieren – Zirkularität – Neutralität: drei Richtlinien für den Leiter der Sitzung. Familiendynamik, 6, 123–139

Selvini Palazzoli, M, Boscolo, L, Cecchin, G und *Prata, G* (1985) Paradoxon und Gegenparadoxon (4. Aufl.). Stuttgart

Shannon C und *Weaver W* (1949) The mathematical theory of communication. Urbana: Univ. of Illinois Press
Shapiro, D A (1985) Recent applications of meta-analysis in clinical research. Clinical Psychology Review, 5, 13–34
Shapiro, D A und *Shapiro, D* (1982) Meta-analysis of comparative therapy outcome studies: a replication and refinement. In Psychological Bulletin 92, 581–604
Sider, R C und *Clements, C D* (1983) Familien- oder Einzeltherapie? – Ethische Überlegungen zur Wahl der Modalität. Familiendynamik, 8, 298–308
Siebecke-Giese, E (1980) Gesamtverzeichnis der Einrichtungen auf dem Gebiet der Psychiatrie, Kinder- und Jugendpsychiatrie, usw. Frankfurt: Eigenverlag des Vereins für öffentliche und private Fürsorge
Simon, F B und *Stierlin, H* (1984) Die Sprache der Familientherapie: ein Vokabular. Überblick, Kritik und Integration systemtherapeutischer Begriffe, Konzepte und Methoden. Stuttgart
Skynner, A C (1969) Indications and contraindications for conjoint family therapy. International Journal of Social Psychiatry, 245–249
Smid H und *Armbruster, E* (1980) Institutionelle Erziehungsberatung. Eine Bestandsaufnahme in Hessen. Weinheim und Basel
Smith, M L und *Glass, G V* (1977) Meta-analysis of psychotherapy outcome studies. American Psychologist, 32, 752–760
Smith, M L, Glass, G V und *Miller, T I* (1980) The benefits of psychotherapy. Baltimore
Sohni, H (1984) Indikationskriterien in der analytisch orientierten Familientherapie. In: *H Remschmidt* (Hrsg.): Psychotherapie mit Kindern, Jugendlichen und Familien. Band 1. Stuttgart, 143–148
Speck, R V (1988) Intervention in soziale Netzwerke: Entwicklung, Theorie und Therapie. In: *M Textor* (Hrsg.): Das Buch der Familientherapie. Eschborn, 167–199
Sprenkle, D H und *Fisher, B L* (1980) An empirical assessment of the goals of familiy therapy. Journal of Marital and Family Therapy, 6, 131–139
Stanton, M D (1979) Family treatment approaches to drug abuse problems: a review. Family Process, 18, 251–280
Stanton, M D (1981) An integrated structural stratetic approach to family therapy. Journal of Marital and Family Therapy, 7, 427–439
Stanton, M D und *Todd, T C* (1980) A critique of Wells and Dezen review of the results of non-behavioral family. Family Process, 19, 169–176
Staps, T (1978) Familienbehandlung – wann und für wen? In: *M Crolla-Baggen* et al. (Eds.): Partner- und Familienberatung. Freiburg, 72–93
Steinglass, P (1976) Experimenting with family treatment approaches to alcoholism, 1950–1974. Family Process, 15, 97–124
Stierlin, H (1977) Eltern und Kinder. Das Drama von Trennung und Versöhnung im Jugendalter. Frankfurt
Stierlin, H (1982) Delegation und Familie: Beiträge zum Heidelberger familiendynamischen Konzept. Frankfurt
Stierlin, H (1982) Dynamische Familientherapie. In: *R Bastine, P Fiedler, K Grawe, S Schmidtchen* und *G Sommer* (Hrsg.): Grundbegriffe der Psychotherapie. Weinheim, 98–103

Stierlin, H, Rücker-Embden, I, Wetzel N und *Wirsching, M* (1980) Das erste Familiengespräch (2. Aufl.). Stuttgart

Stierlin, H, Shapiro, D A und *Elliott, R* (1986) Are all psychotherapies equivalent? American Psychologist 41, 165–180

Stierlin, H und *Simon, F B* (1986) Familientherapie. In: *K P Kisker* u. a. (Hrsg.): Psychiatrie der Gegenwart. Band 1. Berlin, 249–275

Stollner, U (1983) Familientherapie in der Kinder- und Jugendpsychiatrie – eine Umfrage. In: *W Rotthaus* (Hrsg.): Systemische Familientherapie im ambulanten und stationären Bereich. Dortmund

Strunk, P (1987) Möglichkeiten und Grenzen der Familientherapie bei psychiatrischen Störungen im Kindes- und Jugendalter. Zeitschrift für Kinder- und Jugendpsychiatrie, 15, 245–256

Strupp, H H und *Bergin, A E* (1969) Some empirical and conceptual bases for coordinated research in psychotherapy: A critical review of issues, trends and evidence. International Journal of Psychiatry, 7, 18–90

Tack, W H (1981) Möglichkeiten entscheidungstheoretischer Analysen. In: *U Baumann* (Hrsg.): Indikation zur Psychotherapie. München, 127–140

Textor, M R (1988) (Hrsg.): Das Buch der Familientherapie. Sechs Schulen in Theorie und Praxis. Eschborn

Toseland, R W und *Siporin, M* (1986) When to recommend group treatment: a review of the clinical and research literature. International Journal of Group Psychotherapy, 36, 171–201

Tröster, W (1986) Indikation zur Familientherapie. Eine Analyse des Einflusses von Therapeutenvariablen auf die Indikationsentscheidung zur Familientherapie. Unveröffentl. Diplomarbeit, Universität Münster

Tscheulin, D (1982) Therapeutenmerkmale in der Psychotherapie. In: *R Bastine* et al. (Hrsg.): Grundbegriffe der Psychotherapie. Weinheim, 411–416

Tuchelt-Gallwitz, A (1970) Organisation und Arbeitsweise der Erziehungsberatungsstellen in der Bundesrepublik Deutschland. Weinheim

Ulrici, D (1983) The effects of behavioral and family interventions on juvenile recidivism. Family Therapy, 10, 25–36

Utz, K (1986) Familientherapie – Ziele, Möglichkeiten und Grenzen. Jugendwohl, 67, 232–236

Wahlross, S (1976) Some limitations of family therapy. Journal of Family Counseling, 4, 8–11

Walrond-Skinner, S (1978) Indications and contra-indications for the use of family therapy. Journal of Child Psychology and Psychiatry and Allied Disciplines, 19, 57–62

Wälte, D (1989) Der Beitrag des Expertenansatzes für die Klärung der Indikationsfrage in der Familientherapie. Dissertation, Universität Münster

Watzlawick, P, Weakland, J H und *Fish, R* (1974) Lösungen – Zur Theorie und Praxis menschlichen Wandels. Bern

Weiß, T (1988) Familientherapie ohne Familie. Kurztherapie mit Einzelpatienten. München

Wells, R A (1980) Tempests, Teapots (and research design): rejoinder to Stanton and Todd. Family Process, 19, 177–178

Wells, R A und *Dezen, A E* (1978 a) The results of family therapy revisited: the nonbehavioral methods. Family Process, 17, 251–274

Wells, R A und *Dezen, A E* (1978b) Ideologies, idols (and graven images?): rejoinder to Gurman and Kniskern. Family Process, 17, 283–286

Wells, R A, Dilkes, T und *Trivelli, N* (1972) The results of family therapy: A critical review of the literature. Family Process 11, 189–207

Weltner, J S (1985) Matchmaking: Choosing the appropriate therapy for families at various levels of pathology. In: *M P Mirkin* und *S L Koman,* Handbook of adolescents and family therapy. New York, 39–50

Wertheim, E (1973) Family Unit Therapy and the Science and Typology of Family Systems. Family Process, 12, 361–376

Westmeyer, H (1978) Wissenschaftstheoretische Grundlagen der klinischen Psychologie. In: *U Baumann* u.a. (Hrsg.): Klinische Psychologie – Trends in Forschung und Praxis 1. Bern, 108–132

Westmeyer, H (1979a) Die rationale Rekonstruktion einiger Aspekte psychologischer Praxis. In: *H Albert* und *K H Stapf* (Hrsg.): Theorie und Erfahrung. Beiträge zur Grundlagenproblematik der Sozialwissenschaften. Stuttgart, 139–161

Westmeyer, H (1979b) Wissenschaftstheoretische Grundlagen der Einzelfallanalyse. In: *F Petermann* und *F J Hehl* (Hrsg.): Einzelfallanalyse. München, 17–34

Westmeyer, H (1981) Allgemeine methodologische Probleme der Indikation in der Psychotherapie. In: *U Baumann* (Hrsg.): Indikation zur Psychotherapie. München, 187–198

Whiffen, R und *Byng-Hall, J* (1982) (Hrsg.): Family therapy supervision – Recent developments in practice. London

Whitacker, C A und *Keith, D V* (1981) Symbolic-experiential family therapy. In: *A S Gurman* und *D P Kniskern* (Eds.): Handbook of Family Therapy. New York, 185–225

Wiener, N (1948) Cybernetics. New York

Wille, A (1984) Einzelpsychotherapie – Familientherapie bei Kindern und Jugendlichen. Fortschritte der Neurologie, Psychiatrie, 52, 191–199

Williams, F S (1967) Family therapy: A critical assessment. American Journal of Orthopsychiatry, 37, 912–919

Wirsching, M (1986) Familiendynamik und Familientherapie in der Psychosomatik. In: *R Adler* u.a. (Hrsg.): T. v. Uexküll, Psychosomatische Medizin. München, 305–315

Wirsching, M und *Stierlin, H* (1982) Krankheit und Familie. Stuttgart, 164–168

Wittchen, H-U und *Schulte, D* (1988) Diagnostische Kriterien und operationalisierte Diagnosen. Grundlagen der Klassifikation psychischer Störungen. Diagnostica, 34, 3–27

Wittmann, W W (1981) Zur Zielbestimmung bei therapeutischen Maßnahmen. In: *U Baumann* (Hrsg.): Indikation zur Psychotherapie. München, 169–181

Wittmann, W W und *Matt, G E* (1986) Meta-Analyse als Integration von Forschungsergebnissen am Beispiel deutschsprachiger Arbeiten zur Effektivität von Psychotherapie. Psychologische Rundschau, 37, 20–40

Worthington, E L (1987) Treatment of families during life transitions: matching treatment to family response. Family Process, 26, 295–308

Wynne, L C (1965) Some indications and contraindications for exploratory family therapy. In: *I Boszormenyi-Nagy* und *J Framo* (Hrsg.): Intensive family therapy. New York (deutsch: Familientherapie. Hamburg 1975, 53–89)

Zielke, M (1979) Indikation zur Gesprächspsychotherapie. Stuttgart

Zielke, M (1980) Indikationsmodelle in der Psychotherapie. In: *W Schulz* und *W Hautzinger* (Hrsg.): Klinische Psychologie und Psychotherapie, 2. Indikation, Diagnostik, Psychotherapieforschung (Kongreßbericht Berlin 1980). Tübingen, Köln, 29–39

Zielke, M (1981) Stellenwert der Diagnostik bei Indikationsfragen. In: *U Baumann* (Hrsg.): Indikation zur Psychotherapie. München, 141–153

Zuk, G H (1978) Familientherapie. Interventionen und therapeutische Prozesse. Freiburg: Lambertus

Zuk, G H (1984) Familientherapie. Unbegrenztes Experimentierfeld oder klinische Wissenschaft. In: *M. R. Textor* (Hrsg.) Das Buch der Familientherapie. Eschborn: Fachbuchhandlung für Psychologie, 40–49

Anhang

2.1: Aufstellung über die in dem Rückblick verarbeiteten Beiträge (Autoren/Publikationsjahr)

Jackson	1959
Greenberg, Glick, Match, Riback & Oaks	1964
Fleck	1965
Wynne	1965
Ackerman	1966
Williams	1967
Ackerman & Behrens	1968
Richter	1968
Skynner	1969
Kramer	1970
Gap	1970
Richter	1970
Hallowitz	1972
Guttman	1973
Avallone, Aron, Starr & Breetz	1973
Offer & van der Stoep	1975
Kaufmann	1975
Kempler	1975
Richter, Rücker-Embden & Wegener	1976
Russell	1976
Wahlross	1976
Kovel	1977
Reiter	1978
Schomer	1978
Staps	1978
Walrond-Skinner	1978
Gastager & Gastager	1979
Clarkin, Frances & Moodie	1979
Buddeberg, C.	1979
Malone	1979
DiGiuseppe & Wilner	1980
Buddeberg, B.	1980
Bach	1980
Goldenberg & Goldenberg	1980
Schmidtchen & Schlüter	1980
Glick & Kessler	1980
Schlechter & Lief	1980
Buddeberg, C.	1981

Schubert & Scheulen-Schubert	1981
Baethge	1981
Gerhardt	1981
Blechman	1981
McDermott	1981
Wirsching & Stierlin	1982
Hess	1982
Merl	1983
Bauers	1983
Kreische	1983
Lemberg-Lichterfeld	1984
Reiter & Strotzka	1984
Sohni	1984
Wille	1984
Mattejat & Remschmidt	1985
Koschorke	1985
Holmes	1985
Utz	1986
Wirsching	1986
Stierlin & Simon	1986
Strunk	1987

3.1: Diagnosekriterien bei Indikationsentscheidungen zur Familientherapie. – Rangreihe über die Mittelwerte und Standardabweichungen (Gesamtstichprobe; n = 204)

Wenn Sie vor der Entscheidung stehen, ob Sie bei einem vorgestellten Klienten eine gemeinsame Familienbehandlung durchführen sollen oder nicht: *Auf welche der folgenden Kriterien konzentrieren Sie sich in Ihrer Praxis besonders?*

nie						immer
−3	−2	−1	0	+1	+2	+3

Diagnosekriterien	$\bar{x}$	s
Die Interaktionsmuster der Familie	2,2	1,3
Die Bereitschaft der Familie zur Zusammenarbeit mit dem Therapeuten	2,0	1,1
Die Konflikt- und Lösungsmuster der Familie	2,0	1,3
Die Motivation der Familie zur Familientherapie	1,8	1,3
Die Machtstruktur in der Familie	1,8	1,5
Bündnisse und Spaltungen in der Familie	1,7	1,5
Die Art der Probleme/Symptome des Identifizierten Klienten	1,6	1,4
Die Rollenstruktur der Familie	1,5	1,6
Die Ziele der Familie	1,5	1,5
Die emotionale Bindung der Familienmitglieder untereinander	1,3	1,5
Die Funktionstüchtigkeit der Ehebeziehung	1,3	1,6
Die familiäre Lebensphase	1,2	1,5
Der Umgang mit Gefühlen in der Familie	1,2	1,7
Der Leidensdruck der Familie	1,2	1,6
Die Grenzen, die die Familienmitglieder gegeneinander setzen	1,1	1,7
Die Art und Weise der Kontrollausübung in der Familie	1,1	1,7
Die Schwere der Problematik des Identifizierten Klienten	1,0	1,6
Der Freiraum der einzelnen Familienmitglieder	0,8	1,7
Die Grenzen, die die Familie nach außen setzt	0,5	1,6
Die Werte der Familie	0,4	1,8
Die Aufgabenverteilung in der Familie	0,3	1,8
Die soziale Position der Familie	−0,7	1,9
Die Größe der Familie	−1,0	1,8
Die Schulbildung der Familienmitglieder	−1,2	1,7

3.2: Therapieziele im Rahmen der Familientherapie. – Rangreihe über die Mittelwerte und Standardabweichungen (Gesamtstichprobe; n = 204)

A. Von welchen der folgenden Therapieziele lassen Sie sich bei der Arbeit mit Familien leiten?
nie immer
1—2—3—4—5—6—7

B. Welche dieser Ziele würden Sie *eher als kurzfristige* und welche *eher als langfristige* Therapieziele einschätzen?
K = kurzfristig
L = langristig

Ziele	$\bar{x}$	s	Dauer
Steigerung der Autonomie und Selbstverantwortung	6,0	1,1	L
Steigerung der Duldung von Differenzen (in Einstellungen, Verhaltensweisen, Meinungen etc.)	6,0	1,0	L
Steigerung der Flexibilität der Familienmitglieder (bezüglich neuer Verhaltensweisen, Interaktionsmuster etc.)	6,0	1,0	L
Erkennen des gemeinsamen Beitrages zum Familienproblem	5,9	1,2	K
Kooperative Problemlösung und Steigerung der Konfliktlösekompetenz	5,8	1,2	L
Aufbau einer gemeinsamen Arbeitsallianz	5,7	1,4	K
Veränderung der Familienregeln	5,7	1,2	L
Steigerung der Fähigkeit der Familienmitglieder, sowohl mit positivem als auch mit negativem Feedback umzugehen (Förderung des »Feedback« bei anderen, Nutzbarmachen des »Feedback«, Lieferung von »Feedback«)	5,6	1,2	L
Steigerung des Selbstbewußtseins des einzelnen	5,6	1,3	L
Klärung/Spezifikation individueller Bedürfnisse und Wünsche in der Beratung	5,6	1,3	K
Verbesserung von Aufmerksamkeitskompetenzen (aufmerksam zuhören; verdeutlichen, daß Botschaft gehört wurde; paraphrasieren; herausfinden der Absicht; Zuwendung zu Affekt und Inhalt; Wertschätzung des Senders der Botschaft)	5,6	1,4	L
Steigerung gegenseitiger Selbstsicherheit bei den Familienmitgliedern	5,5	1,3	L
Verbesserung von Ausdruckskompetenzen (Ausdruck von Gedanken, Gefühlen, Absichten; Vollständigkeit des Berichtes; Senden kongruenter Botschaften)	5,5	1,4	L
Steigerung des Grades, in dem Familienmitglieder sich sicher fühlen, unbesorgt fühlen und auf die Anwesenheit des anderen vertrauen	5,4	1,4	L
Steigerung des Einfühlungsvermögens	5,4	1,3	L
Milderung von Zwang und Blamage	5,3	1,5	K
Steigerung von gemeinsamen Aktivitäten, die belohnend und erfreulich sind	5,2	1,4	K
Lösung der präsentierten Symptome (des »Identifizierten Klienten«)	5,1	1,6	L

Ziele	$\bar{x}$	s	Dauer
Ausbalancieren der Machtstrukturen im Gegensatz zu autoritären Rollenstrukturen	5,0	1,3	L
Rollenveränderung	5,0	1,3	L
Steigerung des Grades, in dem Familienmitglieder sich gegenseitig in der Erfüllung ihrer physischen Bedürfnisse befriedigen, unterstützen und ergänzen	5,0	1,4	L
Steigerung der Verantwortung der Familienmitglieder für das Wohlergehen der Familie	4,9	1,4	L
Rededefinition der Probleme	4,9	1,8	K
Balance zwischen Gefühl und Intellekt	4,7	1,6	L
Umgang mit und Fähigkeit zur Metakommunikation	4,6	1,6	L
Steigerung der Fähigkeit der Familienmitglieder, anderen Familienmitgliedern zu erlauben, für sie zu sorgen, wenn es angemessen ist	4,6	1,4	L
Steigerung der individuellen Fertigkeiten	4,4	1,5	L
Steigerung der Kapazität der Familie, Übereinstimmung und Bindung zu honorieren	4,3	1,3	L
Erhöhung der Spontaneität in den Unterhaltungen	4,3	1,4	K
Reduzierung von Konflikten	4,1	1,7	L
Identifikation mit der Familie	4,0	1,6	L
Steigerung der Treue und Sorge füreinander (verbal und nonverbal ausgedrückt, unter Berücksichtigung emotionaler Bedürfnisse	4,0	1,4	L
Steigerung der emotionalen Anziehungskraft der Familienmitglieder zueinander	4,0	1,4	L
Veränderung individueller Bedürfnisse	3,6	1,5	L

3.3: Entscheidungsregeln bei der Indikation zur Familientherapie. – Rangreihe über die Mittelwerte und Standardabweichungen (Gesamtstichprobe; n = 204)

In der Literatur zur Familientherapie diskutieren die Autoren verschiedene Kriterien, die für oder auch gegen den Einsatz einer gemeinsamen sprechen. Welche Bedeutung messen Sie diesen Regeln zur Entscheidungsfindung – für oder gegen eine *gemeinsame* Familienbehandlung – zu?

Dieses Kriterium spricht nach meiner ganz persönlichen Erfahrung

- −2 = ganz klar gegen den Einsatz
- −1 = eher gegen den Einsatz
- 0 = weder für noch gegen den Einsatz
- +1 = eher für den Einsatz
- +2 = ganz klar für den Einsatz

einer Familientherapie/Familienberatung.

Kriterien	$\bar{x}$	s
Die Symptome des »Identifizierten Klienten« deuten auf Familienprobleme hin.	1,7	0,5
Die Familie definiert ihr Problem als ein Familienproblem.	1,7	0,6
Die Familienmitglieder sind motiviert, an einer Familientherapie/Familienberatung teilzunehmen.	1,7	0,6
Die Familie befindet sich in einer akuten Krise.	1,6	1,5
Es bestehen Störungen zwischen den Kindern und ihren Eltern.	1,6	0,6
Der primäre und sekundäre Gewinn der Symptome ist ein Ausdruck einer familiären Systempathologie.	1,6	0,6
Die Störung eines Mitgliedes wirkt sich auf die Interaktion in der Familie aus.	1,6	0,6
Es bestehen Probleme im Eltern-Kind Subsystem.	1,5	0,7
Mehrere Familienmitglieder weisen Probleme/Störungen auf.	1,4	0,7
Es bestehen Probleme zwischen den Geschwistern.	1,4	0,7
Der Klient ist vom Familienproblem beansprucht.	1,4	0,7
Verbesserungen beim »Identifizierten Klienten« haben Verschlechterungen bei einem oder mehreren Familienmitgliedern zur Folge.	1,3	0,8
Der »Identifizierte Klient« ist von einem oder mehreren Familienmitgliedern abhängig.	1,3	0,8
Der Patient besteht auf Familientherapie oder äußert den Wunsch, eine Behandlung mit seiner Familie durchzuführen.	1,3	0,7
Durch eine Einzeltherapie droht eine starke Stigmatisierung des »Identifizierten Klienten«.	1,2	0,8
Der »Identifizierte Klient« ist ein Kind.	1,2	0,8
Die einzelnen Mitglieder sind in der Lage, ihre Wünsche und Meinungen zu äußern.	1,1	0,9
Es handelt sich bei den präsentierten Problemen um interpersonelle Schwierigkeiten.	0,9	1,0
Es sind bei dem speziellen Klienten keine Veränderungen durch eine Einzeltherapie oder Gruppentherapie eingetreten.	0,9	0,8

Kriterien	$\bar{x}$	s
Beim »Identifizierten Klienten« konnten keine wesentlichen Auffälligkeiten/Probleme festgestellt werden.	0,6	1,0
Der »Identifizierte Klient« ist ein Jugendlicher, der sich im Ablöseprozeß von der Familie befindet.	0,6	1,1
Der »Identifizierte Klient« ist ein Jugendlicher.	0,5	0,9
Die Familienmitglieder haben keine gemeinsame Entwicklungsgeschichte der Probleme.	0,5	0,9
Die Familie hat eine starke Tendenz zum Auseinanderbrechen.	0,4	0,9
Die Initiative beim Aufsuchen der Beratungsstelle ging nicht von den Betroffenen selbst aus, sondern wurde von anderer Seite (z. B. Schule, Jugendamt, Arzt etc.) nahegelegt.	0,1	0,9
Der »Identifizierte Klient« ist ein Erwachsener.	0,1	0,9
Ein Familienmitglied weigert sich, an gemeinsamen Beratungsgesprächen teilzunehmen.	0,1	1,0
Die Familie hat eine Geschichte gemeinsamer Behandlungssabotagen.	0,0	1,2
Die Familientherapie/Familienberatung soll als Vorbereitung für eine Einzeltherapie oder Gruppentherapie eingesetzt werden.	−0,1	1,1
Die Familienmitglieder können nicht alle ständig gemeinsam anwesend sein.	−0,1	0,8
Die ganze Familie leugnet die Familienschwierigkeit.	−0,2	1,2
Die Familienprobleme haben zur Zeit keine Konsequenzen für die einzelnen Familienmitglieder.	−0,2	0,9
Die meisten der Familienmitglieder verspüren keinen Leidensdruck.	−0,2	1,0
Das Schwergewicht der Störungen liegt beim Ehepaar.	−0,3	1,1
Der Konflikt oder das Problem des Klienten ist wesentlich intrapersonell bedingt.	−0,3	1,1
Die Familienmitglieder zeigen geringe Motivation.	−0,4	0,9
Die Familie/der »Identifizierte Klient« hat ein starkes Vorurteil gegen die Konzeption der Familientherapie/Familienberatung.	−0,5	0,9
Die Familie mißbraucht die Familienbehandlung.	−0,6	1,0
Ein Familienmitglied befindet sich bereits in einer intensiven Einzeltherapie.	−0,6	1,0
Der Patient wünscht Individualtherapie oder Gruppentherapie.	−0,7	0,9
Erfahrene und kompetente Therapeuten sind zur Zeit nicht verfügbar.	−0,7	1,0

3.4: Mittelwertsunterschiede zwischen Subpopulationen über die mittlere Einschätzung der Diagnosekriterien, Entscheidungsregeln und Therapieziele (p = 0.05). – Die dichothomisierten Therapeutengruppen wurden aus der Gesamtstichprobe (n = 204) gezogen.

Differenzierungs-kriterien	Subpopulationen	N	Diagnose-kriterien		Entscheidungs-regeln		Therapieziele	
			$\bar{x}$	t-Test	$\bar{x}$	t-Test	$\bar{x}$	t-Test
Wartezeit in EBSt	keine Wartezeit	42	1,2	*	0,7	*	5.0	n. s.
	>4 Wochen Wartezeit	56	0,8		0,5		5,2	
therapeutisches Konzept der Beratungsstelle	FT-orientiert	60	0,9	n. s.	0,7	*	5,1	n. s.
	andere Orientierung	48	1,1		0,5		5,0	
Geschlecht	Frauen	82	0,9	n. s.	0,6	n. s.	5,2	*
	Männer	122	1,0		0,6		5,0	
Beruf	Psychologen	120	1,0	n. s.	0,5	*	5,0	n. s.
	andere Berufe	80	1,0		0,7		5,2	
Dauer der Tätigkeit in EBStn	1 – 5 Jahre	50	0,8	n. s.	0,8	*	5,1	n. s.
	>10 Jahre	64	1,1		0,5		5,0	
Umfang von Einzel- und Familientherapie	< = 15 % ET, > = 40 % FT	32	0,8	n. s.	0,8	*	5,0	n. s.
	> = 40 % ET, < = 15 % FT	33	1,0		0,2		5,1	
Dauer der familientherapeutischen Ausbildungen	keine FT-Ausbildung	59	0,9	n. s.	0,3	*	4,8	*
	>2 Jahre in FT-Ausbildung	97	0,9		0,7		5,2	
Dauer der einzeltherapeutischen Ausbildungen	keine ET-Ausbildung	77	1,2	*	0,6	n. s.	5,2	n. s.
	>5 Jahre in ET-Ausbildung	58	0,8		0,5		4,9	
FT-Supervision	keine Supervision	68	1,2	*	0,5	*	5,0	n. s.
	>4 Stunden/Monat	82	0,9		0,7		5,2	
Erfahrung in Familientherapie	Minimum	78	1,1	n. s.	0,4	*	4,9	n. s.
	Maximum	70	0,9		0,8		5,1	

Autorenregister

Sachwortverzeichnis